湛庐CHEERS

与最聪明的人共同进化

HERE COMES EVERYBODY

BENJAMIN GRAHAM

[美]本杰明·格雷厄姆 著　　王培 译
Benjamin Graham

华尔街教父格雷厄姆传

四川人民出版社

推荐序

如何读懂"华尔街教父"格雷厄姆

邱国鹭

高毅资产董事长

巴菲特曾经说过，他的投资方法是"85%的格雷厄姆加15%的菲利普·费雪"。格雷厄姆在投资界的地位是如此崇高，在他所著的《证券分析》于1934年出版之前，人们对价值投资和基本面分析知之甚少，证券分析作为一个行业几乎是不存在的。因此，格雷厄姆不仅被认为是"价值投资之父"，同时也被认为是"基本面分析之父"和"证券分析之父"。

这本自传是格雷厄姆亲自写就的关于他一生经历的精彩回顾，读起来更有启发意义，有助于人们了解其投资方法产生的背景和原因。有些人把格雷厄姆的价值投资方法简单地归结为片面强调低估值的"烟蒂投资法"，其实他们忽视了一点：格雷厄姆的投资思想产生的大背景是在大萧条之下，当时美国有 1/4 的人失业，人们在为一日三餐发愁的时候，品牌、成长性、定价权只能是空话。所以，格雷厄姆强调的是现有资产、现金流和盈利所能提供的安全边际，而不是虚无缥缈的成长。这一点放在他所处时代的历史背景之下，就很容易理解了。每个投资人的投资理念、分析框架都不可避免地带有他那个时代的烙印，而这本自传有助于读者更深刻地理解格雷厄姆的投资思想。

格雷厄姆的思想博大精深，奠定了价值投资分析框架的基石。相比于巴菲特和乔治·索罗斯的投资方法，格雷厄姆的分析框架更加可学。

第一，格雷厄姆的分析方法更多的是基于公司现有的资产、利润和现金流这些看得见摸得着的东西，而不需要很多对于市场方向的预判，也不需要对行业未来的洞察力。对于绝大多数人来讲，对市场和行业未来的预判能力是很难获得的，所以格雷厄姆的方法更容易学会。格雷厄姆强调的基本面分析，是不以人们的情绪变化而变化的，这些分析基于已经现存的资产、利润和现金流，尽管难免有“后视镜”的缺憾，但至少不像对未来的预期一样，会因为市场情绪的变化而剧烈波动，一下子从天堂掉入地狱。格雷厄姆把市场的波动形象比喻成一位情绪起伏巨大的市场先生，他每天都会走到投资者面前，根据自己的情绪好坏，报出一个高低起伏、变化无常的价格。巴菲特曾经说过，市场先生应该是来为你服务的，而你不应该受他的驱使。这一点对习惯于追涨杀跌、跟风炒作的 A 股投资人来讲，更有启发意义。因为人们对于未来的看法都是善变的，风和日丽的时候大家都对未来无比乐观，市场动荡的时候对未来又无比悲观，这一点在 2015 年夏天的市场巨幅震荡中体现得淋漓尽致。

第二，格雷厄姆的分析方法基于每个人都能够拿到的财务报表和财务分析，并不需要同管理层进行近距离的接触和沟通，他甚至认为许多管理层会刻意地误导投资者。其实大多数投资者并不具备去跟管理层进行深度沟通和交流的条件和能力。而财务分析对于大多数学过金融或者会计的人来讲，相对更可学。

第三，格雷厄姆的投资更强调安全边际。安全边际最核心的一点，是足够低的价格。在大起大落的中国股市中，安全边际的重要性，在于它能让投资者以一种更加良好的心态，去实现长期投资和价值投资。格雷厄姆先生说，一个称得上廉价的股票判断标准是：价值至少要比价格高出 50%。每个人的投资方法都有时代的烙印，格雷厄姆提倡的是以净营运资本的 2/3 的价格去购买股票，这样的股票在大萧条时代是有很多，而在如今这个时代确实比较少。但这并不表示他这种以低估的价格去购买资产和上市公司的思想已经过时。《证券分析》和《聪明的投资者》数十年来多次再版，其间历经多少牛市和熊市的市场起伏，至今仍然被专业投资者和业余投资人奉为经典，历久弥新。这说明格雷厄姆的价值投资的思想是经得起时间检验的。

这本自传对有志于投资的专业投资人和业余投资人都有重大的启发意义。它不仅有助于我们更好地了解格雷厄姆的生平经历、理解他的投资思想，而且有助于我们理解，美国资本市场也是在经历过一段像如今的 A 股市场一样的草莽时代，连续度过几波大浪淘沙，机构投资者逐步替代个人投资者之后，才慢慢地走向成熟和理性。

测一测　你能像格雷厄姆一样，用价值投资创造财富吗？

1. **你偏好审慎的投资风格。（ ）**

A. 正确

B. 不正确

2. **你习惯采用预测市场方向和时机的通行做法，但回报却不太理想。（ ）**

A. 正确

B. 不正确

3. **相比于采用带有赌博性质的投机行为，你希望找到从长期来看更稳妥的投资目标。（ ）**

A. 正确

B. 不正确

4. **你希望找到更可靠的信息来源，并学会解读它们。（ ）**

A. 正确

B. 不正确

5. **你厌倦了自己做预测，想要从其他投资者疯狂预测市场的做法中获益。（ ）**

A. 正确

B. 不正确

6. **你的标准操作方式是：做空普通股，同时卖出看空期权，以规避空头仓位的风险。（ ）**

A. 正确

B. 不正确

7. **目前,你还没有完全了解价值投资,但你希望通过学习借鉴“华尔街教父”的价值投资理念,来创造财富。( )**

A. 正确

B. 不正确

8. **你认同这个观点:如果一只普通股算是一笔好的投资,那它也是一种有吸引力的投机行为。( )**

A. 正确

B. 不正确

本套测试题没有标准正确答案,你可以带着你在答题时的疑问打开《华尔街教父格雷厄姆传》这本书,在书中找到属于你自己的答案。

现在,让我们一起来了解“华尔街教父”本杰明·格雷厄姆的价值投资历程。

目 录

是什么成就了
本杰明·格雷厄姆

西摩·查特曼[①]

加州大学伯克利分校

本杰明·格雷厄姆在六七十岁时退休了。退休后，他经常换不同的地方居住，比如，加利福尼亚比佛利山和拉霍亚、法国普罗旺斯地区艾克斯，以及马德拉群岛。格雷厄姆写了一部他称之为“我记得之事”的传记，尽可能详细地记录了他能记住的家庭和职业生活，以及他的家乡纽约市的声色犬马。然而，格雷厄姆困惑于记忆的狡黠：为什么他能记住琐碎之事，却会忘记所谓的重要之事？他写道：

---

① Seymour Chatman，美国电影和文学评论家，修辞学名誉教授，美国叙事学最重要的人物之一。——译者注

> 我们是如何记住某些事情，又是如何忘掉其他事情的？我对这个问题很感兴趣。可是，很少有回忆录作者会承认记忆的偏差，诚实地写下“我不记得了”这样的字眼，似乎有损于回忆录想要达到的目的。然而，如果没有其他读者对其评论，心理学家也会通过比较作者所记之事与所忘之事而对该作者的“真实品行”得出有价值的见解。我给自己写过一小段墓志铭，正好体现了这一点：
>
> 此人记得他人所忘却的；
> 而忘却了他人所记得的；
> 他终身学习，勤于事业，时常微笑；
> 是因为有令人沉醉的美和令人愉悦的爱。

从某些方面讲，“我记得之事”显示出格雷厄姆有着极好的记忆力。他的助手也证实格雷厄姆对专业知识的细节拥有惊人的记忆力，比如公司资产、价格、债息等。在从事第一份工作时，他就已经试图记住所有债券的价格表。后来，他的演讲、书籍和文章里也呈现了公司历史的各种细节。

然而，格雷厄姆也承认自己记不住电话号码或者熟人的名字，他甚至因为健忘而发生过许多有趣的事。有一次，格雷厄姆开车带着他的两个孩子去洛克菲勒中心滑冰场，停好车后就带他们去滑冰了，但之后三人是坐地铁回的家。他儿子的岳母也讲过一件轶事：有一次她去艾克斯看望格雷厄姆，格雷厄姆伸出手来做自我介绍，就好像以前从没见过她似的。对于自己“古怪”的记性，格雷厄姆写道：

> 我的记忆力其实不错，我能回想起65年前的无数历史事件及其细节，但我完全记不住电话号码，即使这个号码我已经查过100遍；我也记不得经常拜访的朋友家的地址和经常见面的人的名字。不过，在这个问题上，我可能会让不熟悉我的人感到惊讶不已，因为我们即使很久不见，我也能准确地叫出他们的名字。意大利作家、小说《泽诺的意识》（*La Coscienza di*

Zeno）的作者伊塔洛·斯韦沃（Italo Svevo）提出过一个方法，即当伊塔洛记不起他应该记住的熟人的名字时，他会真诚地说道：“你真的要原谅我。有三件事我总会记不清：姓名、相貌，以及我已经不记得的第三件事。”我时不时会用这个方法来摆脱尴尬。

在大多数情况下，格雷厄姆的记忆具有高度专注性和选择性：他能记住对他很重要的事情。如果他确实有兴趣和某个学生交流，那么他肯定能记住这个学生的名字。也许对他来说，思想比人名更重要，统计数据比电话号码更重要，文化和精神生活比金钱更重要，而这一观点随着他的年龄增长变得越发明显。

尽管“我记得之事”只包含格雷厄姆人生前40多年的经历，但它出版时还是被命名为“回忆录”（Memoirs），以强调格雷厄姆对书中内容特意做了文学处理。① 显然，回忆录与日记不是一回事。日记要尽可能如实记录发生的事件以及当时的体验，而回忆录讲述的故事则是当事人在事件发生后的平静岁月中重新收集起来的，记录者难免会以更长远的眼光审视过往经历。也许是因为忙于研究市场而无暇写日记，格雷厄姆只好在六七十岁时撰写回忆录，以弥补缺憾。

回忆录与自传也有细微不同。自传作者会尽力回忆起完整和准确的细节，以便讲述整体连贯的故事。回忆录则倡导一种更随性、更具反思性的方法。它将作者从事件发生顺序的枷锁中解放了出来，允许他不受限制地引入倒叙和正叙的方法，时间在过往的“那时”与进行的“当下”之间跳转。它赋予了作者更自由的沉思空间，允许作者对原始体验的意义进行哲学反思。正如美国小说家、剧作家戈尔·维达尔（Gore Vidal）所说的那样：

> 回忆录是一个人回想并记录下的自己的一生，而自传是一部历史，需要进行严谨的研究并对日期和事实进行准确核查。我采用了回忆录的写作方式，因为我认为哪怕是模糊的记忆，也能准确地说出一些最重要的东西。[1]

① 关于他晚年生活的全面介绍，请参见珍妮特·洛（Janet Lowe）的《格雷厄姆经典投资策略》一书。

从职业角度来讲，日期、事实、数字和百分比等细节对格雷厄姆至关重要。然而，当他写回忆录时，“忠实于内心”显然更为重要。格雷厄姆不仅想记录他的生活，还想对自己的人生做出中肯的评价。他在回忆录中呈现了自己最坦率的想法，这些想法是经过深思熟虑的，有些甚是来之不易。它们向读者展示了格雷厄姆把真实面对自己视为写作回忆录的最重要目标，哪怕这样做会有悖于人们对他一贯的印象。他在职业生涯中曾质疑华尔街信奉的金科玉律，而他在回忆录中谈到私人生活时，也质疑人们对待个人信念和行为的正统态度。比如，他告诉我们，9 岁的格雷厄姆对于父亲英年早逝这件事有怎样的真实感受，而不是告诉我们他应该有怎样的感受。对格雷厄姆而言，父亲的逝世本来应该像是天要塌了一样，但事实上并没有。他对母亲的看法也是很直率的：他对母亲的小缺点的描述使得母亲的优点更令人信服。他的字里行间充满了诸如“诚实驱使我……”以及“心智正直之人只能认为……”等表述。

通过对历史的长期探寻和现实思考，通过广泛阅读和对华尔街价值观日复一日的复杂检验，格雷厄姆形成了自己的信念。这种信念对于一名职业投资者来说至关重要。

“回忆录”一词与格雷厄姆珍视的文学价值观产生了共鸣。他是伟大作家的作品的忠实读者，而且通常是直接阅读原著。比如，荷马、欧里庇得斯、维吉尔、西塞罗、贺拉斯[①]、卢克莱修、塔西佗、卡图卢斯、但丁、塞万提斯、莎士比亚、弗朗西斯・培根、弥尔顿、笛卡儿、蒲柏、菲尔丁、吉本、莱辛、麦考利、席勒、康德、狄更斯、德・昆西、艾米丽・勃朗特、丁尼生、尼采、雨果、惠特曼、托尔斯泰、豪斯曼、波德莱尔、易卜生、康拉德、普鲁斯特、卡夫卡、里尔克、斯韦沃，以及与本书尤其相关的回忆录作者，比如，本杰明・富兰克林、卢梭、拉罗什富科、夏多布里昂和龚古尔兄弟。显然，格雷厄姆像对待他的诗歌和戏剧作品一样重视回忆录的文学性，甚至可以说他的回忆录是他最为成功的文学创作。格雷厄姆一直对文学、戏剧、歌剧和音乐剧颇感兴趣，退休后的

① 古罗马诗人、批评家、翻译家，代表作有《诗艺》等。——译者注

他也有了闲暇，可以沉浸在这些乐趣之中。不过，格雷厄姆对视觉艺术并不感兴趣，他宁愿花更多的时间去阅读评论文章，也不愿去欣赏绘画和雕塑。他对自然景观也无甚兴趣。退休后的格雷厄姆并不是完全放弃了对金融领域的关注，而是从更加中立和高远的角度来审视这一领域。他不再像过去那样内心充满了赚钱的渴望，而且他对自己的经济状况看得很淡。不过，当格雷厄姆以前的学生和助手向他寻求市场建议时，他还是很开心的，尤其是在股市下跌的时候。晚年的格雷厄姆将全部精力放到了与詹姆斯·布坎南·里亚（James Buchanan Rea）共同创立的里亚－格雷厄姆共同基金上。

这本回忆录讲述的是个人生活的故事，而不是一部投资实践指南。想要获取投资知识的读者应该去阅读格雷厄姆的《证券分析》[①] 或者《聪明的投资者》（*The Intelligent Investor*），这两本书被认为是有史以来投资类书籍中最杰出、最具洞见的作品。1934 年的首印版《证券分析》现在已价值数千美元。不过，通过《华尔街教父格雷厄姆传》一书，你可以了解格雷厄姆的早期生活，这有助于你了解他是如何成为如此杰出的投资者的。格雷厄姆的个性和天赋既有遗传因素，也有环境的影响。他的智力天赋使他能够沉下心去进行研究分析，尽管当时的证券经纪业并不看重这一点。就成长环境而言，他母亲“男孩就该有男孩样子”的放任态度以及纽约曼哈顿、布鲁克林和布朗克斯的穷街陋巷，培养了他对现实的敏锐观察力，让他学会了如何应对各种问题：不是靠自己的拳头，而是靠自己的智慧。与此同时，他尽力避免偶尔出现那种与纽约教养方式相伴而生的攻击性。认识格雷厄姆的人都认为他很谦恭有礼，是一个真正的绅士。

沿着这些穷街陋巷，纽约市提供了丰富的教育资源，这些教育资源可以说是这座城市在 19 世纪和 20 世纪之交唯一值得称道之处。格雷厄姆曾就读于纽约城市学院附属汤森·哈里斯高中和布鲁克林男子高中。在美国最好的这两所公立高中里，格雷厄姆在各种挑战中大放异彩。由美国的伟大哲学家莫里斯·拉斐

---

① 在这本书中，格雷厄姆与戴维·多德首次提出了价值投资的理念，并分别从证券分析的原理、三大证券分析方法和证券分析操作实务三方面阐释了价值投资的基本框架。其中文简体字版（原书第 6 版）已由湛庐策划，四川人民出版社于 2019 年出版。——编者注

尔·科恩（Morris Raphael Cohen）担任高中几何老师，这样的优质免费教育也只能让今天的人们望洋兴叹了。你也可以说这是精英主义，但格雷厄姆在回顾高中经历时，呼吁有天赋的学生应该接受充分的挑战，这种想法也一定会引起每一位望子成龙的家长的共鸣。

本书在第 5 章中讲到，由于校方的错误，格雷厄姆暂时被挡在了哥伦比亚大学的门外，这一事件令人心酸，但他对自己曾经很欣赏的纽约城市学院所表现出的抵触情绪显得有点儿势利。然而，换一种方式来看，他想要的是用金钱可以买到的最优质的大学教育。当然，不是用他自己的钱，因为他没钱，他要用的是学校提供的奖学金。格雷厄姆也考虑过申请哈佛大学，但如果不是母亲坚持让他留在纽约，那么他毫无疑问会被哈佛大学录取。格雷厄姆最终进入哥伦比亚大学后，并没有选择商科或任何与此相关的课程。他喜欢人文学科，喜欢语言、文学、历史、哲学。人们都说获得工商管理硕士学位（MBA）是进入商业领域唯一的教育路径，而格雷厄姆的经历则是对这种观点的有力反击。

格雷厄姆的回忆录也证明了最好的并且也许是唯一的可持续教育方式就是自学，而很多老师都不相信这一点。格雷厄姆学到的最重要的事情就是如何自学，并了解到自学是一件多么快乐的事情。他惊讶地发现，他的很多同学忘记了进入大学的初心，而且是有意忘记的，就好像老师布置的作业只是一项日常工作，是他们要实现赚钱这一人生目标所必须跨越的绊脚石。格雷厄姆非常重视课堂作业，他从中获得了第一笔“财富”，从根本上讲，这也是对他来说最重要的财富。

早期的格雷厄姆并不像大多数职业投资人那样把为自己赚钱看得多么重要。在 20 岁左右时，格雷厄姆很不理解伯纳德·巴鲁克[①]放弃自己的客户，只为自己投资的做法：

① 美国金融家、股市投机者、慈善家、政治家，也是格雷厄姆非常敬佩的投资者，他在 1929 年股市大崩溃来临前成功逃顶，因此人们经常称他为“在股市大崩溃前抛出的人”。——译者注

> 我心想，这样做可真丢脸。一个极具天赋、非常富有的年轻人对待人生的方式居然是正式决定致力于赚大钱，并且仅仅为自己赚钱。此外，他还把这一点写进了自己的回忆录，完全没有一丁点儿悔意或自我批评。

不过，诚实的品格让格雷厄姆对巴鲁克的决定抱有一种更宽容的态度，尤其是在格雷厄姆接受邀请开始管理属于自己的基金之后：

> 可是，我的决定就比巴鲁克更高尚吗？我也离开了证券经纪行业，开启了以赚钱为目的的事业，而做证券经纪时，至少我还能为广大投资者提供有帮助的建议。但以华尔街的标准来衡量，我离成为一个富豪还差得远，我只不过是为需要钱的朋友和亲戚赚过不少钱。

格雷厄姆在他 80 岁生日的演讲中，反复提到他对文化的喜好胜过了对金钱的追求，他还建议他的孙子们要在物质利益之外，努力追求纯粹的知识。当然，投资肯定意味着要赚钱，但人们能够感受到，在过了某个点之后，格雷厄姆所做的一切更多是为了证明自己的投资理论是正确的，而不是为了个人财富的增加。

为什么格雷厄姆当初要去华尔街工作呢？格雷厄姆的父亲虽然去世得早，但他还是在母亲的含辛茹苦和两个比他大不了多少的哥哥的呵护下长大了。他一方面遭受了家庭的贫穷，另一方面又遗传了母亲对奢侈生活的喜爱之情。这将他置于一种尴尬境地：

> 母亲已经很努力不去过多地念叨我们从前的奢侈生活，但过往的一切留下了太多的痕迹，让母亲很难做到心如止水。毫无疑问，她最大的懊恼来自我们那些善意的老朋友。他们仍然对我们很友好，并没有嫌弃我们。但我们与他们之间的经济差距过于悬殊，母亲不可能视而不见。说得更直白一点儿，我们与他们之间的礼尚往来给母亲造成了持续的压力，她会竭力掩饰家里的窘境，用尽各种办法来维持微不足道的体面，同时也总是把家里的生活水准维系在比我们的实际承受能力略高的危险位置。

> 我们三兄弟生活在令人沮丧的氛围中，这种氛围至少给我一人留下了巨大的心理阴影。我相信，我的内心一直希望远离物质而追求更智慧的精神层面的生活。但童年的艰辛给我和我的哥哥们都带来了很大影响，我开始对金钱变得更敏感、更崇拜。我理所当然地认为，成功的主要标志就是赚很多钱、花很多钱。

与此同时，就好像是对身处这一两难困境的补偿，他的母亲展现出了坚强的意志和韧劲。这深深地影响了格雷厄姆，让他学会了坚持自我：无论是吃下他童年时期单独在餐厅点的“葡萄－坚果”；还是不听邮递员提出的苹果会烂在路上的忠告，坚持把苹果从农场邮寄给母亲；抑或是勇于对抗北方管道公司（Northern Pipeline Company）的管理层。正是看到了母亲的坚韧，格雷厄姆才在不知何故没能拿到奖学金之后，有勇气再次申请入读哥伦比亚大学。毫无疑问，正是拥有像他母亲那样的坚毅品格，格雷厄姆才经受住了两次婚姻失败和股市崩盘这样的重大打击。

也许是母亲的经济窘况和家人作为穷亲戚被接济的经历，促使格雷厄姆最终选择了一个能确保获得不错收入的职业，而不是去做收入相对较低的大学老师。但他对精神生活骨子里的偏爱还是占据了上风。他最终明白了“最英明的投资策略就是在自己的能力范围内过上良好的生活”这一最简单也最重要的原则。之后，他几乎不再关心物质享乐。

不管怎么说，格雷厄姆后来还是当上了大学教授。他最初是为了在大萧条期间增加收入，但后来完全爱上了教学。一旦他赚的钱够用，金钱似乎就变得越来越不那么重要了。如果他最初选择进入学术圈，那么他会成为哪个领域的教授呢？显然，他可以成为任何领域的教授，因为他的兴趣广泛，而且能力超强。格雷厄姆作为一名大四毕业生，同时收到了来自常春藤联盟大学的英语、哲学和数学三个不同院系的工作邀请。即使是在1914年，这也是一件非常了不起的事。

然而，格雷厄姆后来还是成了一名金融分析师，并且被奉为“华尔街教父”。[①] 在他的早期职业发展中，格雷厄姆投资理论的框架已经呈现。格雷厄姆的家庭境况使得他更偏好审慎的投资风格。然而，在 20 来岁时，他还是暂时把自己的风格抛在了脑后。在美国资本市场最疯狂的 20 世纪 20 年代，像他那样的年轻人怎么可能抵挡得住赚快钱的诱惑？由此发生了本书第 9 章讲述的投资萨吾奥尔德轮胎公司（Savold Tire）股票的惨败经历。但与其他年轻人不同，格雷厄姆很好地及时总结了教训。经历过股市崩盘和大萧条，他越发重视投资的审慎性。他曾经把工程师当作自己的一个职业选择，就像工程师一样，他开始坚持为自己的投资设定极高的安全边际。他回想起了他的第一个老板阿尔弗雷德·纽伯格（Alfred Newburger）的警告：“一旦你参与投机，你就有可能把钱输光。”因此，他放弃了带有赌博性质的投机行为，开始寻找被严重低估的证券，而这些证券从长期来看只有极小的概率会失去市场价值。也许除了先知一般的巴鲁克，格雷厄姆和其他任何人都没能预测到 1929 年市场下跌之深和大萧条持续之久。尽管那个年代让人极为痛苦，但格雷厄姆坚信，市场最终能够证明他的投资策略的有效性。他对自己推理能力的自信使得他构建和验证了自己的价值投资理论，不再理会华尔街总是喜欢预测市场方向和时机的通行做法。他虽然不再做预测，但他能从其他投资者疯狂预测市场的做法中获益。他喜欢更可靠的信息来源，比如公司经营的实际状况和数据。他从这些信息中学到了很多，并且还教授他的学生如何解读信息。约翰·特雷恩（John Train）用了一个恰当的比喻来描述格雷厄姆不理会预测市场的噪声的做法：

> 就像一个医生正在诊治于骚乱中摔倒在地的患者，格雷厄姆几乎不去理会周围的疯狂。但在他的书中，你总能听到疯狂的声音在文字背后咆哮。[2]

也许，格雷厄姆的儿子决定学医并成为一名急诊科医生并非巧合。

---

① 珍妮弗·K. 布朗（Jennifer K. Brown）撰写的一篇题为“不朽者”（“The Immortals”）的文章发表在 1991 年 10 月的《加州商业》（*California Business*）上，其中有一幅格雷厄姆的画像，风格是拜占庭式的，他的右手握有一根国王权杖，左手拿着一本用宝石镶嵌的书（可以认为是《证券分析》）。一个面部为戴维·多德模样的天使靠在他肩上，正在琵琶上弹奏“价值”赞美诗。

那么，格雷厄姆-纽曼（Graham-Newman）公司运转得如何呢？这里有一段详细的介绍：

> 格雷厄姆－纽曼公司的投资组合被严格限定在几个明确的类别中，每种投资类别都承诺以相对较低的风险实现令人满意的回报率，比如，每年20%或者更高。如果将组合更加分散化，风险还会进一步降低。这些允许投资的类别包括：套利、股息（清算）、相关对冲、非相关对冲、流动资产股票（“廉价证券”）以及属于J. A. 纽曼（J. A. Newman）投资范围的受到控制的公司。格雷厄姆－纽曼公司会仔细检视每一项投资的类别和等级。
>
> 这种对交易结果持续评估的做法带来的效果似乎令人感到惊讶。他们发现，买进“廉价证券”，同时卖空与之完全不相关的“高估证券”，这种“非相关对冲”的风险大于总的收益，于是他们放弃了这种操作。格雷厄姆－纽曼公司的“价值理论”在卖空明显被高估的热门证券方面并不那么有效，除非通过持有同一家公司高等级的可转债来获得足够的资金安全保护。
>
> 在实际操作中，公司对购买“廉价证券”所做的限制是必须以低于当前净流动资产价值2/3的价格购买普通股。出人意料的是，他们在超过30年时间里购买的数百种这类证券无一例亏损。然而，格雷厄姆－纽曼公司基金最赚钱的操作并没有完全符合他们所设定的严苛标准，那笔操作是以略微低于资产价值的价格购买了政府雇员保险公司（Government Employees Insurance Company）50%的股权。显然，这一成功案例在他们的投资经历中既矛盾又典型。[3]

毫不夸张地说，格雷厄姆是一个真正有创造力的人。他发明了一款改良版的计算尺，包含一连串口令，记住这些口令就可以快速掌握莫尔斯电码，而且每个口令都可以快速识别所代表字母的点和线类型。他还曾经尝试发明电动门闩和一种能将馅饼切成大小完全等份的饼盘，尽管这些发明算不上成功，但它们足以证明格雷厄姆是一个有头脑的人，他后来发明了决定股票价值的新方法，开了华尔街的先河。格雷厄姆的头脑中充满了各式各样的新奇想法，他把它们记在一个很小的笔记本上，把它当作“枕边书”。

除了绝顶聪明，格雷厄姆最大的优点还在于他的独立思考和正直的品格。他友善，但这一优点似乎和他的成功没有多大关系。此外，他不擅长销售。他兜售过冰激凌机、衬衫板广告、留声机唱片和债券，但都彻头彻尾地失败了。不过，他的温和友善并不妨碍他在做决策时坚持自己的逻辑，用他自己的话说就是：

> 格雷厄姆达到了这样一种独立思考的程度：在任何领域，他的辨别力都能告诉他，他的行为不应只受习俗或偏见的主宰。①

格雷厄姆能通过谨慎的分析来获取安全收益，而且是通过诚实合理的方式。他的道德标准使他站在了迈克尔·道格拉斯（Michael Douglas）在电影《华尔街》中扮演的华尔街操盘手之流的对立面。格雷厄姆的正直是出了名的，就连美国州政府和联邦政府也会就某些问题向他征求客观建议，比如，处于诉讼中的公司的价值以及设立像证券交易委员会这样的监管机构。他会非常认真地对待自己的错误，他觉得自己有义务在回忆录中列出哪怕是最微不足道的“投机行为”，比如，他从母亲的钱包里偷过 1 美分；他曾利用引导员的身份便利为剧院观众提供超出其门票价值的座位，并从中赚取了一两美元；在职业生涯中，他悄悄接受过州政府提供的不合理的收益；他曾帮助一个能够自食其力的剧作家持续领取残障保险金。这些小瑕疵让他变得更有人情味儿，也使他更宽容地对待亲属、朋友和前雇员犯下的比这更严重的错误。

格雷厄姆的消极伦理观和积极伦理观都给人留下了深刻印象。比如，在第 11 章中提到的北方管道公司事件中，当有人要求分配公司额外的资本收益时，他扮演了不知情的普通股东的角色。尽管在大萧条期间他没有拿薪水或佣金，但

---

① 更多内容请参见结语部分。在这里以及接下来引用的一些关键内容中，格雷厄姆有意地采用了第三人称来指代自己。这是他的一种写作风格，表明他希望公正客观地描述自己。

他仍尽己所能地持续维护客户的利益。他内心非常介意自己没能与从美国快递公司退休的前上司保持联系，以及曾经罢免了卓越烟花公司（Unexcelled Fireworks Company）的董事会主席。现代商业社会的"野蛮人"会精心筹划，不顾员工、管理者和债权人的利益，击垮公司以牟取私利。与这些人不同，格雷厄姆既没有这种想法，也不会有这种操作。我们可以想象，当格雷厄姆得知不负责任的年轻交易员在电脑上按下几个按键就能让大型银行破产时，他会说些什么。

这本回忆录表明，格雷厄姆的政治立场与当今的温和派没有什么不同，他在财政政策上持保守派立场，在社会问题上持自由派立场。① 比如，我们可以看看他在社会研究新学院（The New School of Social Research）② 举办的经济论坛上提出的两个建议：一个是可以用低成本的住房取代贫民窟，并为贫民窟租户提供补贴，补贴金额要达到新租房屋的租金水平。另一个是失业人群有权依据其技能和经验获得个人贷款。这类贷款要由联邦政府以无担保的方式发放，失业者只需承担很少的利息，甚至无须承担利息，当他们重新找到工作后，再以合理期限分期偿还贷款。虽然这两个建议在前罗斯福时代信奉自由放任经济哲学的人看来似乎过于激进，但它们与后来实际采用的政策并没有太大差异。

在写给女儿玛乔丽的一封信中，格雷厄姆阐述了两个建议，一个被称为"免费足量营养原则"（FANN），另一个被称为"人人皆有食物"（FFEB）。

> 原则：每个人都有权免费获得食物，不多也不少……
>
> 计划：在每所有需要的学校建立食堂，一天供应两顿餐，为每一个来到食堂并提出需求的人提供足量的食物。不提供额外的服务。这些人无须接受提问、调查和说教……
>
> 主要目标：管理者要履行两项同样重要的职能。

---

① 保守派支持减少财政赤字，保持财政收支平衡；自由派支持平权运动，为穷人、少数族裔争取基本权利。——译者注

② 位于纽约市的美国高等教育机构。——译者注

（1）尽可能地确保让所有想得到足量食物的人都能很容易地获得自己所需。

（2）确保本计划不会提供额外的东西和其他类型的服务，必须将特殊配餐、加量供应等服务都排除在本计划之外。

我的评论：本计划的成功与否将取决于两个因素：第一，理应付费的“搭便车者”的数量是可以接受，还是会大大超出预期。第二，各种不必要的行政开支能否降到最低程度。“严格限量”政策意味着，餐食标准与救世军等慈善组织类似，但管饱。①

格雷厄姆确实是一个资本家，但他是一个有社会责任感的资本家。

当然，格雷厄姆作为投资者所取得的成就是毋庸置疑的，数据自己会说话。《华尔街日报》把他归入了史上最伟大投资家的“万神殿”，“万神殿”里有他的学生沃伦·巴菲特，还有彼得·林奇和乔治·索罗斯。格雷厄姆的年均收益率为17%，并不像其他入选的投资家那么高，但这一成绩是在1929—1956年创造的，而股市崩盘和大萧条就发生在那段时间。[4]

格雷厄姆作为经济学家所取得的建树少有人知。在回忆录的第16章，格雷厄姆阐述了他对大萧条引发的最严重的一个问题的看法，那就是商品价格的波动及其对整个资本市场和经济的影响。对这一问题的思考促使他撰写了两本书——1937年第一次出版的《储备与稳定》（*Storage and Stability*）和1944年第一次出版的《世界商品与世界货币》（*World Commodities and World Currency*），但遗憾的是，它们的重要性和对当下的意义并未得到足够重视，事实上这两本书的英文原版已经绝版50多年了。书中探讨的问题如今比任何时候都更需要得到解决。

促使格雷厄姆写《储备与稳定》的原因是伴随大萧条而来的大范围通货紧

① 写给玛乔丽的信的落款日期为1971年2月10日。

缩。书中提出了稳定美国经济的一种方法：将衡量美元价格的金银替换为小麦、棉花和钢铁之类不易腐烂的“一篮子商品”。政府可以用美元采购这些商品，再将它们储存起来，以满足消费者的长期需求并以此换回美元。格雷厄姆在第16章详细介绍了他的商品储备货币方案。

《世界商品与世界货币》一书基本阐述了同样的理论，只不过格雷厄姆将其用在了全球背景之下。当然，1944年的情况与1937年大相径庭。第二次世界大战即将结束，大萧条也因为美国经济受到军需用品生产的极大刺激而进入尾声。那时，格雷厄姆已不再把生产过剩造成的通货紧缩视作问题，而是认为商品稀缺造成的通货膨胀才是问题。但他觉得，“一篮子商品”储备原则在新环境下同样适用：

> 全世界的人在和平时期可以更充分地利用地球资源，这种模式已经在生产战时物资所取得的巨大成绩面前得到了体现。战争结束后不仅应该实现满负荷生产，而且必须长期维持这种状态，而不必担心会出现曾经熟悉的泡沫破灭和大萧条后遗症。[5]

格雷厄姆极为关注甚至反对为了稳定价格而销毁商品的惯常做法。以咖啡为例，他写道：

> 我们已经看到现代经济学的最荒谬之处就是销毁地球的恩赐。这种做法在大萧条中持续了多年，而且不论经济好坏都会出现。从1931年到1943年，超过7 500万箱商品被烧毁，价值超过1 000亿英镑，这足够为全球人口提供4年的生活必需品。

格雷厄姆认为世界经济会持续扩张，供给会不断增加，足以为那些处于贫困中的人群提供保障。他的动机是充满人性关怀的，也是具有可操作性的。储备商品或者“调节性库存储备”既可以食用，又能转化为有用的成品，相较于销毁簇新的金属条，这是更为有效的控制经济动荡的手段。对人类而言，无论是在荒年，还是在丰年，粮仓都是比造币厂更好、更有意义的仓库。它能很快稳定物价，从而稳定整个经济，这是卡特尔组织[①]假装想要实现但从未真正实现的目标。《世界商品与世界货币》一书为上述论点的可行性进行了严格的论证，这些论证显然值得人们重新审视。

在个人生活方面，格雷厄姆有着耽于女色的名声，而这一名声似乎意味着他是一个轻浮之人。1988 年 4 月，已经去世的格雷厄姆入选了美国商界名人堂，有人就此为他撰写了公开发表的悼词，说他是："一个在某些方面情绪敏感的人，结过 3 次婚，从一个金发女郎换成另一个金发女郎，就像阿尔卑斯山的山羊[②]从一座山峰跳到另一座山峰。"他的朋友和学生巴菲特则宽容地描述了他在这方面的品行："对于这个问题，人们评价不一，各种说法都有。但格雷厄姆确实喜欢女人，而女人也喜欢他。他不是那种在外形上有吸引力的男人，看上去长得像爱德华·G. 鲁滨逊[③]，但他有自己的魅力。"[④]巴菲特还补充说，格雷厄姆想要"每天做些带点创造性、带点愚蠢、带点慷慨的事情"。《财富》杂志忍不住对巴菲特的恭维之辞揶揄了一番："发明证券分析和价值投资方法足以证明格雷厄姆的创造力和慷慨。可愚蠢又体现在哪里呢？在离开香榻之前，格雷厄姆可是很少犯傻的。"

无论风流是不是一种愚蠢的行为，把格雷厄姆视为花花公子都是错误的。尽管大众普遍认为他在公共场合的行为举止是得体的，甚至是高尚的，但他也的确喜欢女人，喜欢调情。他的调情之举多是优雅的，通常也不乏精神交流。他的确结过 3 次婚，结婚对象分别是黑兹尔·梅热（Hazel Mazur）、卡萝尔·韦德

---

① 卡特尔是垄断组织的一种重要形式，是生产同类商品的企业为了垄断市场、获取高额利润而达成有关划分销售市场、规定产品产量、确定商品价格等方面的协议所形成的垄断性企业联合。——译者注

② 原文"goat"在美语中也有"好色之徒"之意。——译者注

③ Edward G. Robinson，在罗马尼亚出生的美国演员，好莱坞黄金时代的当红明星，他扮演过很多让人难忘的角色。1973 年，在鲁滨逊去世后两个月，他被追授奥斯卡终身成就奖。——译者注

④ 《财富》，1987 年秋，第 48 页。事实上，格雷厄姆表示，"很多人把我误认成了他"（参见本书第 15 章），但鲁滨逊本人认为格雷厄姆更有魅力："我将永远记得鲁滨逊对我这番话的回应，因为它极大地满足了我的虚荣心：'格雷厄姆先生，如果我长得像你，我希望能像你那样有魅力。'"

（Carol Wade）和埃斯特尔·梅辛（Estelle Messing），当然他还有过几段婚外情。但与除著名的唐璜之外的其他大多数好色之徒相比，格雷厄姆会用理性的大脑认真权衡自己的行为，而正好他对大脑的运行机制颇有了解。他的盲点似乎在于，他试图将帮助他在事业上取得成功的同一种理性思维运用到感情生活中。格雷厄姆认为，他生命里的女人应该通过追随他所认同的公正和举止优雅的观念来回报他对她们礼貌而亲密的恰如其分之举。毫无疑问，格雷厄姆是一个理性的人，但他又提到过《窈窕淑女》中男主角希金斯先生说过的一句话，后者悲哀地问道："为什么女人不能像男人一样？"格雷厄姆肯定看过这部音乐剧。① 事实上，格雷厄姆曾试图与他的其中一任妻子"约法三章"。他自己也承认，他花了很长时间才学会如何在情感上与女性相处。《聪明的投资者》一书中有一段有趣的文字，书中将"多数投资者"挑选股票的错误方式与他们挑选妻子的方式做了对比：

> 很难准确描述多数投资者是如何挑选股票的。究竟是怎样的心理过程让A决定以每股35美元的价格购买伯利恒钢铁，而B倾向于以每股46美元的价格购买伍尔沃思，C则以每股190美元的价格选择联合化工。整个决策过程似乎像是在挑选妻子。人们多少会仔细评估一些具体的因素，但评估结果也只不过是对强烈的甚至是占主导地位的非理性偏爱的补充。[6]

"非理性偏爱"既道出了格雷厄姆自己的爱情观和婚姻观，又道出了投资者的投资习惯。但人们要怎么责怪一个敢于坦陈自己缺陷的人呢？他在这本回忆录以及他默默创作的戏剧《瓷婚》（*China Wedding*）② 等文学作品中反复进行了自我检讨。至少，格雷厄姆并没有过一种"未经审视的人生"③。

---

① 1965年2月25日，格雷厄姆在笔记本或者"枕边书"中写了一段戏仿文："西班牙的飞机主要在雨中飞行。"

② 结婚20周年被称为"瓷婚"。——译者注

③ 古希腊哲学家苏格拉底说过一句名言："未经审视的人生不值得过。"这里对格雷厄姆的评价借用了这句名言。——译者注

为一个出生于1894年的受到大男子主义指控的人做辩护没有多大意义。[①]毫无疑问，格雷厄姆在某种程度上下意识地使用了权力去征服女性。他的确在男女问题上表现出了某种任性，而很少有人会在今天宽恕这种任性。但问题很复杂，他面对自己的情感缺陷时似乎是足够坦诚的，他的心声值得人们倾听。除了调情和偶尔的婚外情，他把自己的情感缺陷归咎于不擅长处理亲密关系这一共性问题，无论是与男性或女性的关系，还是与家人或陌生人的关系。他抱怨自己没有能力与别人建立亲密的友谊或成为知己。一个有趣的比喻将这种无能归咎为害羞和敏感："在人生的早期阶段，他的内心就像一只海狸，在自己周围筑起了一道'防护墙'。他将斯多葛主义[②]视作天堂送来的福音。"但对一个男人而言，女人似乎就像来自另一个星球的物种，因此格雷厄姆觉得问题变得复杂起来，至少在他找到最终的伴侣马洛之前，情况一直如此。在遇到她之前，他与女性的关系很少像《财富》暗示的那样美妙。格雷厄姆在自我描述中写道：

> 与女性相处是他人生相对失败的一大领域。他一生中不难找到令他着迷的女性，也不乏认为他很有魅力的女性。在刚成年不久就初尝禁果之后，他既不缺少性生活，也不缺少性伴侣。在他看来，他与女性相处的问题仅仅在于，她们居然怀疑他的良好人品，尤其怀疑他温和的性情和才智。结果他产生了被她们伤害和欺负的感觉。也许部分出于真实的经历，部分出于想象，他认为几乎所有女性都是非理性的，而且控制欲强，无法欣赏他的善良和耐心，过于想要探寻他个人隐秘的禁区。

是的，格雷厄姆的文字是自我辩护式的，他尤其坚持强调自己有"良好的人品……温和的性情和才智"。但很少有人像他那样承认这种失败部分源于自己，并且意识到这种被伤害和欺负的感受也许只是幻觉。

没人能否认他将自己的理智很好地用在了事业上。得益于自己的性情以及

① 这里的意思是，那个年代大男子主义或者性别歧视是西方国家普遍存在的问题。——译者注

② 古希腊四大哲学学派之一，倡导个人主义、平等主义和世界主义。——译者注

接受过良好的高中和大学教育，格雷厄姆摆脱了狭隘和偏见，他能够一眼看穿华尔街内部的虚妄之术，简而言之，他质疑了传统，发明了价值投资方法。但他花了更长的时间才在情感上做到了真正的独立，将自己从传统观念中解放出来。无论人们在私底下是怎样践行家庭价值观的，在那个人人都认同“家庭价值”的年代，我们都很难看到格雷厄姆在个人道德上的正面形象。然而，他的家庭观念的确是很浓重的。他的女儿伊莱恩·格雷厄姆·索弗（Elaine Graham Sofer）观察到，他的教育观很传统：“当我大概 10 岁时，我随意地在家中宽敞的图书馆中闲逛，寻找成年人看的书籍。我很快就沉浸在某些介绍古希腊雕塑的艺术书籍中，书里介绍的男性雕塑大多都是裸露着躯体的。父亲发现这件事后并没有斥责我，但他坚决把书拿走锁了起来。”

今天，人们可以很轻易地嘲讽行为不检点的男性公众人物。但就格雷厄姆的情况而言，看待他的风流的另一种方式是，他直到晚年都一直在寻找那个“对的人”。一旦他找到了那个“她”，他的风流之旅就结束了。他写道：

> 在人生临近终点时……本杰明遇到了一个女人，她的灵魂、心智、品格和性情是他在很多其他女性身上没能找到的。他认为，他可以为了她放低“防护墙”，而这些“防护墙”正是他将自己疏离于其他人的障碍。在这种新的人际关系的影响下，他开始第一次探究这些障碍的性质。

这听上去像是格雷厄姆渴望找到一个能让他放下防备的伴侣，这个伴侣能理解他构筑“防护墙”的原因，然后帮助他摧毁“防护墙”，或者至少让他摆脱“防护墙”造成的多余辖制。最终，格雷厄姆在 60 岁左右找到了那个伴侣。据说，他对这位“来自法国的名媛”爱得既深沉又投入。他为自己曾经引以为傲的性情付出了代价，并从中吸取了教训。这些性情包括他“令人愉悦的行为”和“几乎不愿意批评他人……或者评价他人”，以及他一以贯之的和蔼、礼貌、友善和耐心；他也会避免“任何类型的冲突，甚至避免为辩论抽象观点而争得面红耳赤”。事后想来，格雷厄姆发现这些性情并不像它们曾经看起来那样是他的优点。相反，他看到了：

> 在他宽宏大量的姿态中隐藏着骄傲、自私、势利以及某种矫揉造作；在他平静的外表下隐藏着些微精致的利己主义。他的第三任妻子评价他很高尚但没有人情味，这简直是一语中的。他缺乏真正的同理心，不能真心分享他人的喜悦和哀愁。他热爱的东西要么是完全与个人无关的思想和艺术创作，要么就是那些有助于他自身成长和自我实现的东西。他会带着真正的谦逊“消解别人的表扬”，然而那种谦逊本身就是一种骄傲的表现，因为它完美到无法与虚荣区分开来。他的谦逊就是贺拉斯所说的“一颗能意识到自己正直的心灵”，包裹着外人无法感受到的充满自信的优越感。就像兰德[①]一样，他和谁都不争，因为至少在他看来，没人值得他争。他意识到他只有一个亲密的伙伴，只有一个相似的灵魂，那就是他自己。

这真是细致入微的洞察，我们还应该注意到古典文学是如何帮助格雷厄姆做到这一点的。这种洞察力和坦诚很容易让人宽恕自我反省者的诸多缺陷。

在遇到马洛后，格雷厄姆改变了很多，并开始明白：

> 要少一些优越感，多一些人情味……60 岁以后，他开始重新培养自己的情感智慧，他必须接受爱不是体验生活，而是生活体验这一事实。

格雷厄姆为自己取得的成就感到自豪，他在私人回忆录中提到，他并不反感利用相识的名人来给自己长脸，也不反感享受财富带来的特权。他的谦逊并没有虚情假意；事实上，回忆录显示出他还有轻微的炫耀倾向，尽管这种炫耀常常被他幽默的自嘲所掩盖。不管人们怎样看待这一点，他都还是一个老练而聪明的段子手。除此之外，他敏锐的幽默感也为他的交流和他在写作和演讲中阐述自己的经济和投资理论增色不少。本书第 16 章中举了一个很好的例子，他提议法国用红酒来偿还第一次世界大战的赔款。根据亲属、朋友和学生的说法，神秘而又

---

① 全名为瓦特·萨维吉·兰德（Walter Savage Landor），18—19 世纪英国诗人、作家。《我和谁都不争》是他的著名诗作。——译者注

巧妙的幽默是格雷厄姆日常言行的标志。

格雷厄姆极为擅长写作，他的作品具有独特的文风。他撰写的专业书籍和文章尽管带有商业文章的理性，但总是既清晰又有说服力。他的遣词造句效仿了在年轻人中颇具影响力的《华尔街杂志》(*The Magazine of Wall Street*) 的传统。为该杂志撰写文章的名人如欧文·费雪 (Irving Fisher)、霍兰德教授、理查德·D. 威科夫 (Richard D. Wyckoff) 等，他们刊登在杂志上的照片或肖像画就跟他们写的文章一样古板乏味。他们的文字很少用到现代商业文章中经常出现的煽动性或比喻性语言，比如，他们不会说利润是“轰动性的”或“乏善可陈的”，而只会说“令人满意的”或者“吸引人的”；他们不会说市场“向南走”[①]，而只会说“下跌”。《聪明的投资者》一书的宣传语是“价值投资的实用指南”。就这本书的目的和实操性而言，格雷厄姆让人们在一定程度上想起了他极为崇敬的本杰明·富兰克林。虽然格雷厄姆对客观性的追求导致他过度使用了被动语态和其他不带人称的句子，但他的文风总体来讲还是活泼而令人印象深刻的。比如，这本回忆录就敏锐地捕捉到了曼哈顿早年的风土人情：

> 在那个遥远的年代，用来牵引高架轻轨的是和中央公园里那种小火车头很像的火车头。它们带着响亮的轰鸣声越过人们头顶。在冬日的夜晚，轨道摩擦迸出的火花清晰可见。后来高架轻轨被电气化，但我们还是能透过沿线轨道的加高围栏看到很多堆放在一起的这类小型蒸汽火车头。最终，它们被卖掉了，从此销声匿迹。我想应该是被卖到了某个南美国家。

正如格雷厄姆承认的那样，他的诗歌和剧本都写得不太好。虽然他很欣赏各个时代的伟大文学作品，但写诗歌不是他的强项。不过，他至少还是写过一首好诗，这首诗很好地表达了他对猫的喜爱，以及这个具有文艺复兴精神的人对形而上问题的思考。他为这首诗取名《时光猫》(*Cat Time*)：

---

① 上北下南，“向南走”的意思是市场下跌。——译者注

啊，时光，用你的猫舌头
舔尽我们生活的珍贵奶油，
当你发出喵喵的歌唱时
你的虎牙插进了我们的肌肤；
啊，时光，用你凶猛的爪子
狡猾而残忍地扑向惊惶四逃的人们，
你诱捕、释放，再捕捉，
都是为了赢得敏感的上帝的称赞；
啊，时光，冷漠地看着
我们过往的祷告和声泪俱下的咒诅，
正如我们住在你里面，你也住在我们当中，
住在你的奖赏、你的战利品——你的宇宙当中。

格雷厄姆作为剧作家的短暂生涯表明，他创造角色和情节的能力实在一般。他的剧本《缤纷娃娃》（*Baby Pompadour*）之所以能在百老汇演出，似乎更多的是因为他与剧院有很好的关系，而非他的剧本有多么出色。

但格雷厄姆对文学的投入既真实又深切，他也的确找到了另一条出路，那就是翻译。他用英文翻译拉丁语诗歌的水平是相当高的。他还翻译过乌拉圭作者马里奥·贝内德蒂（Mario Benedetti）的小说《休战》（*The Truce*）。虽然没有记录显示他正式学过西班牙语，但他的语言天赋还是让他的译作成了符合出版专业要求的作品。贝内德蒂的小说讲述了一个开始思考退休生活的年近50岁的会计的故事。小说主人公是一个鳏夫，养育了两个男孩和一个女孩。他们住在一起，但关系并不亲密。后来，他的一个儿子从家里搬了出去，另一个儿子则愤怒地拒绝与父亲谈论自己的妻子。这个会计只能与女儿进行平和的交流。单位新来的一个年轻女下属进入了会计灰暗的生活。出乎意料的是，他被这个女下属迷住了；更出乎意料的是，女下属也被他迷住了。会计为女下属买了一套公寓，但女下属仍有部分时间住在自己的父母家，女下属的母亲知道了他们的爱情，但没有表示反对。这对伴侣相处得非常愉快，但也十分小心谨慎。然而，会计还是告诉了自己的女儿，后者很快就成了父亲情妇的朋友。男主角退休的那一天终于到来了，悲剧的是，年轻女下属却突然死于心脏病，于是这个穷困的男人再次成为鳏夫。

男主角与格雷厄姆的人生似乎有着相似之处，尤其是在与年轻情妇发生的风流韵事方面。中年时，格雷厄姆也与一个年轻漂亮的女性发展过一段关系，她的名字叫卡萝尔·韦德，他们有过一段短暂的婚姻，其过程远不如贝内德蒂小说中的情节那般温馨。韦德使得父亲与孩子的关系处于紧张状态，但这种状态在格雷厄姆后来娶了埃斯特尔·梅辛以及最终与马洛在一起之后就消失了，而且梅辛还与格雷厄姆拥有了自己的儿子。

贝内德蒂的小说中能引起共鸣的一个细节是他对会计工作习惯的描述。这让人想起格雷厄姆在本书第 5 章中对自己在莱夫勒电话商店工作时的描述。会计工作多是机械式的重复，他会通过“思考其他事情，甚至……做梦”来使自己不那么无聊。在莱夫勒电话商店，格雷厄姆消除无聊的方法是在脑海中背诵古典诗歌。不过，他偶尔也会失去理智对着电话大吼大叫，这让他的老板颇为恼怒。也许在那个时候，他的感受就像贝内德蒂小说的男主角一样：

> 我就像被分裂成了两个不同的、矛盾的、独立的人。一个人很擅长自己的工作，完全能掌握它的复杂细节，还总是能明白自己正在做什么。而另一个人则是恍惚而狂热的，充满了被压抑的激情，是一个悲伤的小伙子，他过去、现在和将来都会为了好玩儿而给别人打电话；他是一个缺心眼的家伙，毫不在意自己的笔写了些什么，或者自己正在用蓝色墨水写下的东西究竟是什么，而 8 个月后，这些蓝色字迹将会变成黑色。[7]

无论格雷厄姆与虚构的贝内德蒂小说主人公的经历有多少相似之处，人们都无法否认格雷厄姆的翻译水平。他自己写的诗歌、他对古典文学以及法国和德国诗歌的翻译都没有刻意使用维多利亚式的浮华辞藻。他的文字读起来简练而流畅，轻松呈现了贝内德蒂讲述的这个简单故事的精髓。

终其一生，格雷厄姆都在琢磨“生活”与“工作”、“个人生活”与“职场生活”、“感受”与“思考”之间的区别。虽然他不相信弗洛伊德的精神分析法，但他后来还是逐渐开始寻求情感智慧，以便与他从经济和金融角度理解世界的思维方式相契合。这在某种程度上导致他对两性关系和他的家庭有了与以往大不相同的更深刻的理解。

从根本上讲，格雷厄姆仍是一个“理性、聪明、很少吐露真情”[①]的人。虽然在他自己和孩子们的不同年龄段其尽责的程度和质量不尽相同，但他的3个孩子都认为格雷厄姆尽到了父亲的责任。至少，他一直是一个有良心、有责任感并极为热心的人。他不仅在经济上非常慷慨，而且还与正在成长中的孩子们分享文学、音乐、体育和旅行的乐趣。他算得上一个“非常棒的父亲”，尤其是对他的女儿而言，她很感谢父亲在她青少年时期对她的理解和陪伴。[②]

总而言之，格雷厄姆救赎自己品行的方式是终身学习，不仅从书本上，而且从他的个人经历中，尤其是从他所犯的错误中学习。

---

① 引自格雷厄姆的女儿玛乔丽写于1996年1月20日的一封信。

② 玛乔丽写道：“他是一位非凡的父亲，在我还是个孩子和少女时，我就非常崇拜他，说得更直白点儿，我一生都深爱着他。当我还是少女时，他就是我‘行走的百科全书’。他无所不知。他总能将诗歌带进精神和心灵，带进我们的日常生活。能成为他的女儿，我倍感荣幸。他风趣、可爱，让人着迷。”

BENJAMIN GRAHAM

THE MEMOIRS OF THE DEAN OF WALL STREET

第 1 章

“造梦”的童年旧时光

在那个遥远的年代，用来牵引高架轻轨的是和中央公园里那种小火车头很像的火车头。它们带着响亮的轰鸣声越过人们头顶。在冬日的夜晚，轨道摩擦迸出的火花清晰可见。

本杰明·格雷厄姆在伦敦降生

许多人似乎都能记得童年最早期的无数细节，我却不是这样。父亲去世那年，我只有 8 岁半，在那之前发生的事情几乎没给我留下任何印象。而我能记起的那些经历也并不完全可信，因为我不确定我记住的究竟是事情本来的样子，还是他人讲述的版本。

比如，我过去常说，我能清楚记得的第一件事就是母亲用急切的声音把我和我的兄弟们叫醒："莱昂、维克托、本尼，起床啦！快到窗户这儿来看！我们进入 20 世纪啦！"那时我 5 岁半，维克托大我 1 岁，莱昂大我 2 岁。我清楚地记得母亲当时的兴奋之情，但仔细想来，我得承认，或许是由于母亲在之后的岁月中经常提及此事，所以我把她讲述的轶事与当时真实发生的情况混淆了。

不论我记不记得，我都是于 1894 年 5 月 9 日在英国伦敦的阿伯丁路 87 号出生的，我最早的名字叫本杰明·格罗斯鲍姆。我的年纪刚好比赫鲁晓夫小一个月，又比温莎公爵[①]大一个月，这两个人后来都下台了。我家中有 3 个男孩，我

---

① 爱德华八世，温莎的第二位国王，生于 1894 年 6 月 23 日，因坚持迎娶辛普森夫人而自愿退位，在位仅 326 天。——译者注

是最小的一个。母亲曾告诉我，作为家中最小的孩子，我自然是该叫本杰明这个名字的。[①]我现在觉得那只是一个玩笑。由于天生敏感又缺乏好奇心，我从来没问过母亲，为什么在我之后家里没再添弟弟或妹妹。

在一个问题上我母亲的态度是相当明确的：我是男孩这一事实曾让她颇感失望。在流产了一个男孩又生了两个男孩之后，她非常想要一个女孩。她很直接地告诉我，生下我后，她的第一反应就是“想把我扔出窗外”。但考虑到我的感受，她总是会补充说，她很庆幸自己没那么做。

我曾在《圣经》中查找过跟我同名的人物，我很想知道那个人的品行和成就。在《创世记》中，便雅悯[②]是父亲雅各最爱的宝贝，也深得哥哥约瑟的喜爱。但《圣经》只记载了便雅悯做的两件事：一是他伏在约瑟的脖子上哭泣；二是在所有兄弟中，他生育的孩子最多，足足有 10 个，而且全是男孩。后者是更为值得一提的成就，因为当他携所有儿子前往埃及时，自己也还只是个少年。在雅各家族，女孩的数量相当少。雅各有 12 个儿子，却只有一个名叫底拿的女儿。这些儿子一共生了 50 多个孩子，也只有亚设的女儿西拉一个女孩。“这是耶和华所做的，在我们眼中看为希奇。”[③]《圣经》没有直接评价便雅悯的品行，但雅各临终前给他的预言远谈不上中听：“便雅悯是个撕掠的狼，早晨要吃他所抓的，晚上要分他所夺的。”后来，便雅悯的后代惹了很多麻烦，差点儿被兄弟族裔灭宗。

61 岁那年，我曾短暂地到访伦敦，当时我迫切想要重访故里。我告诉出租车司机我印象中的地址——阿伯丁路 14 号。在几经周折后，司机找到了那条街，在镇上东北角一个不起眼的地方。我就像人们从前乘坐旧式伦敦出租车那样[④]从车上跳下来，怀着激动的心情向 14 号走去。结果那里只是一排脏乱的两层

① 在英文中，Benjamin of the family 意指“家中最小的孩子”，故有此述。——编者注

② 《圣经》中文版大多把 Benjamin 译为“便雅悯”。——译者注

③ 引自《圣经・诗篇 118：23》。——译者注

④ 旧式伦敦出租车的底盘很高。——译者注

砖楼中的一栋，明显正在施工。它的外观与我记忆中的样子完全不同，印象中我的家族一直生活在优渥的环境中，住着带有漂亮花园的舒适别墅，能雇得起几个用人，每月每个用人 1 英镑薪水。后来我才发现，我是把位于布赖顿（Brighton）剑桥路 14 号用来避暑的房子记成了阿伯丁路 14 号，所以，我的失望只是由于我错误的记忆。第二年，我的堂哥威尔弗雷德给了我一张照片，这张照片真实呈现了故居在 1956 年时的样子。房子的构造虽然很普通，但它的确有三层楼，还有一个很大的飘窗。在 20 世纪之初，它也许算得上中产阶级体面生活的典型象征。1960 年，我重访了故居，发现那是一栋位于拐角处的非常讨人喜欢的房子，院子里有个很小的花园，多年来这里一直保持着原样。我最后一次在那里玩耍时还只是个 7 岁的男孩，那时的小花园在我眼里要比现在看起来更宽敞。

莱昂出生 14 个月后，维克托出生了，又过了 13 个月，我出生了。事实证明，三兄弟年龄相差太小给年纪最小的我带来了极大的不安。但实际上，年龄相仿也有很多优势，我们可以一起学习。比如，我们一起从法国女管家那里学会了一点儿法语。我至今还保留着一封 4 岁时用法语写给“亲爱的爸爸妈妈”的信，写完这封信后，我就出门“旅行”去了。信写得很工整，完全符合语法。事实上，正是由于写得太好，反而让我心生疑惑：除了小男孩的手写字迹是真的，信的内容必定出自法国女管家之口。

我记不太确切那些年我们家是不是还请过其他管家。除了做过稀奇的美食，她或者她们没给我留下其他任何印象。我们经常能吃到自制的甜点，比如俄式奶油糕点，这是一种美味的海绵蛋糕（不是如今的松脆饼），上面覆盖着美味的生奶油。我至今仍记得当时的一个画面：一个女管家把尤尼塔饼干的纸盒切开，做成一个个小纸板，用来盛蛋糕。

踏上新的国土

在我出生之前，我们一家就开始四处搬迁了，这一过程持续了多年。我的两个哥哥出生在英国伯明翰，在那里，我父亲和祖父从奥地利和德国进口瓷器和小古玩。在维克托出生后不久，我们全家连同生意一起搬到了伦敦。一年后，家族做出了一个重大决定：要在美国建立分支机构，由在众兄弟中排行老二的我的父亲负责经营。于是，1895 年的某一天，我们一家五口乘船前往纽约，那时我还不到 1 岁。我们坐的是二等舱，当我们到达美国时，政府派来的一名医生随意检查了一下就将我们放行了，我们走下船梯，就这样踏上了新的国土。没人要求我们出示任何证件或者办理其他移民手续。而那些乘坐次等舱或者统舱的乘客则必须在纽约港的埃利斯岛（Ellis Island）办理相关手续。

我不知道父亲是否想在美国定居。也许他并不想，因为我们当时只是寄宿在别人家，没有购买属于我们自己的房子。我十分肯定他为自己是英国人而感到自豪，父亲直到去世都保留着英国国籍。在那个年代，英国人特别不愿意改变自己的国籍，直到第一次世界大战后，我们才成为美国公民。

来美国的最初几年，我是一个有着强烈爱国情结的英国人。在我看来，英国几乎在各个方面都好过美国，这一事实再明显不过，任何挑战它的言行都是荒谬的。不消说，初来乍到的我必定会因为这种看法而处处碰壁。在 19 世纪和 20 世纪之交，面对移民者的母国，美国有一种强烈的自卑情结，而我则从持续的批评和嘲讽中感受到了这种自卑。在美国，装模作样的英式礼节、英式口音和英式衣着都被视为可笑的。

我们寄宿的迈尔斯家位于公园大道 60 号，家里有一个寡母、4 个儿子和 4 个女儿。几乎所有孩子都住在家里，显然他们既不想结婚，也不想搬出去。我不知道迈尔斯是如何在这栋房子里把我们所有人安顿得妥妥帖帖的，但我的确记得迈尔斯对我们非常友善，尤其偏爱我这个幼子。即便如此，他们也会毫不留情地取笑我的英国情结。有一次，我们因为美洲杯帆船赛发生了争执。显然，我绝对相信立顿品牌创始人托马斯·立顿爵士（Sir Thomas Lipton）的“三叶草号”（Shamrock）必将赢得比赛，然而他输了。我也因此受到了嘲讽，这使我伤心不已。

入学之后，我发现我的英国情结与同学们的反英情绪产生了冲突。他们总拿美国独立战争这事儿来挑衅我，将乔治·华盛顿与乔治三世进行比较，并且更多强调后者的弱点。他们甚至坚称美国赢得了 1812 年战争，事实上，这场战争的胜负并未明确。多年来，我说话一直带有英国口音，它是我家人很自然带到美国来的，也是我最初学说话时学来的。要不是受到同学们嘲讽般地模仿，我不可能在学校学会以美式发音说“咖啡”（coffee）或“狗”（dog）的单词。庆幸的是，到了 10 岁，我就几乎没有英国口音了。

在我 2 岁时，我们三兄弟在纽约的里奇菲尔德斯普林斯（Richfield Springs）拍了合照。我们每人都有一张放大之后的照片。在后来的岁月里，我们也都各自珍藏着这张照片。照片中，我们三人由大到小、从左到右依次排列。每个人头上都戴着大草帽，帽檐儿刚好连在一起。我们都留着长卷发，身穿白色水手服，戴着黑丝巾，脚上穿着白袜子和黑色漆皮单扣鞋。可谁知道我感到多么悲哀和羞耻啊！我的两个兄弟穿的是男式短裤，而我穿的却是短裙。这是那个遥远年代的风俗。年龄太小、还没进入大小便自理阶段的男孩只能穿短裙，因为裙子更方便保姆换洗。父母也不大在意孩子的情绪反应。

这张照片来得极不寻常。我们家每年会在里奇菲尔德斯普林斯待一段时间，当时那里是颇受欢迎的避暑胜地。父亲因为想抓住夏季商机，所以在那里租了一间商铺。不过，他销售的商品大多是在纽约州萨拉托加、缅因州巴港、密歇根州麦基诺岛，甚至是工人聚集的新泽西州大西洋城通过竞拍收购的。1896 年 7 月 4 日，我们观看了一年一度的里奇菲尔德斯普林斯国庆游行。我们三兄弟盛装打扮，在店铺里通过橱窗观看庆典。据母亲说，我们纹丝不动地站着，看得过于专注，一个妇人甚至把我们仨当成了雕像，走进店铺询问是否可以出售。

这事儿听起来有点不可信。不过，有件事是确凿无疑的。一位专业摄影师被我们迷住了，他说如果我们同意他把我们的合照陈列在他的店铺橱窗里，就免费送我们三张合照。于是我们得到了三张尺寸各不相同的照片。店铺里的客人们看到我们三个小娃娃时，总会露出礼貌性的抑或是真诚的喜爱之情。但那时我只觉得特别羞耻，直到很久很久以后，我才面带笑容，平和地接受了小时候穿白裙子这事儿。

父亲的“悲悯之心”与“恐吓之词”

事实上，我对父亲的记忆少之又少。据很多人说，他是一个了不起的人，每当想到这一点，我就感到更加遗憾。我从人们那里听到的只有对他的热情赞扬。他有着“一颗悲悯天下的仁爱之心”，这是我常听到的评价。他也确实用自己的行为证明了这一点，比如，他关心和照顾父母，对 10 个兄弟姐妹及其他人给予关怀和经济上的资助。此外，他相貌堂堂，性情阳光，极具魅力和幽默感。他还是个出色的商人，机智聪慧，才思敏捷，精力过人。在他人生最后的岁月里，英国那边的分支机构经营不善，他在美国赚的钱不仅要养活我们一家，还要养活我的叔叔、婶婶以及远在英国的表亲，这可是一笔庞大的开支，父亲只得设法做得更好。为此，他工作得更辛苦了，并且几乎长期在美国各地出差。

我 5 岁那年，父母带我到弗吉尼亚的温泉城进行短途旅行，一身病痛的父亲希望身体能有所康复。这次旅行中有三件事让我印象深刻。第一件是附近的山顶积雪融化，导致山洪暴发，洪水滔滔冲进城中，害得我们被困在酒店好几天。第二件是我与以生产肉制品出名的斯威夫特家族的一个成员交上了朋友，我父母在提到该家族的财富时总是带着极大的敬意。不过现在想来，那时他们的财富积累尚处于早期阶段，相对而言，数额也算不上很大。

第三件就是“葡萄-坚果”事件。一天早上，母亲告诉我，我已经长大了，可以自己去餐厅点早餐吃。虽然父母无疑是想要赶走其他人，独自占用卧室——至少我是这么认为的，但我还是把这事儿视作父母开恩。单独坐在餐桌前，我感到非常自豪，因为我终于可以自己点餐了。我已记不得是当时作为小孩子的我已经会自己看菜单，还是我让服务员把菜名报给了我听。无论如何，一种叫“葡萄 - 坚果”的食物都深深吸引了我，在这之前我从没听说过这个菜名。于是我就点了它。“你以前吃过这个吗?”服务员用怀疑的口吻问道。“没吃过，但我想试试。”我答复道。“我不认为你会喜欢它，”他说，“最好还是点别的吧。”我感到自尊心受到了伤害，难道我还不了解自己的想法吗？我坚持点了它，然后“葡萄-坚果”被端了上来。从那时起，直到后来很长时间，我的牙齿都格外敏感。我总能记起那道“美妙”的早餐菜品像沙砾一样磨着我的牙齿。当时服务员就站在我身旁，幸灾乐祸地看着我吃那道菜。我吃得干干净净，然后愤愤地说了一句假话：“我喜欢这道菜。”但从那以后我再没点过“葡萄–坚果”。

7岁那年，父母带我和莱昂到英国消夏。维克托那时成了“问题孩子”，大家都认为最好把他送到著名的戴维森医生夏令营去培养纪律性，那个夏令营位于宾夕法尼亚州的库尔博镇（Coolbaugh）。尽管我们在英国度过了一个愉快而又难忘的假期，但在我记忆中父亲就像没跟我们待在一起似的。显然他只不过是把我们带到了英国，随后又把我们带回了美国，然后趁下一次夏季商机到来之前在美国四处搜罗拍卖品。这次暑假旅行只有一件事情让我对父亲留下了深刻印象，但这件事并不太令人愉快。在回程的船上，我在乘客中颇受欢迎，大家喜欢鼓励我站到他们前面，看我高扬着下巴，带着羞赧之情背诵《啊，船长！我的船长！》[1]。其实我只需要一点点鼓励就够了。在抵达港口前两天的晚上，船上举办了传统的船长晚宴和娱乐活动，乘客和船员一起参加。大家一致邀请我再次背诵惠特曼的悼诗。我对此充满自豪和期待。不过，一盆冷水随即泼了下来。父亲认为我年纪太小，不能在晚宴上待得太晚。此外，他认为得到众多成人关注对于小男孩的成长是有害的。于是父亲自作主张取消了我的表演，我闷闷不乐，早早地上了床睡觉。第二天我才知道，父亲替代我在晚宴上背诵了这首长诗。至今我仍能记得这件令人不快之事，父亲有意夺走了属于我的荣光。毫无疑问，他这么做，对我来说是不公平的。

奇怪的一点是，我发现与父亲经常表扬他人的做法相比，我对父亲的大多数记忆都是他不讲理或者吓人的一面。父亲常说的一句话是“他的行为就像是对一个残疾的橄榄球运动员的拙劣模仿”，或许我应该觉得这话是相当风趣的，即使我对橄榄球运动员是什么样子几乎一无所知。遗憾的是，我还记得父亲说过下面这样的话，“我不会让你好好过周末的”，“我会把你打得刻骨铭心”，以及“我会让你粉身碎骨”。最后两句话显然不是开玩笑，父亲总是用这两句话训斥我

---

① 美国诗人惠特曼为悼念美国前总统亚伯拉罕·林肯而作的著名诗篇。——译者注

那经常做错事的哥哥维克托。为什么我会记得这些可怕的威胁之词，而不是父亲肯定也说过的那些迷人的、十分风趣的话呢？

令我洋洋自得的英国之旅

尽管我喜欢我们的英国之旅，并且向我的玩伴们显摆到了令人作呕的程度，但我只能回忆起一些散乱的场景：从南安普敦到伦敦似乎漫无尽头的火车之旅；我的 3 个姨妈各带了一副网球拍，后来我才知道，那是我慷慨的父亲送给她们的礼物；祖父的别墅有一个很棒的花园，我认为，这栋别墅应该住得下我们所有人。时间来到 1901 年，维多利亚女王去世了，我对父亲店铺橱窗里被涂成黑色以示哀悼的木制品印象深刻。我记得有人告诉我，爱德华七世在那年夏天生病了，因此，他的国王加冕礼不得不推迟。那时，布尔战争[①]正如火如荼。很快，我和莱昂就收到了时兴的小号卡其色制服和木制步枪，我们以军事列队形式在我们所在的街区来回行进。我还记得我们坐在著名的双层敞篷巴士顶层，很想引起街上成群士兵的关注。一旦我看到某个士兵朝我看来，我就会疯狂地向他欢呼。当他也向我报以欢呼时，我欣喜若狂。

然而，我们在伦敦只待了很短的时间，之后就南下搬到了布赖顿，在母亲的娘家格桑哈特家族（the Gesundheits）度过了暑期的大部分时光，这个名字在外人看来很有趣，但对我们来说却很尴尬。[②]格桑哈特家族的住所位于剑桥路 14 号，是一栋大型的褐砂石建筑。我记得外祖父格桑哈特是一个留着白胡子、心宽体胖的人，外祖母是一个身形胖硕、容易激动和控制欲强的妇人。她那时刚从巴黎回来，给我们和对我们非常友善的两个年轻姨妈玛格丽特和卡罗琳带了满满一玻璃瓶的硬糖。

由于父母的家族都是正统犹太人，因此我们必须定期参加宗教聚会，而我

---

① 这里指第二次布尔战争，发生在英国与南非的德兰士瓦共和国和奥兰治自由邦之间的战争。——译者注

② “Gesundheit”一词源于德语，用于在别人打喷嚏时表达“祝你健康”之意。——编者注

至今还留有在犹太教堂聚会的珍贵照片。照片中，拉比的5个儿子正列队前行，随后将依次入座。他们全都身着衣领下翻的伊顿服，戴着礼帽。那个夏天，拉比家的煤气炉发生了爆炸，他被严重烧伤，只能卧床在家。我记得我们出于礼节去拜访了他，我发现他整个人被绷带包裹得严严实实。

此外我还记得，我们经常在布赖顿海滩游泳，那可真是一件又快乐又痛苦的事情。刚一踩入海水时，人们会感觉到沙子非常顺滑，脚底非常舒服。不过很快，海浪会卷起一堆卵石砸向我们的双腿，而我那时还只是个7岁的孩子，必须抓住扶手绳才能在海浪中站稳。我们总是很想在大海中游泳，我不知道为什么我们会有这种想法，或许是因为我们觉得真正的男子汉应该如此。但由于海水冰冷，海滩上到处是卵石，加上我们也不会游泳，所以整个体验就像是在接受斯巴达式审判。

不过，布赖顿的游泳更衣车还是蛮有趣的。更衣车是封闭的四轮车厢。在退潮时，你可以看到它们密集排列在水边。在涨潮时，它们会被拉回海滩，但仍位于海水边上。更衣车的上下移动是由绑在车轴上的几匹马来带动的。这样做的目的是让游泳者可以在临近海水的位置更衣，而不用为了去更衣室而痛苦地在满是卵石的海滩上走很长的距离。有个很好玩的场景至今仍历历在目。那是在一场大暴雨之后，巨大的海浪突然袭来，游泳更衣车来不及被拉回到安全的地方，大多数都被退潮的海浪卷进了海水中。它们漂浮在海上，但又在我们这些身处岸上、充满好奇的观众的视线内。水手们坐着小舟驶向游泳更衣车所在的海域，用绳索将它们一个个绑起来，然后费力地把它们拉上岸。我和莱昂多么希望再来一场大暴雨，再看一次这样的景象啊！

若干年后，一位专业的拉丁语学者给我布置课外阅读作业时，我才读到卢克莱修的著名诗句：

> 真愉悦啊，当海面无垠，而大风卷起巨浪，
> 岸上安全的观者，看着远处，另一群人在艰辛劳作。

这些诗句没有让我想起飘摇于风暴中艰难挣扎的船只的画面，而总是让我回想起两个男孩在海滩上观看男人们坐着小舟将游泳更衣车绑在一起奋力拉上岸的景象。

整个童年时期我都非常乖巧，除非被我两个哥哥带偏，否则我很少惹麻烦。维克托是全家的“坏孩子”。在十几岁时，他变成了真正的问题孩子，所谓的“失足少年”，但经过一段时间的纪律训练，他变得好多了。莱昂作为长兄综合了我们三兄弟的品行。他是一个普通的、顽皮的、接地气的家伙，喜欢洗热水澡。9 岁时，莱昂成了一个狂热的捕鱼爱好者。除了一两条小鱼，他很少搞到大家伙，不过他从未放弃。有一天，他捕到了一条鳗鱼。可是怎么处理这种对我们来说令人厌恶又完全无用的动物呢？后来，莱昂把鳗鱼切成了小段，把每一段都巧妙地放在一张餐巾纸下面，然后把它们分别放在一个个餐盘里端上了安息日的餐桌。当餐巾纸被包含某些尊贵客人在内的一大群人揭开时，场面一度混乱。每个人都本能地知道，他们正盯着某种奇怪的食物，而这种食物是严格禁止食用的。[①] 无论是扔掉昂贵的餐盘，还是通过反复清洗餐盘来进行补救，处理起来都是很棘手的。莱昂也因为自己的不当行为受到了惩罚。

在去英国度假前，我们从迈尔斯的寄宿公寓搬进了属于我们自己的有 4 层楼的私家宅邸，它位于第七大道附近的第 122 号大街。我很喜欢玩家里的通话器，先使劲儿把气吹进话筒，气流会在嘴唇前激起尖锐的声音，然后再推动一个小杠杆，将声音传到另一端，这样就可以等着我们的厨师回应了。她带着爱尔兰腔大声而清晰地说：“是的，夫人，有何吩咐，夫人？”我得意地回答：“是我，本尼。”然后，她会不耐烦地说：“自己待一边儿去，不要再打扰我了。”

位于地下室的厨房和一楼的餐厅之间有一个好玩儿的上菜升降机。对于一个小男孩来说，想象自己是一个汤盘，把自己塞进升降机的下半层，让机器费力

① 据《圣经·旧约》，耶和华明确禁止，信徒不得吃无鳍、无鳞、无骨、有壳类的水生动物，因为它们都是不洁净的东西，而鳗鱼正好属于无鳍动物。——译者注

地把自己举上去再放下来，这是一件多么有趣的事啊！当时我们三兄弟一起钻进升降机导致绳索断裂。然而，我已记不清这件事是真实发生过的，还是自己幻想出来的。

我记得我曾跟随父亲和母亲查看每个房间，包括顶楼用人所住的一两间房，在我看来那是很奇怪的地方。在整个查看过程中，父亲拿着一大片羽毛和一个普通的簸箕。这些东西是象征性工具，我们用它们在逾越节前夜完成一个传统仪式，也就是我们所说的“找出不可食用的发酵面包”。我们会悉心打扫所有房屋，扔掉残留下来的含酵食物。在过逾越节的几天中，我们会使用两套完整的专供圣节之用的餐具、水壶和平底锅。我们还要准备大量特制的食品，如放在硕大的长方形包装盒里的几十斤无酵饼；被砸碎成各种形状、放进大号蓝色锥形纸筒的硬糖；此外，还要特别准备牛奶、果酱和香料。查看的目的是什么呢？这是为了能让我们自己满意，也或许是为了向严格的上帝证明房间里没有任何违背逾越节规定的东西。当然，我们绝不会在这一过程中发现含酵食物，不过，搜寻过程本身倒是蛮好玩的。

在我五六岁时，我们搬进了一栋褐砂石私家宅邸，它位于第五大道 2019 号，靠近第 125 号大街。二楼有一扇很厚的玻璃窗，宽大的客厅后面有一间陈列室，用于展示收藏的瓷器。我们三兄弟被明令禁止进入陈列室，否则将会受到严惩，因为允许 3 个年幼莽撞的家伙进入家族瓷器收藏室绝非明智之举。但我们可以在大人的陪同之下欣赏这些藏品。当时我脑海里想起了欧玛尔·海亚姆[①]在一个陶艺家的房子里看到的陶器：

> 所有类型的形状和尺寸，无论大小，
> 它顺着地面，依墙而立。

陈列室里的一个巨大的塞夫尔花瓶留给我的印象最深，我们通常把超过某

① Omar Khayyám，11—12 世纪著名的波斯诗人、天文学家、数学家，创作有《鲁拜集》。——译者注

个尺寸的花瓶称为“瓶子”（vahses）。陈列室里的有些藏品似乎像山一样高，而那时的我不仅年纪小，而且个子不高。我已无法准确回忆起最大的一个藏品有多大了，但我绝不会忘记当我得知那个藏品价值 1 000 美元时有多惊讶。在那个年代，那可是一笔巨款啊！

我们会去离家不远的莫里斯山公园玩耍。我们还经常与母亲在第 125 号大街购物，那时，这条街还是相当受上流社会欢迎的高端购物中心。我们会去韦斯贝克大型超市购买肉和日用品。但大多数其他物品，我们会去规模较大的科克百货购买。不过，如果想买大件商品或者想有更多选择，我们就会前往位于第 59 号大街的布鲁明戴尔百货公司。我们通常乘有轨电车去那里，因为当时还没修地铁，乘高架轻轨对我们而言不太方便，而私家车仍是稀罕物。当时有轨电车系统已经非常完善，很多线路既有重合，又相互补充，线路换乘站也设计得很人性化。在各个重要路口，都有身着制服的绅士坐在大遮阳伞下面，每把遮阳伞上都写着两到三行大字：“所有电车都通往布鲁明戴尔百货公司。”这句话成了我童年时期家喻户晓的广告语。

多年来，我们穿的鞋都是在第 125 号大街的赖特（Wright）商店买的。他们给自己商品设计的广告词是“Wrightform Shoes”，这个巧妙的设定给我幼小的心灵里留下了极深的印象。[①] 不久之后，我就开始喜欢使用双关语，成了一个段子手。这是一个既能讨巧，也会惹人厌烦的事儿。在我 6 岁生日那天，我得到了一个珍贵的礼物：手推车。一个春末夏初之日，母亲允许我推着手推车跟她去购物。我们在手推车里堆放了很多物品，然后母亲在街上的小贩那里买了几束豌豆花插在手推车四周。一个年轻漂亮的妇人带着一个身着水手服的黑色卷发男孩，而男孩身后拖着一个装饰得十分华丽的手推车。这样的场面让当时的我们赚足了眼球，因为我还很清楚地记得，当我注意到过路人停下脚步露出欣赏的目光时我那种得意的感觉。

---

① 因为 Wright 与 right 同音，right form 可以引申为“时尚”的意思，所以“Wrightform Shoes”听起来既有“赖特鞋”的意思，也有“时尚鞋”的意思。——译者注

令我“羞耻”又难忘的旧时光

5 岁时，我开始上学了，但这段经历令我感到羞耻。我被送到附近的一所公立幼儿园，它位于某栋建筑的二楼。我只记得自己坐在装着沙子和一个大贝壳的盒子前面，我感到非常兴奋，也玩得非常开心。但我很快就被赶出了幼儿园这个“世外桃源”，原因是我还没有学会如何穿脱裤子，而其他同学都已掌握了这一重要技能。我每次上厕所都会要求忙得不可开交的老师来帮忙。老师教了我几天，可我还是没学会，然后我就被送回了家，从此再没上过幼儿园。我不得不等到 1900 年 9 月才重新开始上学，并且进入了小学一年级，那时我差不多有 6 岁半了。我迫不及待想上学，因为我的哥哥们已经上学了，他们经常谈论起学校里的经历，这种氛围真让我受不了，就好像我在他们前面仍是婴儿一样。有一天，我听莱昂抱怨说，他因为老是“在线上说话”[①]而受到了处罚。我很想知道，“在线上”是什么意思？站在线上说话多有趣啊，哪怕这么做会招致处罚！

最后我终于入读了一年级，事实证明，我是一个好学的优秀学生。我们既学习单个字母，也学习简单的词语，包括蝙蝠、猫等。老师会把印着单词的卡片展示给学生，让他们辨认。这项任务我完成得非常好，于是我很快就从一年级上学期跳级到了一年级下学期。那个年代，一个学年分成两个独立的学期，分别在 9 月和 2 月开课。我上的第一所学校位于圣尼古拉斯大道第 123 号大街 157 号。因为我们每天都回家吃午饭，所以在家与学校之间每天会往返两次。让我的上学路变得有趣的是，我发现圣尼古拉斯大道的有轨车是由两匹马牵引的。来自其他城镇的人经常嘲笑纽约居然是最后一个保留动物交通工具的大城市，当然，纽约也有很多有轨电车线路。事实上，我们的圣尼古拉斯大道马车是古老习俗的最后幸存者，后来这项服务改为每天空驶一个班次，以作为传统保留，并向公众展示。

事实迅速证明，我是一个好孩子，也是一名好学生，可这也没什么用。我身体健康，但个头偏小，我的身高远低于同龄人的平均值。在那个年代，好学

① talking on line，此处真正的意思是，在课堂上跟同学说话。——译者注

生并不一定要求体育也优秀。然而，老师还是要求我参加所有类型的运动和比赛。我付出的努力与其他同学一样多，成绩却远不如他们。因此，我的自尊心总是受到伤害。由于我的身体协调性很差，我总是笨手笨脚的。我手里的物品时常会掉落地面摔坏，我还时常撞坏东西，有时还会伤到自己。此外，我经常心不在焉，总是沉溺于遐想或者白日梦中。因此，他人质疑的声音经常在我耳边回响，“为什么你不能专注于你正在做的事情”或者“为什么你不能注意你正在行走的方向”。

这些都不是真正的问题。其实我完全可以尝试向别人解释，一个小男孩的脑袋瓜里很可能充满在他人看来完全是稀奇古怪的有趣想法，而这些想法使得他没法儿关注他周围的物质世界。毫无疑问，我被人们视为造梦人，就像年轻时的约瑟被他的兄弟们视为造梦人一样[①]，也许，我本来就配得上这一称号。

当我们的法国女管家休假时，我们三兄弟就会自己找乐子。有一次，我们决定去看看位于第五大道第 65 号大街的中央公园里的小火车头，它拖着小孩儿们乘坐的一节节小火车厢。后来，火车轨道被占用，成了骑马的场地。显然，我们是步行了约 5 000 米才到达目的地的。我们盯着喷气火车头和小车厢来来回回行驶了无数次，那一两个小时真是既慵懒又美妙。当然，我们不可能成为小火车上的乘客，因为我们身上没钱，但这丝毫没有影响我们的快乐情绪。然后，我们又沿着来时的长路走回了家。当我们到达家门口时，天色已晚，我们也已筋疲力尽。我们停下脚步开始商量对策，因为我们知道自己犯了严重错误，严厉的惩罚正在家里等着我们。我们三兄弟都满 9 岁了，大哥莱昂是我们名义上的监护人，他自觉自愿勇敢地第一个走进家门，而我和维克托则猫腰躲在莱昂身后。不出所料，急坏了的家人等回了 3 个淘气的儿子。在这之前，家人报了警，母亲担心我们被绑架或出了事故，她已经吓坏了，而警察也爱莫能助。

我能记得的是，莱昂和维克托都受到了严厉批评，而我作为年龄最小的一

① 《圣经·旧约》中，约瑟是雅各最喜欢的儿子，约瑟曾经做过两个梦，其寓意对家族影响深远。——译者注

个，本应是两个哥哥理想的替罪羊，但我几乎没受到任何处罚。也许，这算是对家族中地位最低之人的某种补偿吧。

在那个遥远的年代，用来牵引高架轻轨的是和中央公园里那种小火车头很像的火车头。它们带着响亮的轰鸣声越过人们头顶。在冬日的夜晚，轨道摩擦迸出的火花清晰可见。后来高架轻轨被电气化，但我们还是能透过沿线轨道的加高围栏看到很多堆放在一起的这类小型蒸汽火车头。最终，它们被卖掉了，从此销声匿迹。我想应该是被卖到了某个南美国家。

直到很久以后，公园大道上的纽约中央线路才实现电气化。在这之前这里一直使用蒸汽火车，它们在每个街区穿过过街天桥。四五岁时，我经常来这些桥上，好奇而愉快地俯瞰蒸汽火车朝我开来，然后从我身下穿过。不仅所有这些或大或小的火车头都从纽约消失了，而且所有的高架轨道线路都消失了，那些曾在高架桥下的街道上投射出带有纹路阴影的巨大厚钢柱和交错的钢筋建筑物也都消失了，就好像它们从未存在过似的。我一生中见证了许多诸如此类甚至更惊人和更具影响力的变化。当我青年时期上大学时，我有幸读到了龙沙[1]十四行诗中的著名诗句：

> 时光逝去，时光逝去，我的爱人；
> 唉，时光永存！唯有我们会逝去。

我们会逝去，但时间和世界依然如故。尽管这一点千真万确，但我还是经常觉得我曾经熟知的那个世界，以及那个不太复杂的世界中的闲情逸致已经不复存在了，唯有我自己对它的记忆尚存。事实上，尚存的记忆也是短暂的；然而，无论龙沙怎么吟诵，从某种意义上讲，正是我自己，既埋葬了时间，又让时间得以永存。

---

① 16世纪法国著名诗人。——译者注

价值投资的启蒙

小时候，我经常沉溺于遐想或者白日梦中，脑袋瓜里充满着在他人看来完全是稀奇古怪的有趣想法，而这些想法使得我没法关注我周围的物质世界，所以我总是笨手笨脚的，时常撞坏东西，有时还会伤到自己。毫无疑问，我被人们视为造梦人，就像年轻时的约瑟被他的兄弟们视为造梦人一样，也许，我本来就配得上这一称号。

BENJAMIN GRAHAM

THE MEMOIRS OF THE DEAN OF WALL STREET

第 2 章

家道中落，长成真正的男子汉

随着父亲的去世，我们一家的生活水平急转直下。那真是一段漫长又痛苦的岁月。无论是我还是其他人都从未想过，多年后，报纸上的金融版面会成为我再熟悉不过的内容，而那个爱幻想、不切实际的书呆子本杰明·格雷厄姆会成为华尔街的著名人物。

亲人相继离世

多年后回想起来，暑期的那次英国之旅成了我们一家兴旺和幸福的巅峰。回到美国后不久，祖父格罗斯鲍姆在伦敦去世了。消息是通过海底电报发来的。我记得父亲读到电报时当即就失声痛哭。我甚至还记得一幅更清晰的画面：父亲坐在低矮的椅子里，双脚放在脚凳上，他身上穿着旧西装，袖子是破损的，纽扣也不齐全。

我在 50 年后才知道了祖父去世的细节。当时我正与叔叔索尔漫步在伦敦街头，突然他在邦德大街和摄政街之间的某个拐角处停了下来，对我说："这里就是你祖父健在时他店铺所在的位置。"然后他告诉我，祖父曾经有一个很信任的助手，后来他发现这个助手一直在从店里偷窃大量物品。祖父威胁说把这个助手交给警察，但后者掏出一把手枪，恳求道："如果坐牢，我的生活就会被毁掉。如果我杀了你，然后被判绞刑，结局也没糟到哪儿去。如果你发誓不会把我的偷盗行为告诉任何人，我就饶你一命。"祖父发了誓，这个助手也从未被逮捕判刑。然而，金钱遭受巨大损失和生命受到威胁，这一双重打击毁掉了老格罗斯鲍姆的健康，几个月后他就染上了肺炎。

我之所以称他为"老格罗斯鲍姆"，是因为他是这个大家族的大家长，膝下有 11 个健在的儿女和多个孙子孙女。我对他的印象就只剩那张大幅肖像照片中的样子：留着浓密的方形灰黑色胡须，戴着无檐便帽，表情严肃，眼中闪烁着热情的光芒。在我年轻一些的时候，我听说过很多他对宗教极为虔诚的故事，尤其听别人强调了这样一个事实：在住所旁边，他有自己的犹太会堂或者叫自修室，拉比和虔诚的信徒可以去那里祷告和研习。多年后，我的叔叔，也就是他的儿子，给我讲述这件事时，却有着完全不同的看法。他们坚称在祖父家里的成长氛围是严苛且压抑的，祖父对所有娱乐活动或世俗行为都一概禁止，甚至连吹口哨也是绝对不被允许的。可这个蓄着胡须的大家长在年仅 56 岁时就去世了！

在之前的一次旅行中，我父亲带上了一种新发明的留声机，他在祖父家里一楼的会客厅向他的弟弟妹妹们做演示。不巧的是，父亲播放的唱片是吹口哨。祖父马上冲出了他在楼上的书房，吼道："谁敢在楼下吹口哨？"父亲笑着回复道："不是我们，父亲。下楼来听听我的新式留声机。"正如我叔叔威尔告诉我的，这个老人没说一句话就返回了自己的书房。毕竟，他不能与身为整个家族经济支柱的父亲发生冲突。

我记得我们位于第 128 号大街的家中也有一部留声机。那一年应该是 1900 年，它的大喇叭给我留下了很深的印象，因为它比我的个子还大。唱片放在蜡制圆筒上，这种圆筒与多年后录音机所用到的圆筒类似。每张唱片的播放都是以宣布曲目和作者名字开始的，再加上一句洋洋得意、抑扬顿挫的广告语："来自爱迪生唱片！"

我父亲喜欢收藏，他对新的和不同寻常的物品尤其感兴趣。他去世时，留下了三块金表。其中一块叫"重复者"：假如你在半夜按下一个按键，它会先报告当前是几点钟，然后报告当前是几刻钟，接下来再报告分钟。在父亲去世后，母亲曾告诉我们，我们每个人都会在 13 岁受戒时得到一块金表，那时我们会开始承担和履行一个成年犹太人的所有责任和权利。遗憾的是，诺言没有兑现。在金表被卖掉后不久，父亲珍爱的很多其他收藏品要么被卖掉，要么被典当，而且我们再也没有赎回来。在那些收藏品中，有几样特别的东西，一把样子很丑的防身轻剑、一把雨伞以及一个细长的酒瓶和与之相配的三个酒杯。酒瓶里本应装满威士忌或者白兰地。事实上，在父亲留下的诸多个人物品中，我记得我只用过其中一个。那是一件英式夹克外套，不知何故，母亲保留了它多年。我在公共球场打球时，把它当作网球服穿过几次。父亲显然太瘦了，这件夹克套在我这个 18 岁小伙子的身上似乎相当合身。然而，我仍记得，我的那些穿着很朴素的朋友们都觉得这件夹克不好看，我只好遗憾地不再穿它，而它却是父亲留给我的唯一传家宝。

祖父去世时，父亲的健康已经严重受损。他的气色不佳，他们说父亲患了一种被称为“黄疸”的神秘疾病。尽管如此，我们还是再一次搬了家。这一次我们搬进了一栋公寓楼。这栋楼叫冯克利夫，位于第七大道第 120 号大街。那时，我认为这栋楼是相当漂亮的。当时的 5 月 1 日是适宜搬家的日子，那必定是一个倒春寒的下午，因为我记得我第一次来到会客厅时，发现父母正在燃烧着蓝色火焰的壁炉前取暖。我得知那是一种新型的、使用天然气的供热系统，这让我很感兴趣。

在第七大道，我家的正南方向，有一个很大的花店，花店后面建有很多温室。那时我年纪已经不算小，我的哥哥，尤其是维克托，带着我做了些有点调皮的事情。在他的指导下，我准备了一条打了结的绳索，然后把它连在一颗大螺丝钉上，接着再将这颗螺丝钉穿过当时的啤酒瓶盖所使用的红色橡胶垫。我用唾液将橡胶垫打湿，把它放在温室的玻璃板上，橡胶垫很快就牢固地粘在了玻璃板上面。然后我用手指往上拉动打了结的绳索，每解开一个结往上拉动时，螺丝钉就会碰到玻璃发出很大的咔嗒声，整体音效有点像是在用机关枪扫射。恼怒的温室主人会冲出店铺，用恶毒和威胁的话朝我们吼叫，但我们总能设法逃离现场，并能确保我们的捣蛋装置牢牢掌握在自己手里。

另一个恶作剧也是由我们搞出来的。我们用到了卵石和牛奶瓶。我们将卵石扔向低楼层的窗户，制造出尖锐的声音，同时再将牛奶瓶扔过护栏，扔到楼与楼之间逼仄的过道上。随之而来的声响听起来就好像玻璃从窗户上掉了出来，摔到了地上。我们会选择特定的住户来搞这一恶作剧，还经常为此兴奋不已。

我们搬到冯克利夫公寓后，我的求学生涯就正式开始了。我进入了位于圣尼古拉斯大道第117号街的公立第10校初小部。即便在那个时候，它也是一所很老的学校，10这个不大的数字也许能说明这一点，它在教学和培养体育技能方面有着很好的声誉。我只在初小部待了一学期或者半年，9月入读的时候我在3A级，到了第二年2月我就跳到了4A级，正好开始学习语法。初小部有自己的校长，她是罗伯茨小姐，也许刚满40岁。在我看来，她似乎有些过于古板和严肃。每周，初小部所有班级都要参加集会。因此很多教室都有精心设计的移动墙，把墙推到一边后，各个教室就连成了一个大厅。大厅前面是一个讲台，罗伯茨小姐站在中间，有时两边各站着一位尊贵的访客。我能清楚地记得讲台背后的玻璃窗上刻着两行名人的诗句：

> 在任何条件下，荣耀与廉耻都不会自发出现；
> 做好你自己，荣耀都归你。
>
> ——蒲柏

这两行诗我读过无数次，因为集会仪式上的讲话太无趣了！有很多次，我不知道该如何理解“条件”这个词的意思，在那时我把它与健康、干净和良好的物质条件联系了起来。

1903年2月1日，还不到9岁的我很骄傲地进入了丘吉尔小姐的班级，成为语法部男同学中的一员。丘吉尔小姐金发碧眼，长得很漂亮，她不仅吸引了学校某些男老师的眼球，就连她班上年龄和个子较大的男生也都很乐意主动帮她分担体力活儿。所有这些都与我无关，完全不属于我这个年龄和个子较小的学生该想的事或者该做的梦。但我的确喜欢丘吉尔小姐，因为她既漂亮又和蔼。

唉！就是在这样愉悦的环境下，我的家庭发生了巨大变故。父亲的健康状况突然恶化，他被送进了德国医院，也就是今天的伦诺克斯·希尔医院（Lenox Hill Hospital）。他做了一个手术，但我不知道为什么要做手术。直到多年后，我才得知他患的是胰腺癌。2 月底，法国女管家把我们三兄弟喊出教室，然后陪同我们径直前往医院。在那里，医生说我们只能看望父亲几分钟，而且我们必须非常安静。自从那天起，我脑海中就一直有一幅画面：我进入了病房，发现父亲裹着纱布。显然，这一细节是我想象出来的。然而，我敢保证，他把虚弱的手依次放在了我们每个人的头上，给了我们他最后的祝福。我亲了亲父亲，我知道，比起孝心，我当时更大的感受是忧虑和迷惘。然后，我们悄悄走出了病房。

我们去了伯父伊曼纽尔家吃午饭。路上，我们的法国女管家说了一些安慰我们的话，天真的我竟然当真了。所以，当我 15 岁的堂姐埃塞尔焦急地问起父亲怎么样了时，我果断地回答说，父亲正在好转。“所以，这么说，他不会死了？”她半信半疑地问道。“当然不会。”我说。但我的哥哥们出奇地沉默。

我们回到家继续等待。最后，门开了，有人领着母亲走了进来。她眼里满含悲伤的泪水。看到我们恐惧的表情，她哭出声来：“我可怜、可怜的孩子们，你们都成孤儿了。”

印象中，我们也开始哭了起来，因为那时我年纪也不算小了，足以理解从今往后生活将变得大为不同，而且是变得不幸的那种不同。在后来的恍然神游中，我经常想起当时凄惨的情景，但我总是想象自己跑向母亲，双手抱住她，然后哭喊道：“不，妈妈，我们不是孤儿，我们还有你。”

父亲被安葬在纽约长岛的华盛顿公墓，当时我们觉得那个地方好远。我记得我们坐在四轮出租车上，灵车在我们前面行驶。当棺材被取出来时，我们一起把墓地表面的脏物清扫干净。我还记得，我们在公墓外面的一个地方停留了一下，吃了点东西，喝了热饮，因为当时天气非常寒冷。第二年，我们重返墓地，为父亲立了墓碑。家里的一个好朋友，律师和演说家亚历山大·罗森塔尔（Alexander Rosenthal）为父亲念了悼词。他将父亲的一生与如今矗立在他上面的墓碑做了比较。刻有铭文的墓碑正面光滑平整，背面则粗糙而残缺。所以，35 岁就去世的父亲只完成了人生目标的一半，剩下一半尽管充满期望，但如今注定要永远留下遗憾，无法启程了。很多人出席了葬礼，我们所有人都哭了。哭声最大的是一群职业哀悼人，这群老人经常出没于公墓，自愿出现在每一场葬礼或纪念仪式上，然后哭得捶胸顿足、呼天抢地，只为挣上几美分。

后来，父亲的葬礼慢慢淡出了我的记忆，直到 25 年后，这段回忆重新浮现在我的脑海中。那时我大约处于父亲去世时的年龄，而我自己也当上了父亲。我心爱的第一个孩子艾萨克·牛顿（Isaac Newton）[①]，那时已经 8 岁了。那时的父亲躺在棺材里，我和妻子只能悲伤地在他的小墓地上撒下最后几把土。

父亲的去世对我内心有什么影响吗？显然，我遭受了比预想中更严重的伤害。心理学家一定会对我说，我被剥夺了最基本的安全感和正常的成长环境，而这种经历必定会对我的性情造成深深的伤害。然而，我得坦率承认：扪心自问，我没发现我身上有这些负面后果。我们绝不会真正拥有我们未曾有过的东西：也许父亲经常出差，我们因此缺乏他的陪伴这一事实多少削弱了他的去世对我们三兄弟的负面影响。也许童年就是如此，重大不幸还不如家庭关系中的小矛盾带给孩子的伤害更大，后者让我在后来患上了神经衰弱。在我看来，我、莱昂和维克托的感受和行为多少像是理查德·休斯[②]的经典作品《牙买加飓风》（*The Innocent Voyage*）中的一群孩子那样，当他们中的一个孩子王死于意外事故后，他的名字一夜之间就从其他人的脑海和谈话中消失了。

得益于母亲悉心的培养，我们三个都长成了真正的男子汉，很早就能独立承担起男人该承担的责任。逆境令人痛苦，但摆脱逆境也令人振奋。我们的损失是巨大的，但最终我们也得到了补偿。

---

① 格雷厄姆最喜欢的科学家就是牛顿，所以他给自己的第一个儿子取了和牛顿一样的名字。——编者注

② Richard Hughes，20 世纪英国著名诗人、小说家、剧作家。——译者注

从优裕生活落入拮据困境

随着父亲的去世，我们一家的生活水平急转直下。那真是一段漫长又痛苦的岁月，我们一家像自由落体一样，一下子就跌进了前所未有的拮据困境，这种情况持续了好几年，我们努力挣扎以免进一步掉入深渊。我们拥有各种商业资产，主要是一些古玩、几千美元的人寿保险以及一些家具和珠宝。事实上，没过几年，所有这些东西都被处理掉了。一开始我们做了各种努力想要继续经营父亲的生意。父亲的哥哥伊曼纽尔和两个弟弟曾沿着他的方向努力，毫无疑问，他们尽了全力，但最终证明这完全是徒劳的。他们很快便放弃了，接着母亲的兄弟莫里斯接管了父亲的生意。他是个工程师，人们普遍认为他是个天才。后来他确实在这方面做得很成功，成了最早的“系统分类师”或者“效率工程师”。但他既不愿意做销售，又没有商业头脑，而这些因素都是父亲在生意上有所成就的基础。大约是在他接手的那年年末，由于经营损失太过惨重，我们只好出售剩余股权，拿回点现金之后就完全放弃了生意。

后来，不知是想改变状况，还是实属无奈，又或许是听从了别人的建议，母亲在家里腾出了一间卧室，说得直白点，她想把房子租出去赚钱。这一举措也失败了。母亲还投了一点钱在股市中，我记得她经常让她的经纪人向她报告美国钢铁公司的股价。她的账户开在当时的纽约合并证券交易所（Consolidated Stock Exchange）。[①] 账户里显然没多少钱，那里的交易单位是 10 股，而不是像纽约证券交易所（别名为“大董事会”）那样的 100 股。经纪人是我们的一个老朋友，但母亲的那点小额交易是交给了她最小的儿子也就是我来打理。因此，有段时间还是小男孩的我会每天打开报纸的金融版面，看看美国钢铁公司的股价。我对金融一无所知，只知道股价上涨时，我会很开心，股价下跌时，我会很难过。不用说，母亲的保证金账户在 1907 年的金融危机中归零了，此外，她开户的银行也倒闭了，这也给她带来了很大的不便。

---

① 纽约合并证券交易所或合并证券交易所，是 1885 年至 1926 年在纽约市与纽约证券交易所直接竞争的证券交易所。它是由其他较小的交易所合并而成的，被业界称为“小董事会”。——译者注

虽然母亲的银行账户里的资金很少，但她一直坚持用支票支付。这一点很容易做到，因为银行没有设置最低余额限制，也不收取服务费。后来我们住在布朗克斯的时候，母亲有一次叫我去银行取一张小额支票。我站在柜台前等待，听到柜员回过头去，用不小的声音问道："多萝西·格罗斯鲍姆（Dorothy Grossbaum）可以取 5 美元的支票吗？"很幸运，答案是可以。这件事无疑让我产生了羞耻感，因此我对它的记忆才如此清晰。

无论是我还是其他人都从未想过，多年后，报纸上的金融版面会成为我再熟悉不过的内容，而那个爱幻想、不切实际的书呆子本杰明·格雷厄姆会成为华尔街的著名人物。也没人预见到我母亲开户的证券经纪公司未来会有怎样的命运。让我们把时钟往前拨 20 年。现在，这家经纪公司是由创办人的儿子在负责，他的老父亲已退居二线。这家小公司已经奇迹般地变成了交易活跃的大型证券经纪商，而这主要归功于它成立于 1887 年这一事实。

这家证券经纪公司最初昏暗的格子间办公室已经被套间取代，里面有漂亮的家具和很多电话间。处于高压状态的销售人员用电话将赚快钱的方式传到数以千计无知之人的耳朵里，这些潜在客户基本上都是从电话簿中随机挑出来的。这家公司已经成为全国最大的投机商之一，他们并没有真正地帮客户做交易。客户放入保证金账户中用于投资的几十万美元都被公司挪用了，实际上可以说是被直接偷走了。

为了将骗局继续维持下去，投机商需要市场出现大跌才能借机将客户的资金清空。在 20 世纪 20 年代大牛市的初期，这类诈骗公司大量涌现，而且发展很快。由于政府缺乏对他们的监管，报纸也允许它们刊登夸大其词的广告，纽约证券交易所也接受来自它们的下单，所以这些公司一路高歌猛进。正当市场持续攀升时，这些经纪商才发现他们的头寸逐渐变得紧张起来。最终它们都倒闭了，结束了对客户的掠夺。我母亲开户的经纪公司也倒闭了，这家公司也是结局最惨的公司之一。在那么多骗子中，创办人的儿子是为数不多被判了刑的人，尽管刑期很短。不久之后，那个创办人便去世了，大家都说他是因为太伤心了。

在那痛苦的几年里，我们卖掉了父亲留给我们的遗物，把母亲的珠宝送去了典当行，再也没有赎回。幸运的是，在母亲诸多的兄弟姐妹中，有些成了有钱人。他们将我们从那三年的苦难中拖了出来，使我们免于穷困，尽管耻辱感一直伴随着我们。

母亲在逆境中的勇气和信念

在我的记忆里，母亲和她的三个儿子每月只花费 75 美元，这一数字对一个几年前还有一栋大房子，并且雇有厨师、贴身女仆和法国管家的女主人而言，可以说是天壤之别。让我尽可能准确地描述一下我的母亲吧，因为她是一位天生的美人。

在我儿时的印象中，母亲身材高大，但实际上她个子很矮，不到 153 厘米。当她与三个已经长大的儿子一起走在街上时，她就像是受到健壮保镖保护的某个重要人物。她高大的形象应该是来自我小时候的印象，来自她总是让自己保持高贵和优雅的状态。母亲算不上很漂亮，但她的美足以在任何地方招来欣赏的目光。她一直保持着这种状态和她细嫩的皮肤，直至 76 岁突然去世。

母亲有很多优点，也有一些缺点。她的一个很大的优点是她的勇气和信念。失去丈夫这件事，除了没有带走她的孩子，带走了她其余的一切。她并不认为作为妻子一定要对去世的丈夫念念不忘、忠贞不渝，可是父亲去世后再没有任何男人能吸引母亲。虽然有几个男人曾提出想娶她，并且经济条件也不错，但母亲还是坚持不嫁给她不爱的人。在守了 5 年寡之后，一个失去了妻子的中年绅士对母亲展开了猛烈追求。那时正是我们一家经济最困难的时候，我们与莫里斯舅舅及其家人共住在长岛自治市公园住宅区的一栋房子里，并且我们真心觉得我们就是寄人篱下的穷亲戚。那位中年绅士约母亲吃饭看戏，回来的时候她很骄傲地带着一盒昂贵的巧克力，在我们看来，这些巧克力就像珠宝一样珍贵。没过多久，母亲把我们召集在一起，宣布她被求婚了，她让我们认真思考这件事，然后要告诉她我们是怎么想的。我们那时分别是 16 岁、15 岁和 14 岁的男孩，虽然我们在一起严肃认真地讨论了这个问题，但我还是得羞赧地承认，我们只是因为看到了走出经济窘况的前景所以才感到欣喜若狂。我们很快达成了一致看法并告诉了母亲："妈妈的幸福是我们最为看重的，如果这段婚姻能缓解您很多压力，能让您满意，我们完全不会反对这件事。相反，我们会欢迎我们生活中发生的这一重大变化，并且尽我们最大努力成为继父可爱而又忠实的儿子。"

我们说完后，母亲朝我们笑了笑，然后很小声地告诉我们，她也认真考虑了这件事，决定不接受求婚。这个男人也许是合适的人选，但她不爱他，也不认为自己以后会爱上他。没有爱，她不会结婚，无论他有多少优点。我们没什么可说的，只是亲了亲母亲，带着失望离开了。

母亲拒绝再婚，表明她不会为了金钱而牺牲爱情。然而她对生活的总体看法既不浪漫，也不荒诞，更不可能理想化。她的价值观是舒适的小资观，金钱对她很重要，不仅是因为它能购买生活必需品，更重要的是，它还可以购买奢侈品，也是世俗成功的证明。她对自己的儿子寄予厚望，即便是在她最消沉的时候，她也坚信：假以时日，我们的经济状况一定会好起来。

事实上，正如有件事所表明的，她比我们自己更有信心。我即将从高中毕业，我的两个哥哥也即将参加工作，每周最多赚 10 美元。报纸的调查表明，一个普通工人如果每周都能赚 30 美元的话，他就会很满意了。母亲问我们怎么看待这个调查。我们每个人都回答说，每周赚 30 美元似乎是相当丰厚的薪水了，并不容易赚到，我们都对这一薪酬相当满意。母亲带着轻蔑的笑容看着我们，说如果我们就只有这么点野心，她真的会感到很失望。

母亲绝对是一个享乐主义者，她喜欢精致又漂亮的东西，厌恶工作或者废寝忘食的努力，除非的确有必要这么做。母亲会骄傲地说，她在她的家族中是众所周知的"豌豆公主"。童话中的这位公主在睡觉时觉察到了自己身体下面很厚的床垫当中有一粒豌豆，从而证明了自己是真正的公主。但在失去丈夫后，母亲似乎一夜之间就变得相当坚强、有韧劲儿，以及足智多谋。她做了她必须做的事，甚至在家里擦洗厨房地板，而这是她曾经最不愿意干的活儿，但她还是干了。母亲只能做好分内之事，并且出乎意料的是，她几乎没有怨言。

母亲还相当有技巧地把家务活派给了我们。我们必须自己做早餐，因为母亲晚睡晚起。她凌晨 1 点睡觉，大约早上 10 点起床，那时天已大亮。母亲在睡前和起床后都要喝杯茶，这是英国传统的生活仪式。哪怕是在生活最艰难的岁月，母亲也坚持要喝各种茶，因此她手上总是沾着一些奶油。我们几个男孩不用做晚饭，但我们要洗碗、铺床叠被、用吸尘器清理地毯。我干的家务活最多，这意味着我去购物的次数也最多。

母亲还设法保留着过去的一些奢侈的小习惯。她试图不过度沉迷于美食，但有些欲望她还是抵挡不住。她偶尔会做一些美味的饼干，上面有黄油和起酥。这些东西都很贵，母亲觉得这些饼干太好吃，而我们三兄弟抵不住诱惑，于是她把饼干放进了一个锡盒中，然后用贴身衣裤包裹起来，藏在大衣柜里。对美味的渴求把我带到了衣柜前，我用了强大的意志力才让自己每次只拿一块饼干，并且一周不超过两次。但有一天母亲来到卧室，发现我手里拿着锡盒。我当时吓坏了，但母亲只是温和地批评了我，很快就离开了卧室，这反倒让我觉得更不好意思。多年后，回想起当时的场景，我才理解，母亲的愧疚感肯定比我更甚。

在家里我们很不舍得使用黄油，母亲不允许我们将黄油和果酱涂在面包上，但我们使用的黄油的确又是很贵的那种。有盐黄油对我们三兄弟来说已经够好了，但母亲不会接受。另一种奢侈之物是红糖粉，用来添加到浆果和其他菜肴中。母亲将红糖放进水晶容器里储存，并且为了满足她挑剔的口味，她总是要用正宗的黑色香草豆去调味。她还喜欢在面包的奶油芝士上加上细香葱，这些细香葱是她在厨房窗台上的小罐子里种出来的。

母亲思维敏捷，但缺乏深度。她曾经强调要对有价值的知识感兴趣，这使得她的谈吐明显比她的大多数女性朋友都要高出一个层次。作为一个出生于 19 世纪 80 年代的华沙女孩，母亲在年轻时接受过不错的教育。她读过诗歌和不错的小说，并且能说好几种语言。母亲并不是一个好学的人，这么多年过去了，她几乎很少主动找书来读。然而，母亲的确一直对学习和研究抱有极大的敬意。她自己没能成为我的榜样，但她的忠告总是激发和鼓励着我最大限度地开发我的心智潜能。

母亲非常喜欢打牌，而且总是要赌点钱，不过赌注绝不会大到真正赌博的程度。在很小的时候，我们一家就很喜欢惠斯特纸牌游戏，以及各种级别的桥牌游戏。母亲很喜欢和我们一起玩，而且她会在玩的过程中教我们技巧。她曾经说过，打牌是她唯一能比我们做得更好的事情，并且她确实能从她的这一强项中获得真正的快乐。母亲喜欢引用一个著名的法国人对不玩纸牌的人说的一句话："一个多么孤寂的晚年生活在前方等着你啊，我的朋友。"这句话好像是法国作家拉罗什富科所说的，母亲尤为认同，因为她无法忍受女人之间哪怕几分钟的闲言碎语。

母亲给了我们自由的空间，让我们应对年轻男孩要面临的各种风险。无论有多么危险，她从来不会阻止我们参与任何体育活动，因此我们回到家时经常鼻青脸肿。母亲虽然很心疼我们，但她也不止一次说过令我们感到震惊的话：伤筋动骨可以自愈，而撕破了裤子则意味着要么花时间缝补，要么花钱重新买一条。

母亲还给了我们鼓励和勇气。在我们寄宿期间，母亲睡在地下室的一个房间里，里面有张很大的单人床，我跟她睡一起。我和母亲的作息时间完全不同，我印象中没有出现过因为这种安排而发生的任何隐私或礼节问题。有天夜里，也许是凌晨两三点钟，母亲把我从沉睡中叫醒，告诉我，她听到屋子里有声响，可能是夜贼。然后她面不改色地说我们必须把整个房子检查一遍，要是这个问题不搞清楚，她不可能睡得着。于是，母亲点燃了一个煤油灯，我俩就开始在房间里查找。我完全不知道要是我们发现了入侵者该怎么办。我很怕死，但我又羞于在母亲面前表现出任何恐惧的样子。结果我们没发现任何人，于是又继续睡去。

母亲对于儿子们能跟她住在一起非常开心，但她又对跟任何其他人住在一起深恶痛绝。母亲发现这些年寄宿在自己的兄弟莫里斯家里让自己很不开心。莫里斯舅舅拥有高智商天才的通病，脾气暴躁又专横。他的第一任妻子伊娃舅妈是一个善良亲切的人，在舅舅的斥责和恶毒挖苦下，她完全没有任何反抗。我们在牌桌上见过很多次这样的场景，舅舅会因为舅妈出错了牌而斥责她。舅妈会试图为自己辩解，但这只会招来舅舅对她更火爆的攻击，然后她就会流下泪水。母亲会站在伊娃这边，为她辩护，于是争吵又发生在了兄妹之间，讲的语言就突然从英语变成了波兰语，而我们几个孩子完全听不懂他们在吵什么。几年后，19 世纪法国剧作家萨尔杜的戏剧《无所顾忌的女人》（*Madame Sans-Gêne*）中的一幕让我回想起了当时的情景：剧中，拿破仑和他的姐妹们发生了一场皇室里的争吵，他们突然从讲法语变成了讲带科西嘉口音的意大利语。莫里斯舅舅与拿破仑有很多相似之处，比如，身材矮小，大腹便便。母亲在呵护弟妹方面表现出了极大的勇气，尽管她和她的儿子们都寄居在她那专横的兄弟篱下。

我在 1917 年结婚后，经济状况才允许母亲跟我和我妻子住在一起。由于婆媳关系难处这一常见原因，事实证明我的这一安排是相当失败的。一年后，母亲有了自己的公寓，此后她一直独居，直到 26 年后去世。母亲拒绝了三个儿子的建议，没有把其中一个房间分享出来与她的一个密友同住。当然，缺少跟她一样的寡妇也是其中一个原因。随着年龄的增长，我们会担心母亲出现意外或者突发疾病。年轻时，母亲的健康状况就不怎么好；到了中年，她的心脏和胃又出了毛病。她的医生让她控制饮食，但她几乎完全不听劝告，说要牺牲生活中大多数美好事物来换取长寿是不值得的。母亲显然不把医生的忠告当回事，不过她也从来没真正得过什么重病。在独自生活的那些年里，母亲因为小病而寻求我们帮助的次数也并不太多。

母亲的去世与她的独立、勇敢和喜欢打牌密切相关。1944 年 10 月的某天晚上，她在西区大道一个朋友家里打牌。牌局结束时已经过了凌晨，她独自一人走回家。一个小偷尾随她，抢走了她的手提包。在医院里，母亲告诉我们，因为她拒绝把包交给小偷，所以那个小偷打了她，还把包抢走了。母亲的头颅受到了严重损伤，第二天就去世了。然而，她的手提包里其实只有 3 美元。

具有讽刺意味的是，母亲总是担心盗贼会伤害自己的儿子。当她在报纸上读到有人在抢劫中遇害时，她都会让我们向她保证，如果我们遇到劫匪，一定不要反抗，要立即交出我们的钱财。当然，母亲知道她自己也应该这么做。然而，当真正遇到劫匪要抢夺她的财物时，她拒绝投降，哪怕只是为了 3 美元。母亲的反抗是本能的，就像她一生都在反对不公和不义。母亲因此去世绝对是个悲剧，但我认为，在她眼里，她不会觉得这是悲剧。母亲从来不害怕突然离世，只是担心久病不愈或者老而无助。她没有遭受这些无法容忍的屈辱，并且我敢保证，如果久病不愈，她会为了自己的尊严和她深爱的儿子而选择自尽。

价值投资的启蒙

在前所未有的拮据困境里，是母亲给了我们自由的空间，给了我们鼓励和勇气，让我们应对年轻男孩要面临的各种风险。母亲一直对学习和研究抱有极大的敬意，她的忠告总是激发和鼓励着我最大限度地开发我的心智潜能。最终，我们长成了真正的男子汉，为尽早承担起男人的责任做好了准备，这可能是对母亲给予我们的良好教育的最大回报。

BENJAMIN GRAHAM

THE MEMOIRS OF THE DEAN OF WALL STREET

第 3 章 少年时代，理想在心中萌生

罗马神话中的英雄尤利西斯就是我自身年龄和经历的投影，他献木马计里应外合攻破特洛伊后，不顾海神波塞冬的阻挠，历尽劫难，最后于第 10 年侥幸回到故土。我从他身上感受到了一种打破传统观念的理想，这种理想一直像磁铁般吸引着我，而磁铁中那看不见的磁力正在持续增强。我常对自己说："要奋斗，要探索，要寻求，而不屈服。"

“几乎人人喜欢我”

我的性情是在父亲去世后的三年内养成的。在 1903 年至 1906 年间，我住在第 116 号街 244 号西区，并入读了附近的公立第 10 校。入校时，我还是一个天真敏感的小孩；毕业时，我刚满 12 岁，已经知道如何避免让自己陷入经济窘境，知道以各种方式赚点小钱，知道努力专注在我必须做的事情上，最重要的是我明白了凡事只能靠自己。

这种转变对我来说是件好事吗？我觉得是，但其他人并不这么认为。他们说，我在那段特定时期经受的压力和贫穷扭曲了我的性情，让我在自己与周围世界之间筑起了太多屏障，使得我无法与他人维系持久的关系和真正亲密的友情或爱情。在讲述我之后的生活时，我将探讨这些负面可能性。就当前而言，我只讲述一个小男孩适应这个世界的过程，而这个世界在他看来是相当无情的。

相比如今的孩子所受到的宠爱和关注度，人们可能会认为我多少受到了父母的忽视。然而，事实正好相反。当我有需要时，我一定会得到父母的帮助。在通常情况下，我的父母希望我能独立坚强地长大。比如，有年冬天，天气异常寒冷，有一天我去第 110 号街南面的中央公园滑冰。自然，我是步行往返的。我记得到家后我已经快要冻僵了，浑身的不适感让我差点哭了出来。母亲帮我脱掉外衣，让我坐在壁炉附近，她揉搓着我的双手帮我恢复血液循环，之后母亲给我泡了一杯热茶。这些举动都是很平常的，或许你会说它能证明什么呢，但这一场景给我留下了难以磨灭的印象，因为这是我唯一一次记得的母亲或者其他任何人因为一点小毛病而对我表现出关心，当然，我生病卧床的情况除外。在我们家，除非病得很重，否则，家人希望我们能自己照顾好自己，并且不要对任何事情有所抱怨。

显然，我与两个哥哥之间的关系也让我变得更坚韧。他们从来不会以大欺小，事实上，他们都很宠我，而且他们对我的爱护持续了 60 多年。但他们比我年长，比我强壮，也比我有更丰富的人生阅历，作为十几岁的孩子，他们很少会特别慷慨和体贴地对待我。庆幸的是，我不记得他们曾欺负或虐待过我的具体情形。对伤害或烦恼的遗忘成了我最鲜明的特点之一，这让其他人甚至我自己都感到惊讶。但我还是能记得遭受不公正对待时的大体感受。我曾经心怀怨恨并决心把哥哥们曾对我做过的那些坏事告诉他们。我打算在一张纸上写下他们曾对我说过的恶毒言语和做过的不义行为，然后在上面写下大大的“我已宽恕”字样，并作为生日礼物送给他们。但我最后还是没这么做。

我们家是一个非常热闹的大家庭，父母两边的家人都住在一起，家里一共有 9 间卧室，但只有一个洗手间。最初，格罗斯鲍姆家族和格桑哈特家族各拥有 4 间卧室，后者包括莫里斯舅舅、伊娃舅妈、与维克托差不多大的海伦表姐和比她小 7 岁的拉尔夫表弟。后来，表妹埃尔茜出生了。跟那个年代几乎所有婴儿一样，她是在家里出生的，因此要留一间房给她。我们必须做出非常周密的考虑和安排，才能让这么多人都用上那个唯一的洗手间。不过，我不记得这种拥挤的生活给我带来过什么特别的困难或不便。

我们会设法搞到我们想要的东西，食物和衣服自不必说，还有溜冰鞋、棒球装备以及后来的网球拍和网球。这些东西在当时比现在要便宜得多，而且我们通常只买特价品。我们通常只买售价 5 美分的火箭牌棒球，但有时我们也会奢侈一把，买一个 10 美分的更好的棒球。我曾收到过一个生日礼物，斯伯丁流行款网球拍，价格是 1 美元。我们从当时位于曼哈顿大道第 123 号街的曼哈顿网球俱乐部买二手网球，25 美分能买 3 个，品质非常好，能用很长时间。

买这些东西的钱是从哪儿来的呢？我想我们每周总能得到大约 10 美分的零花钱，过生日时还有额外的红包，但我们总是设法通过打零工赚点小钱。与多数家庭一样，我们订阅了《星期六晚邮报》(*The Saturday Evening Post*)，这是当时最受欢迎的周报。出版社会在每期周报上刊登广告，招募男孩在街头售卖该周报或者招揽年度订阅用户。我还不到 9 岁时就与该报签了协议，也许是母亲代为签署的。他们每周给我 30 份周报，每份卖我 3 美分，我再以 5 美分卖出去。与周报一起送来的还有一件带有口袋的棉围裙，用于放零钱。我记得我站在第 8 大道第 116 号街的扶梯出口，对着每个人大声喊叫："最新一期的《星期六晚邮报》，5 美分一份。"我还记得我曾短暂地在街上卖过日报，但母亲很快阻止了我的做法，她说"父亲不会喜欢我做这种事"。显然，我们家的清高使得我们对在纽约街头售卖《星期六晚邮报》这种受人尊重、塑造品行的职业与兜售日报这种有损尊严、败坏品行的生意做了某种严格的区分。

放学后，我们会在街头玩耍。那时，我有两三个与我同龄的真正密友，我每天都能见到他们。我最亲近的一个朋友叫悉尼·罗戈(Sydney Rogow)，他住在第 111 号街，经济条件相对较好。他的父亲和叔叔在布鲁克林拥有一个小型百货商场。多数时候，我会前往他所在的街区，我们很多人会穿着溜冰鞋玩弯弯球[①]或街头曲棍球。那时街上还没有多少汽车，作为交通工具的马车不会对男孩们在街头玩耍构成多大障碍。我们经常玩的一个游戏叫"猫"。"猫"是一块削尖了的木头，就像一个大衣架。你要用一根更大的木棍击打木头突出的部分，把它打得越远越好。你的对手将试图抓住它，如果没能抓住，他就必须把木头捡起来朝你丢在地上的木棍扔回去。计分方法是测量扔回去的木头与木棍之间的距离，距离越短，得分越高。

---

① 弯弯球是一种把球抛向建筑物前的人行道上的弯钩的投掷游戏。从历史上看，它在布鲁克林和其他内城区很受欢迎。——译者注

我已经有很多年没再见过美国男孩玩“猫”这种游戏了。然而，就在今年，1967 年，我在亚速尔群岛的圣玛丽亚小岛旅行时，看到了一群孩子在玩这个游戏，当时就好像时光倒流了半个世纪。我向他们要来木棍，他们惊讶地给了我，但我已经不能完成这个游戏了。我给了年龄最大的那个男孩20埃斯库多[①]，让他去给自己的小伙伴们买点糖果。对此，他们至少是很开心的。

有一次，由于我的疏忽，母亲吓了一大跳。玩游戏时，我不小心跑到了街道中间，两辆电车摇着铃从两个不同的方向朝我开过来。不知是出于冒险，还是无奈，我选择了站在轨道之间的狭窄通道上。两辆电车带着铃声擦着我的肩膀相向而过，那个位置正好就在我家窗前，不巧的是，母亲正在看我玩游戏，她惊恐地看到了两车对穿时我的身影一下就不见了。当两车错开后，我像什么事都没发生似的向她挥了挥手，但她似乎已经吓得说不出话来。我自己也觉得挺后怕的，毕竟那两辆车离我太近了。

二楼平台的另一面住着其他租户，即弗米利耶一家。他们家有一个与我同岁的名叫约瑟夫的男孩，还有一个比我大 3 岁的名叫黑兹尔的女孩。我们家的 4 个孩子与他们相处得很好，但由于信仰有别，我们之间没能形成真正的亲密关系。这倒不是说表面上我们之间有多大分歧，只是在某些细微处，信仰差异疏离了我们的关系。当两家的大人们在大厅碰面时都会客气地彼此打招呼，但他们在 3 年时间里从未去过对方家，哪怕两家只相隔几米远。唯有一次例外，那是我们搬走之前的一两个月，弗米利耶一家邀请母亲、莫里斯舅舅和伊娃舅妈去他们家喝茶。回来后，莫里斯舅舅评论说，他们真是非常友善的一家人，在我们即将搬离时我们两家才彼此了解，这可真是太遗憾了。然而，弗米利耶一家是否正是因为得知我们打算搬家才显示出了这种友善呢?

我人生中唯一一次打架，就是与约瑟夫・弗米利耶。我已经记不得具体是为什么事而打架，但我俩那时都站在我们家前面的街上，我的两个哥哥和堂哥路

① 葡萄牙旧制货币单位，20 埃斯库多相当于约 0.8 元人民币。——译者注

易斯·格罗斯鲍姆（Louis Grossbaum）就在我旁边，其他孩子都在起哄让我俩干一架。我们正面对峙也许没超过一两分钟，各自摆好姿势，做好了干架准备，但最后可能连一拳都没打出去！一个大人走了过来，阻止了这场斗殴，这让我们两个年仅 11 岁的孩子长舒了一口气，却让观众感到失望。

在后来的岁月里，我是如何避免与他人发生肢体冲突的呢？在我印象中，这倒不是因为我能容忍别人欺负我，也不是因为我会临阵脱逃或者向欺凌者求饶，而是因为我性情极为温和，绝不会主动挑事儿。为何其他人不会主动挑衅我呢？真相可能在于我的人生的确很幸运。一种可能性更小的解释是，在我还处于好斗的年龄段时，我总是喜欢跟比我年龄更大的男孩玩，而欺负一个年龄更小的孩子不符合基本的骑士精神。“为什么你不去挑衅跟你个头一样大的人呢？”这是一个很有用的问题，站出来劝架的人总是会这么说。还有一种解释是，我身上有些东西使得别人不会对我产生敌意，这听起来可能有点牵强附会。然而，不谦虚地说，几乎每个人都喜欢我，而且大家都觉得我是个好孩子。

我有个朋友住在我家对面那条街上，他是一个裁缝的儿子，名叫考夫曼。他会在自家商店的橱窗上贴上一两张海报，上面预告了附近剧院当前或即将上演的剧目，考夫曼也会因此获得两张免费门票。有时候，考夫曼会邀请我跟他一起去看周六的午场演出，那是我人生中非常美好的经历。但当家人知道我与一个裁缝的儿子一起玩时，他们就会皱起眉头，有点看不起人家的意思。虽然我们家经济条件并不好，但家人还总是一副高高在上的样子。

后来，我哥哥维克托时不时会带一个朋友到家里来，他的这个朋友是个神秘的富贵公子，有个继父，而继父在我们看来是一类奇怪的物种。他口袋里总是有很多硬币，我记得他坐在床上或椅子上，将一堆硬币往上抛，任其在房间四处散落，然后喊道“快抢”，同时脸上浮现出一种居高临下的神情。在他面前，我们三兄弟连滚带爬，迅速去抢那些令我们屈辱却对我们十分重要的硬币。有一天，他跟我们讲述婴儿是如何生下来的。他敞开自己的衬衣，指着小腹的地方给我们看。他说，母亲要剖开小腹，婴儿才能被取出来。根据他在私下的说法，所有婴儿都是像尤利乌斯·恺撒那样出生的。[①] 我已经忘了这个男孩的名字，但他给我们的生活带来了巨大的乐趣。他告诉我们，每年圣诞节，坦慕尼协会（Tammany Hall）都在第 14 街紧挨其总部的托尼·帕斯特剧院为穷孩子举行派对。在派对上，孩子们可以从巨大的圣诞树上拿到一个或多个玩具。他可以为我们三兄弟提供入场券。但是，母亲会允许我们参加这一大型圣诞派对吗？不过母亲在这件事上证明了她的思想是相当开明的，于是我们真的就去参加了这场派对！我清楚记得在那场派对的高潮时刻我们从剧院舞台前面走过，向工作人员索要圣诞树上的玩具。最终，我拿到了一个 Flexible Flyer[②] 的小型雪橇，这绝对是我想都不敢想的意外之喜。

然而，我注定无法长期拥有这一天赐之物。在 1 月的第一场大雪中，我把它带到了围绕莫宁赛德公园的长斜坡上。我从斜坡的高点向西滑行，大约正对第 113 号街，然后一个急左转沿着第 110 号街滑到下面的莫宁赛德快速路上，接着再一个急左转，又在坡底滑行了大约一个街区的距离。

在滑了几次后，一辆载有 6 名成年人的大雪橇从背后把我撞倒了。我当时立即在短时间内失去了意识。当我清醒过来时，似乎没人注意到我，我也没看到我的雪橇在哪里。我沿着斜坡来回找了无数次，可是再也没有找到它。最后我泪流满面地回了家。

最难忘的盛大节日

那时的圣诞节没有如今隆重，除了圣诞节，还有 3 个节日给我留下了很深的印象。第一个是国庆节，那一天的喧闹真是一刻不停歇，人们能听到无数的枪声，甚至还会出现人员伤亡的情况。我们一大早就被街头时不时的枪声吵醒了。有持枪资格的年轻人几乎人手一把口径 22 毫米的小型手枪，或者口径 32 毫

① 尤利乌斯·恺撒是罗马共和国末期的军事统帅和政治家，是罗马共和国向帝国转型的关键人物。但恺撒并不是剖宫产出生的，很多人把恺撒的名字“Caesar”与剖宫产的英文单词“Cesarean section”搞混了。——译者注

② 一个玩具品牌。——编者注

米、威力更大的手枪，并且还会准备很多空弹用于节日庆祝。但有些蠢货会哗众取宠，给手枪装上真子弹，然后开枪射击。到了下午，街上满是弹壳，我们就会四处搜寻，尽可能多地把弹壳捡进我们的衣袋里。我们拿这些弹壳做什么呢？我能记得的就是把弹壳夹在两指关节间以恰当的方式吹它，弹壳就会发出很响的哨声。年纪太小的孩子只能要玩具枪，而有些枪带有很多火药帽；我们还可以放各种鞭炮，包括由 100 个非常小的鞭炮组成的鞭炮筒，它是由中国制造的，被称为“欢迎炮”。鞭炮筒可以拆散了卖，1 美分 1 个。通常鞭炮筒是整个点燃的，能迸发出短暂而极为绚烂的火花。但它真的太贵了，我、莱昂和维克托都舍不得一次性点燃，只好把“欢迎炮”以多种方式拆分。我们喜欢用废纸做成小盒子，把点燃的鞭炮放进去，然后把它扔出窗外，或者从屋顶扔下去，爆炸的那一刻真是让人格外兴奋。

也会有海报预告，在某个特定的时点和地点燃放由商业赞助的“世界上最大的烟花秀”，地点通常会在第 125 号街。我们会加入围观的人山人海当中，一些戴着头盔的警察负责将人群隔离在燃放点的安全距离之外。我们好奇地注视着带有导火线的烟花筒，兴奋地等待着点燃的时刻，以及随之而来的震耳欲聋的爆炸声。从 6 岁的小孩到 60 岁的老人都在追着观看烟花，我们还能看到很多马拉消防车随时待命，但大多数烟花都太小，不值得我们花时间看。多数家庭会在晚上放烟花，有火箭烟花、罗马烟花筒、圣凯瑟琳轮转烟花。人们会在天黑时从公寓的窗户里往外掷或者在大街上进行燃放。如今，所有的烟花燃放只能由持有牌照的专业人员操作，并且受到政府的严格管控。我们这些老人会有些怀旧，但也不会因为盛大而光荣的国庆节禁止群众放烟花而感到遗憾。事实上，喧闹而缤纷的烟花盛会再壮观、再有趣，也抵不过它在人员伤亡方面带来的惨重代价。我这么说是带着复杂情绪的，因为，1928 年我成了美国最大的烟花制造商的主管和名义副主席，并且受到倡议过“安全和理智”的国庆节的影响，多年来我沮丧地见证了这个行业的快速衰落。

至于万圣节，我们完全不知道这个节日的来历，也从未听说过诸如“万圣夜”或“诸圣节”之类的节日。那时的我们就跟今天的大多数孩子一样，认为这个节日与带有妖怪和巫师的图片以及被挖空和点亮的南瓜有关，而这些东西从来没在我们家里出现过。万圣夜留给我们的印象是，夜幕刚降临，很多男孩就反穿着他们的外衣上街游逛了，他们还带着长袜，袜底塞满了面粉。他们用这些面粉彼此投掷，也向身边的路人投掷，被投中的人的衣服上则会留下很难擦掉的白色印记。

因为纽约市市长是在奇数年的11月选出来的，任期两年。所以选举之夜也是在11月。对年轻人而言，选举之夜最重要的活动就是点燃篝火，这归不同的青少年帮派管负责，相比而言，那个年代的青少年帮派可真是不怎么给警察惹麻烦。在选举日之前，帮派成员们会将所有类型的木制品堆积在一起，主要是从杂货店找来的空包装箱，然后把它们藏在地下室，或者空地的角落里，等待篝火之夜的到来。如果一方的秘密储藏地被其他帮派发现了，情况就会变得很糟糕。有一方会喊道，“第110号街的团伙偷了我们的‘善物’”，即“木头”，然后就会发生令人心碎的斗殴惨剧。到了选举之夜，他们会把木头如期堆放在每隔几个街区的道路中间，点燃后让它一直燃烧，四周围满了观看的人们。

对孩子们来说，纽约20世纪初期的感恩节就是穿上大人的衣服，一边在街上游逛，一边向路人讨要便士。“有感恩节礼物吗？”这成了他们向每个路人提出的惯常问题。家人绝不允许我们打扮成这个样子出门乞讨。这种做法有损我们的尊严，再穷不能穷志气。时代变化得真是太快了！现在已经不是在感恩节那天穿衣去乞讨了，而是改在了万圣夜。

第四次跳级

那个时候以及在随后的年月中，我把生活中的主要兴趣都放在了学业上。我是一个好学生，纯粹为了追求知识而努力学习，并且极其渴望取得优异的学习成绩。老师布置的作业虽然很多，但我很快就能完成，并且我能充分利用各种碎片时间。母亲常常用她那一贯的夸张语气说，她不明白我的成绩为什么这么好，因为我似乎总是在做其他事情，比如读闲书，而不是在做家庭作业。

在我 6 岁那年，纽约市的学校里发生了一件大事，被称为“马克斯韦尔考试”。纽约市的教育主管、严厉的马克斯韦尔博士，宣称他对纽约市的教学水平和学术能力都不满意，他自己在英文和数学两个科目上出了一系列考题，让每所小学的学生都参加考试。显然，这些试题对于各个年级的学生来说都太难了，整体成绩很糟糕。我失望地发现我的英文成绩只有 68 分，更让我吃惊的是排名第二的学生只拿到了 42 分。数学考试更恐怖。教室前面的黑板上只列出了 5 道题目，这些题目看起来不太难，我很快就做完了，然后交了试卷，走出教室，而其他同学还在继续做题。后来，我被叫到校长办公室。校长是著名的伯金斯博士，很多毕业生都记得他。

“本杰明，”他说，“你为什么没有做最后两道题呢？”你们可以猜到是怎么回事。最后两道题写在教室后面的黑板上，我没有看到它们，也没听到老师说有这两道题。我答对了前 5 道题，得了 70 分，而这已经是全校最高分了。伯金斯博士摇着头伤心地对我说：“如果你做了剩下那两道题，你就会为自己也为学校争得荣誉。”

自从我进入公立第 10 校 7A 级的“分科部”后，我的学习生活就真正变得有趣了。但是入学的第一天给我带来的不是荣誉感，而是羞辱感。开学后不久，我就突然从 6B 级跳到了 7A 级。由于这是我第四次跳级，我被校长助理带到新班级时，差不多只有 10 岁，而我要跟其他年龄更大的同学一起学习。班里有 40 多个学生，全是男生。他们看了我一眼，之后就开始哄堂大笑。班上那些 12 岁的同学穿的都是诺福克西装，而我仍然穿着小孩才穿的水手衫和长裤。他们把我视为某种怪物，而我也开始觉得自己不讨人喜欢。那天下午放学后，我在家里发了很大的脾气，母亲很不情愿地带我去了位于第 125 号街的科克百货购买了我的第一套诺福克西装。

赚得人生的“第一桶金”

我的堂哥路易斯对我的人生产生了非常积极的影响。人们通常叫他路易，他是我大伯父的第二个儿子，与我的哥哥莱昂同岁。我从没见过像他那样拥有如此多非凡能力的人。他是一位极为优秀的学者，擅长古希腊文学、拉丁文学和数学，获得过极难拿到的普利策奖学金，以及哥伦比亚大学和他所就读的工程学院的诸多奖项。以我最严格的标准来看，路易斯还是一名优秀的运动员，而在那个年代，人们通常认为学习用功的孩子身体一定很差。最令人惊讶的是，路易斯似乎还是个做生意的天才。起初，他通过清晨在他所居住的麦迪逊大道派送面包和花卷赚钱。后来，他还通过为第五大道西区或中央公园东区富人家的孩子补课赚钱。在我幼稚而懵懂的认知中，路易斯似乎无所不知，包括如何与女孩相处，而这注定是我人生中很长时间都未能开窍的一个领域。作为我们这群人中天生的领袖，路易斯发现了一个赚钱的机会，那就是在马球场和高地体育场，也就是后来的扬基体育场售卖棒球明信片。卡片设计得像是精心制作的风景明信片，可以展开的折页上印有球队每个队员的照片，包装上印有赛程和比赛计分板。每卖出一对卡片，我们能赚 2 美分。我记得，我们每人平均每个工作日能赚大约 20 美分，但在周末或者在连赛两场的情况下，我们每人可以赚到 1 美元。

在我的文件柜中有一本破旧的棕色封面的笔记本，里面有我在某个贩卖棒球明信片的暑假所写的日记。我记录了每天赚了多少钱，比赛结果如何，以及我做的其他事情。有时候，我会用打油诗做记录。当我把我的笔记本拿给路易斯看时，他用给堂弟提书面建议的方式“屈尊”在笔记本上写下了他自己的语句。这些语句以希腊文字“Gnothi seauton”开头，意思是“认识你自己”[①]。然后，又用纯正的拉丁语写了一句评语。我完全拜服于路易斯的博学，郑重其事地对自己发誓，我也一定要成为一个拉丁语和希腊语学者。

我赚到的第一笔大钱来自我在数学上的天赋。我们的一个朋友切斯特·布龙（Chester Broun）比我高一年级，身高也比我高几厘米，他代数这门课学得很差，他母亲每周付我 50 美分，让我给他补 3 节课。如今我已不记得我怎么会有胆量去教我在学校还没学过的课程，因此，这个故事在某些细节上可能有偏

① 据说是苏格拉底为自己写的墓志铭，后来被刻在希腊圣城德尔斐神庙上。——译者注

差。但我那时的确在给别人补课，并且一直持续到教完伦纳德·伍德（Leonard Wood）将军的儿子和曼哈顿南端的总督岛上其他官员的儿子才告结束。

像磁铁般吸引我的理想

在那个年代，天黑之后，学生们除了在街头闲逛、在家待着做家庭作业或者读书，没有其他事情可做。我对晚上的街头生活不感兴趣，觉得街头混混都是粗鄙和无聊之人。于是，我就有很多时间用来阅读，而且我的阅读量确实惊人。我会每两周从图书馆借四五本书，此外，我还会看一些被大人禁止但又相对无伤大雅的书，这些书只能私下传阅，包括著名的弗兰克·梅里维尔系列①和尼克·卡特（Nick Carter）的侦探小说。不过图书馆能提供的书可就丰富多了，包括罗洛丛书②，霍雷肖·阿尔杰③、G.A.亨蒂④和奥利弗·奥普蒂克⑤的作品，以及诸如狄更斯、斯蒂文森和查尔斯·里德⑥的经典小说。

在之后的人生中，我惊讶地发现，与朋友们相比，阅读对我产生的影响要大得多。人们普遍认为读书只是为了通过考试，或者为了临时消遣，转眼就忘。虽然我也忘记了很多我在学校读过的东西，但我能记得的东西同样也很多，至少记得内容梗概。记忆力好一直是我的优点，而且我对学习本身非常感兴趣，在很小的时候我就决心要把学习作为我的修养、我的心智工具和我未来生活的一部分。

在我看来，学习是一个持续的过程。我在之后的课堂上碰到以前看过的文章时，会感到格外高兴。1957年，我注意到我儿子布兹在写一篇关于美国著名

---

① 作家吉尔伯特·帕滕（Gilbert Patten）一系列小说和短篇小说中的虚构人物。——译者注

② 罗洛丛书是19世纪美国儿童读物作家雅各布·阿博特（Jacob Abbott）撰写的儿童故事系列绘本，罗洛是书中的主人公。——译者注

③ Horatio Alger，19世纪美国的一位多产作家，以写青少年小说闻名。——译者注

④ G.A.Henty，一位多产的英国小说家和战争通讯员，以其在19世纪后期流行的历史冒险故事而闻名。——译者注

⑤ Oliver Optic，美国19世纪著名学者。——译者注

⑥ Charles Reade，19世纪英国小说家和戏剧家，以《修道院与壁炉》而闻名。——译者注

短篇小说家华盛顿·欧文的《睡谷的传说》(*Legend of Sleepy Hollow*)的读后感。我也曾在学校读过这本书，我记得书中引用了弥尔顿在《欢乐颂》(*L' Auegro*)中的一句话——“用优美拖长的调子”来描述主人公伊卡博德在唱歌时发出的鼻音。自1904年之后，我就没再读过这本书，不过，我没费多大劲儿就找到了当初自己特别感兴趣的段落。然而，这也没什么特别的。在高中读《欢乐颂》时，我想起了欧文在《睡谷的传说》中引用过“用优美拖长的调子”这句话。在后来的岁月中，每当我独自吟诵弥尔顿的长诗，就会想到这两部作品之间的关联。

我对文学作品的内容有着惊人的记忆力，这一点总是令我自己和他人感到惊讶。昨天，我去比佛利山的一个眼科医生那里检查眼睛。他让我识别逐渐由大变小的一行字，我看了几个字之后随意地问了一句：“这是《本杰明·富兰克林自传》中的一句话吗?”医生回答说：“是的。”我敢保证，我不经意说出的这句话一定让他惊讶不已，他放下了识别卡，没再继续让我做视力测试。他从来没遇到过能认出这句话的患者，我淡定地告诉他这本书我在60多年前上小学的时候读过一遍。也许我应该再加一句：这本书之所以让我印象深刻，是因为在我做沃尔特·米蒂①式的白日梦时，我会把自己想象成尤利西斯②、本杰明·富兰克林和雨果的迷人结合体。在我这把年纪还可以毫不谦虚地炫耀记忆力，这是件多么爽的事情啊!

儿时的阅读经历让我心目中有了很多伟大的英雄人物，其中一个就是奥德修斯。虽然作为世界上最重要的史诗，《伊利亚特》(*Iliad*)获得了极高评价，但我必须承认，在罗伯特·格雷夫斯③的反讽译本出版之前，我从没读完过它，尽

---

① 詹姆斯·瑟伯(James Thurber)第一部短篇小说《沃尔特·米蒂的隐秘生活》(*The Secret Life of Walter Mitty*)中的虚构人物，该小说于1939年3月18日首次发表于《纽约客》，并于1942年以图书形式出版。——译者注

② 罗马神话中的英雄，对应希腊神话中的奥德修斯。奥德修斯是希腊西部伊塔卡岛国王，曾参加特洛伊战争。出征前参加希腊使团去见特洛伊国王普里阿摩斯，以求和平解决因帕里斯劫夺海伦而引起的争端，但未获成功。——译者注

③ Robert Graves，19世纪英国诗人、学者、小说家和翻译家，专门从事古希腊和罗马作品研究。——译者注

管有些章节一直是我很喜欢的，比如，赫克托耳向妻子安德洛玛刻告别的段落。不过，《奥德赛》（*Odyssey*）倒是从头到尾深深地吸引了我，而且这种吸引力在之后的岁月中从未消失过。主人公的意志和勇气、经历的苦难和胜利给我留下了深刻印象，要不是因为这本书，我可能永远都不会真正理解这些可贵品格。最开始，主人公尤利西斯让我着迷是因为他的品格和命运与我完全不同。直到成年后，我才开始意识到，尤利西斯身上典型的缺点和优点与我自己的情况都非常相似。

作为一个年轻人，我一厢情愿地认为尤利西斯的流浪和审判应该在他与妻子珀涅罗珀的胜利重逢中结束，从此他们过上了幸福的生活。然而几年后，我读到了丁尼生的伟大诗篇，它告诉了我一个真实的尤利西斯，他对自己岛上的家和妻子的香榻并没有多少眷恋。诗篇的结局久久萦绕在我脑海，它就像是对传统生活观的一种重大挑战，而这种传统生活观也与我自己的价值观、抱负和期待相反。[①] 我常引用其中的一句话来对自己说："要奋斗，要探索，要寻求，而不屈服。"后来，我又读了但丁的版本，但丁在《神曲·炼狱篇》那简短而令人难忘的篇章中复述了尤利西斯无畏的远征和在暴风雨中的死亡。最终，关于这段史诗，我手中现在已有多个版本，最新的一个是由颇具天赋的卡赞扎基斯[②]完成的。也许，尤利西斯就是我自身年龄和经历的投影，跟他一样，我也离开过自己的妻子和已经结婚的儿子。也许，他是不朽的，就像有时我对自己也有同样的感受。不管怎么说，他总是戴着高高的水手帽，有着多变的想法，有着不安的心，有着无畏的身体，而我从他身上感受到了一种打破传统观念的理想，这种理想一直像磁铁般吸引着我，而磁铁中那看不见的磁力正在持续增强。

这些体验也许就像普鲁斯特在追忆自己年轻岁月时，脑海中浮现出来的下意识的记忆一样。不过，对他而言，令人动容的都是些日常小事，比如，把玛德

① 在《奥德赛》中，尤利西斯颠沛流离，最终回到了岛上的家，同儿子一起杀死了荒淫残暴的贵族，与妻子团聚。但在但丁和丁尼生的诗作中，尤利西斯回到岛上与家人团聚后，舍弃妻子，再次出发，开始了新的人生。——译者注

② 20 世纪享有国际声誉的希腊作家，代表作有《自由与死亡》《奥德赛：现代续篇》等。——译者注

琳蛋糕在茶里蘸一下，或者弯腰解开靴子纽扣的著名场景。但对我而言，令我动容的总是那些文学性的语言，尤其是诗歌，它们能把我带回往日的情景当中。

惊人的“学习记忆”与糟糕的“社交记忆”

毫无疑问，一个人记忆的独特性显示了其性格的独特性。而我在记忆和性格上都表现出了一些矛盾之处。我记不得的事情有很多，哪怕是经常发生的事情。我还会上百次地在电话簿中查找同一个电话号码。即使已经去过朋友或亲戚家20多次，我也记不住他住多少楼，或者出了电梯应该往哪边走。我还记不住很多人的长相。即使我已经见过某个人很多次，下次遇见时，我还是想不起他是谁。我会忘记很多本应该记住的人的名字。

《泽诺的意识》一书的作者伊塔洛·斯韦沃有一句幽默名言：“有三件事我总会记不清：姓名、相貌，以及我已经不记得的第三件事。”我也会经常引用斯韦沃的这句名言来化解自己健忘时的尴尬。然而，我又经常让我以前的学生感到惊讶，因为即使在多年后我也能记起他们的名字。

让我的记忆产生这种矛盾和其他特点的关键原因在于，我脑海中把人际事物和思想观念进行了严格的区分。我能记住我学过的东西，但记不住生活中发生过的事情。因此，凡是从学习、闲暇阅读、工作和行为中学到的东西，似乎都能在我脑海中留下特别的甚至是不可磨灭的印象。然而，生活中发生过的事情以及我在社交、体育和旅行等其他生活领域遇到过的人，则只能给我留下很浅的印象。因此，如果我能以某种方式将某个学生与课堂问题或者该学生对课堂的贡献联系起来，我就能记住他的名字。然而，我可能不会通过与一个学生有所接触而记得他，哪怕他性格特点非常鲜明。

我记得，我曾经在纽约大都会艺术博物馆见过一个罗马式凯旋拱门的石膏复制品。它下面的铭牌上写着“Arch of Septimus Severus”。当我第一眼看到这几个字时，我真的震惊了。他们竟敢把伟大的罗马皇帝的名字拼错！[①] 他们竟然不去纠正这一明显错误，重要的是这种错误竟然发生在学术殿堂的中心！但毫无疑问，我的情绪反应比这个小错误更显奇怪。人们可能会用哈姆雷特的句式问道："塞普蒂米乌斯·塞维鲁跟他有什么关系或者他跟塞普蒂米乌斯·塞维鲁有什么关系？"事实上我得承认塞维鲁是我的朋友，而现实生活中的人是不可能以这种方式成为我的朋友的。说得更准确一点，我与现实生活中的人无法成功成为我和塞维鲁那样的朋友。在我 15 岁时，塞维鲁就通过吉本的皇皇巨著[②]进入了我的生活。我全情投入地追随着他，与他内心和外界的敌人做斗争；我为他重申罗马帝国之辉煌和伟大而感到激动，尽管我知道它的衰亡是不可避免的，但我还是希望尽可能推迟这一衰亡。塞维鲁穿越欧洲大陆到过我的故乡英国，并修复了哈德良长城[③]。他因此将自己与我印象中那个更伟大、更复杂的皇帝联系了起来，而后者在吉本笔下成了我所爱戴和尊敬的一个皇帝。然而，直到多年后我才通过阅读玛格丽特·尤瑟纳尔[④]的杰作《哈德良回忆录》（*The Memoirs of Hadrian*）完全理解并几近认同了哈德良。

所以，我人生中真正的朋友和亲近之人的确是哈德良、塞维鲁以及诸多其他历史人物，比如，瑞典 17 世纪的国王古斯塔夫·阿道夫（Gustavus Adolphus）和功勋大臣阿克塞尔·乌克森谢纳（Axel Oxenstiena）。当然，还包括一些作家，他们的作品和个性对于我的成长有着特殊意义。在这些作家中，我更喜欢维吉尔[⑤]，而不是荷马；更喜欢弥尔顿，而不是莎士比亚；更喜欢莱辛，而不是歌德。这些作家的作品远比我周围现实生活中的人对我更重要，留给我的印象也更深。

我以优异的成绩结束了在公立第 10 校的学业，拿到了最高平均分，超过了

---

① 这位罗马皇帝的名字正确拼法是"Septimius Severus"，译为塞普蒂米乌斯·塞维鲁，而匾牌上的"Septimus"少写了一个"i"。——译者注

② 吉本是 18 世纪英国杰出的历史学家，这里所说的巨著就是指他影响深远的《罗马帝国衰亡史》。——译者注

③ 哈德良长城是一条由石头和泥土构成的横断大不列颠岛的防御工事，由罗马帝国君主哈德良组织兴建。——译者注

④ 法国现代女作家、学者、法兰西学院成立 300 多年来第一位女院士。——译者注

⑤ 维吉尔是古罗马著名诗人，长篇史诗《埃涅阿斯纪》是他的代表作。——译者注

自己最要好的朋友罗戈。这让我获得了在毕业典礼上发表告别致辞的殊荣，我还当上了学校杂志《开悟》（*Wide-Awake*）的编辑。然而，我不记得除了写过一首长诗，我还做过什么别的事情。当我在毕业典礼上发表告别致辞时，我感到很自豪。更为自豪的是，我爱戴的老师贝恩先生在我的绿色封皮的毕业纪念册上用他的大字流利地写下了如下祝福：

> 向诗人、会长和最优秀的毕业生，
> 致以最美好的祝愿，
>
> ——贝恩

难忘过去的好光景

然而，我在公立第10校的最后日子是在懊悔中结束的。学校要求毕业班的学生购买价值5美元的纯金校徽。我知道我买不起，但又不愿意在同学面前承认这一点，后来我向母亲撒娇，哄骗她给了我这笔钱。可是不到一个月，我就把校徽弄丢了，留下的只有懊悔，让我后悔终生的是我没能秉从自己的真正品格，我不该哄骗母亲。我想母亲必定会同情我的弱点和虚荣，因为她自己多年来似乎也有这个毛病。在那个年代，几乎每个家庭都想要显得比真实情况更富足些。就我们而言，不要显得像实际情况那样窘迫似乎更为重要。母亲已经很努力不去过多地念叨我们从前的奢侈生活，但过往的一切留下了太多的痕迹，让母亲很难做到心如止水。毫无疑问，她最大的懊恼来自我们那些善意的老朋友。他们仍然对我们很友好，并没有嫌弃我们。但我们与他们之间的经济差距过于悬殊，母亲不可能视而不见。说得更直白一点，我们与他们之间的礼尚往来给母亲造成了持续的压力，她会竭力掩饰家里的窘境，用尽各种办法来维持微不足道的体面，同时也总是把家里的生活水准维系在比我们的实际承受能力略高的危险位置。

我们三兄弟生活在令人沮丧的氛围中，这种氛围给我留下了巨大的心理阴影。我相信，我的内心一直是希望远离物质而追求更智慧的精神层面的生活。但童年的艰辛给我和我的哥哥们都带来了很大影响，我开始对金钱变得更敏感、更崇拜。我理所当然地认为，成功的主要标志就是赚很多钱、花很多钱。几十年过去了，我经历了很多荣辱兴衰，最终掌握了获得物质享乐最简单和最重要的原则：最英明的投资策略，就是在自己的能力范围内过上良好的生活。

价值投资的启蒙

童年的艰辛给我和我的哥哥们都带来了很大影响，我开始对金钱变得更敏感、更崇拜。我理所当然地认为，成功的主要标准就是赚很多钱、花很多钱。

我刚满 12 岁，已经知道如何避免让自己陷入经济窘境，知道以各种方式赚点小钱，知道努力专注在我必须做的事情上，最重要的是我明白了凡事只能靠自己。

几十年过去了，我经历了很多荣辱兴衰，最终掌握了获得物质享乐最简单和最重要的原则：最英明的投资策略，就是在自己的能力范围内过上良好的生活。

BENJAMIN GRAHAM

THE MEMOIRS OF THE DEAN OF WALL STREET

第 4 章 动荡的生活激发对财富的渴望

母亲努力想带着我们自立门户，然而经济的拮据让我们屡次搬迁、动荡不安。作为一名有抱负的男孩，我会利用一切可能的方式赚点小钱，15 岁那年，我构思并完成了一项发明，我天马行空地梦想着凭此发明为家族重新积累财富，甚至把财富水平提升到一个新的高度。然而，没过几天我的梦想就破灭了。

绝不要小看任何人

从公立第 10 校毕业后，我被推荐进入纽约城市学院附属汤森·哈里斯高中，或者也可以说是纽约城市学院的预科班。这所高中只上 3 年课程，而其他高中要上 4 年，但老师都希望学生们能在更短的时间里学到与 4 年课程一样甚至更多的知识。这所学校的入学门槛和继续学业的标准都相对较高，尽管如此，在我看来高一年级的班级数量还是相当多的，共有大约 20 个班级 400 名学生。由于分班是严格按照学生姓氏的首字母顺序来分配的，因此分配结果有些怪异。据说有个班全部由姓“科恩”的学生组成。虽然不清楚这是不是真实情况，但我的确知道，我所在班级的所有学生姓氏都以“G”开头。上学第一天，我很荣幸地认识了一个与我同岁的同学，他名叫弗雷德里克·F. 格林曼（Frederick F. Greenman），从那时起，我们就成了一辈子的朋友。在我们班还有个名叫莫里·戈特沙尔克（Morrie Gottshalk）的同学，他后来成了这所学院的院长，而他刚进校时还是个非常害羞和充满忧虑的人。

我已经忘了汤森·哈里斯高中大多数老师的名字，而我能记得的某些老师又几乎没什么值得说的，但有两位老师给我留下了深刻印象。一位是令人万分恐惧的拉丁文老师爱德华多·圣·乔瓦尼（Eduardo San Giovanni），正是他教会了我这门复杂的语言。我至今仍能记得他用惯常的咄咄逼人的语气问道：“加滕，第二变格的元音特征是什么？”加滕回答之后，他又问了下一个问题：“加滕先生，地球是圆的吗？是？所以你的分数也是圆的（零分）。”他毫不谦逊地向他的学生炫耀，他曾经在梵蒂冈的花园里用拉丁语与教皇对话。

另一位是几何老师莫里斯·拉斐尔·科恩，他相貌平平，相当斯文，与圣·乔瓦尼的性情截然相反。那时候的科恩先生还籍籍无名，但他注定将成为哲学史上一颗闪耀的明星。[1] 而讲授几何显然不是他的强项。汤森·哈里斯高中有自己特别的课程体系，难度很大，我们必须在一个学年学完 12 本平面和立体几何教材。科恩先生起初没有把教学进度安排好，到了 6 月初时我们还有很多课程没上。所以，有一天，他向惊愕的学生们宣布：“同学们，明天我们将学习第 10 本书。”科恩先生的惯常做法是让我们一组一组地走到黑板前，给每一组分配一个不同的命题或问题。前面提到过的加滕是一个高个子、胖乎乎、爱开玩笑的人，他更适合当别人的朋友，而不是当学生。我和戈特沙尔克很快就完成了我们的任务，有时我会与加滕交换位置，帮他完成黑板上的题目。而科恩先生正埋头于詹姆斯·乔伊斯①的巨著中，完全没有注意到黑板前发生的事情。

7 年后，我在别的场合碰到了当时已经成为教授的科恩先生。我那时已是哥伦比亚大学一名相当高傲的高年级学生，对哲学和法国文学尤其感兴趣。法国索邦大学的雷蒙德·布特鲁（Raymond Boutroux）教授到学校来发表主题演讲，题目叫“亨利·柏格森②是一个实用主义者吗？”布特鲁开宗明义：“是的，女士们，先生们，他当然是一个实用主义者。”但在结尾处，他又很肯定地说：“所以，柏格森先生完全不是一个实用主义者。”

当我带着困惑离开演讲大厅时，我认出了留着短卷发、没有其他明显特点的几何老师。他礼貌地问候了我，而我带着那时候哥伦比亚大学学生对纽约城市学院的人惯用的居高临下的腔调问道：“你好，科恩先生，你也对哲学感兴趣

---

① James Joyce，爱尔兰著名作家、诗人，20 世纪最伟大的作家之一，其代表作《尤利西斯》《芬尼根的守灵夜》在世界文学史上占有举足轻重的地位。——译者注

② Henri Bergson，19—20 世纪法国哲学家，文笔优美，思想富于吸引力，1927 年获诺贝尔文学奖。——译者注

吗?”科恩先生自嘲地笑了笑，说道：“有点儿吧。”然后就离开了。站在我身旁的一个同学诧异地看着我，惊呼道：“你这个蠢货，难道你不知道科恩已经是公认的威廉·詹姆斯[①]的传人了吗?”不，我真的不知道。但我的无知教会了我一个人生道理：绝不要小看任何人。

开启辛酸的打工生活

高中时，母亲决定搬出莫里斯舅舅的家，开始新的寄宿生活。她在黑人聚集的哈莱姆区第129号街租下一栋褐砂石房子，然后装修了一下，尽管我不知道她是怎么装的。母亲的经商能力确实不怎么样[②]，当我们发现房子面朝马车出租行时，为时已晚。随着夏季白昼时间越来越长、气温越来越高，这栋房子的缺点变得越发明显，而租客会比我们更难接受它。

作为一名已经年满12岁的有抱负的男孩，我觉得有必要找一份赚钱的工作。离我们家不远处的萨克斯顿牛奶店挂着一张正合我意的海报，上面写着“招聘男工”。当我应聘这份工作时，老板萨克斯顿带着不信任的目光说：“你还不够强壮，胜任不了这份工作。”我向他保证我可以胜任，并且他完全可以相信我的态度和品行。当时的法律允许商家在暑期招聘任何年龄的员工，提供任何水平的薪酬。我的薪水是每周2美元。刚开始，一切进展得很顺利。我会推着满载牛奶的推车把牛奶送到附近不同的客户家门口，然后提着牛奶桶来到客户的地下室，找到门铃和对讲机，与客户取得联系。接着，我要做的事情就是用升降机把牛奶送上去，客户会把钱放到升降机上，我再把它放下来，通常我还会把找零的钱放到升降机上，再次拉上去。虽然大多数客户都住在6楼，但这并不是一份很难的工作。[③]后来，推车给了另外一个人，我不得不提着装得满满的牛奶桶去送奶。这让我感到精疲力竭，尤其是在炎热的8月初。有一次，我把牛奶桶放在地上，擦

---

① William James，19—20世纪美国著名哲学家、教育家，“心理学之父”，也是实用主义的倡导者，他的《心理学原理》对后世哲学和心理学影响巨大。——译者注

② 这里的意思是，母亲租下了一套大房子，自己住一部分，剩下的再转租给其他租户。——译者注

③ 这里的意思是，住得越高，拉升降机就会越费劲。——译者注

了把脸上的汗，放松下我酸疼的胳膊。有两个男孩在隔壁一栋房子前玩弯弯球。正当我提起奶桶要往前走时，身后有个男孩对我吼道："干活啊，你这头畜生!"我的眼泪几乎掉了下来。没过多久，比我强壮得多的年轻人维克托接手了我的工作，而且确实做得比我好多了。

爱情初萌

在夏季结束时，我们离开了位于第129号街的充满马臭味的房子，搬到了曼哈顿大街350号靠近第114号街的一栋差不多也是褐砂石的房子。那里的浪漫氛围第一次打动了我的心。我只将女人分为两类：母亲和来自其他星球的居民。这种不正确的态度源于我接受教育的环境。除了在幼儿园那糟糕的两周，我从来没与女生一起上过课。由于缺乏亲近感，我几乎没有与任何同年纪的女生有过正式交往，也许我的表姐海伦除外，但她没有对我的思想或情感造成多大影响。

我曾经迷恋和爱慕过一个漂亮、聪慧、开朗的女孩，并且她也很喜欢我。遗憾的是，她18岁，而我只有12岁，还是个小孩子。她的名字叫作康斯坦丝·弗莱什曼（Constance Fleischmann），她为了住得离巴纳德学院近一点，与母亲一起搬到了我们家寄宿。没有哪个女孩能像弗莱什曼对待我那样，友善地对待一个害羞的男孩了。她主动教我法语，我也学得很投入，尽管我的功课已经很繁重。从此我的书架上多了一本教材版的普罗斯佩·梅里美[①]的小说《高龙巴》（*Colomba*），书上写有单词、注释等。

我们还一起读法语诗歌。有一首诗是雨果写的，名字叫《坟墓与玫瑰》（*La Tombe et la Rose*）。她说这是她最喜欢的诗，要求我用心领会。我不仅由衷地这么做了，还把它翻译成了英文诗，直到今天我都能背诵这首诗。它标志着我精神生活第一次重大转向的开始。与很多浪漫而且敏感的男人一样，我自己也写过很多诗歌，尽管我的批判性思维告诉我，这些诗歌缺乏闪光点。然而，将其他诗人的

① Prosper Mérimée，19世纪法国现实主义作家，中短篇小说大师、剧作家、历史学家。——译者注

杰作翻译成英文则让我汲取到了他们的灵感。翻译需要专注，外加某种技巧，我认为我有能力做好这件事。我曾翻译过很多希腊语、拉丁语、法语和德语作品，此外，我还曾将英国著名诗人豪斯曼的一首诗翻译成法文，并从中获得了自我满足感。

我忍不住想在这里分享我翻译的雨果的这首小诗《坟墓与玫瑰》：

坟墓询问玫瑰，
黎明抛洒给你的那些眼泪
你会用来做什么，爱情之花？
玫瑰询问坟墓，
注定要从上方喂进你咽喉的生灵
你会用来做什么？
玫瑰说，死亡的归宿啊，
眼泪被微风吹洒
我将用它制作琥珀芬芳的香水。
坟墓说，啊，哀伤的花儿，
知晓我能力的每个魂灵
我就是送他们去往天堂的天使。

我快满 13 岁了，开始接受训练为成人礼做准备。关于这件事，我唯一可说的是，我让我的指导老师失望了，因为仪式上通常要对父母表达感恩之情，要对犹太教的荣光和礼教做出庄严承诺，而我固执地拒绝这么做。

搬回莫里斯舅舅的家

母亲的租房生意以惨败告终。在我们将房子和几乎所有物品拍卖掉之前，危险信号就已经出现了。我记得我们既为自己的物品在拍卖锤下被公开卖掉感到羞耻，又为拍卖场人山人海、拍卖本身和稀奇古怪的事情感到兴奋。拍卖那天，我们三兄弟每人都分到一项很轻松的任务。由于我是家里数学学得最好的，我的任务就是把每个房间的家具卖了多少钱进行加总。看着一个个家具以不可思议的低价售出，母亲是多么伤心啊！不过，我们的竖琴有两个下定决心要购买的竞拍者，其中一位最终以150美元的高价买走了它。这是我那天唯一一次看到母亲脸上露出了笑容。

我们没有其他选择，只好再次回到位于长岛自治市公园的木屋，与莫里斯舅舅住在一起。那个时候，我们觉得住所离市中心好远，而且离位于曼哈顿阿姆斯特丹高地的汤森·哈里斯高中尤其远。为了从新家去学校，我首先要乘坐有轨电车，然后乘坐穿过布鲁克林大桥的快速高架列车，最后还要搭乘新建的开往第137号街和百老汇的地铁。单程需要耗费一个半小时。然而，主要的难题在于往返的交通费，单程要花5美分，每周累计要花1美元。但我没有浪费通勤路上的时间，我几乎所有的家庭作业都是在通勤途中做完的。我记得那时我正在学习初级希腊语，当列车缓慢驶过布鲁克林大桥时，我会时不时抬起头，朝北看看当时正在修建的曼哈顿大桥的红色大梁。

作为一个13岁的男孩，我会利用一切可能的方式赚点小钱，积少成多。我会去照看煤炉，除了要将很重的煤灰桶沿着台阶从地下拉到地上，然后把煤灰倒进道路上的凹陷处之外，这份工作并不难。我还为一个男孩做过数学家教，他家离我家只隔了几栋房子。他的父亲是著名的劳工运动家约瑟夫·巴伦德斯（Joseph Barondess）。[①] 我们两家很快就成了朋友，并且我还多次听到巴伦德斯与莫里斯舅舅这两个聪明人之间的亲密交谈。我主要的收入来源是将舅舅交给他不同客户的报告用打字机打出来。这些报告都是煞费苦心写出来的，页数很多。我是用奥利弗牌打字机把它们打出来的，这种打字机只有三排按键，但每个按键可以敲出三个字母，不像常用的打字机那样只能敲出两个字母。后来，我很长时间以后才忘掉好不容易熟练掌握的奥利弗打字法。我不知道这种打字机现在是否仍在使用。

① “纽约知识分子群体”的重要代表欧文·豪（Irving Howe）将巴伦德斯描述为“淋漓尽致地体现了发生在世纪之交的犹太人劳工运动——它的悲戚、它的瘾病、它的无私——之波澜起伏的人物”。

在赚了更多的钱之后，生日那天我给自己买了一辆二手自行车。那可是我人生中令我印象深刻的一天。我把自行车推到并不难找的一条僻静的街上，在那里，经过半小时的磕磕绊绊，我自己学会了骑自行车。当暑假到来，自行车绝对是个好东西。我几乎每天都会用它载着我的邻居兼好友克劳德·加斯纳（Claude Gassner）去位于弗拉特布什（Flatbush）的"公立学校体育联盟"运动场。我们非常喜欢在那里打网球，并且球技还有了很大的进步。

寄宿于长岛自治市公园的那个夏天，我非常努力地学习法语，我的基础非常薄弱，基本还是弗莱什曼教的。我家书房唯一的法语书是贝尔纳丹·德·圣皮埃尔[①]写的《自然研究》(*Etudes sur la Nature*)。与其他书一样，它是父亲在摩西·蒙特菲奥里[②]的藏品拍卖会上买回来的，曾经装订得非常好，但现在已有些破旧。这个版本是大约1800年印刷的，一共有6小册。书页是黄色的，字体古旧，而且非常不好辨认，法文本身也是古体语，比如，单词结尾的"ait"被写成"oit"。这位圣皮埃尔是个典型的18世纪法国作家，集自然主义者、博学的科学家和小说家于一身。他写过关于植物和动物、关于各种科学理论的各类著述。他正好赶上了各个学科大发展的好时代，并对各种哲学问题做出了思辨式的回答。

我会在《希思法国字典》(*Heath's French Dictionary*)上查阅每个我不认识的单词，然后把它的法文含义连同对应的英文含义抄在一张纸上。反过来，我会遮住纸上英文或者法文那一列单词，然后试着把未遮住的单词翻成另一种语言。夏天结束时，我学会了好几千个新单词，尽管这些单词大多是些专用术语。由于很多单词与国外的植物和动物有关，我很快就把那些很少用到的单词忘得差不多了，但我还是能记住不少。后来，我会时不时在与法语教授对话时使用相当专业或古旧的词语，这让他感到非常惊讶。不过，对于这些令人印象深刻的法语单词，我的很多发音都不准确，因为我完全是通过阅读认识它们的，在应该如何发音的问题上，我就像圣皮埃尔的科学理论那样经常犯错。

---

① Bernardin de St. Pierre，18—19世纪法国作家、植物学家。他的短篇小说《保罗和维尔吉尼》曾是19世纪著名的儿童读物。——译者注

② Moses Montefiore，18—19世纪英国银行家、慈善家和伦敦治安官。——译者注

转学至男子高中

莫里斯舅舅逐渐变得富有起来，他搬到了位于华盛顿高地的一个相当奢华的公寓，而我们则搬到了位于布鲁克林区巴斯海滩的一个小房子里，离布鲁克林城区相当远。母亲非常高兴能再次“自立门户”，我们三兄弟也以最兴奋的状态接受了我们这个小房子的不足之处。

然而，由于与曼哈顿的距离变得更远了，我几乎无法继续在汤森・哈里斯高中的学业，只好很不情愿地转学到布鲁克林男子高中，这所高中采用标准的四年制课程，而汤森・哈里斯高中则是三年制。我一直有一种幼稚的虚荣心，希望自己能在 15 岁就进入大学，但转学意味着我必须放弃之前极不理智的野心。

那一年，布鲁克林男子高中换了一位新校长——沙利文博士，他后来成了纽约州的历史学家。他曾在曼哈顿的商业高中给我哥哥莱昂上过历史课。我带着我在汤森・哈里斯高中的成绩单走进了沙利文博士的办公室，刚开始他对我的态度有些冷淡，不过，当他看到我的成绩单时，他的圆脸上就绽放出了笑容。“这才是我喜欢看到的成绩，”他说，“几乎所有从汤森・哈里斯高中到我这里的学生都是因为成绩不好才被赶出来的，尽管这些学生会拉低我们学校的平均分，但我也不得不接收他们。事实上在我们国家，布鲁克林男子高中长期以来都是在学业成绩方面享有最高声誉的学校之一，而我的确很荣幸能到这里当校长。”

我在布鲁克林男子高中度过了充实的两年。由于时间不够用，我无法继续学习希腊语，但我对拉丁语课程仍抱有特别的热情。尽管我承认罗马共和国晚期的哲学家、政治家、作家、雄辩家西塞罗能言善辩，但我还是无法适应他的自恋和自命不凡。在我接受的古典文学教育中，我真正喜欢的作家是维吉尔。我发现他是一个天才，他的作品既满足了我的精神需求，又映照出了我的认知局限。诚然，维吉尔是荷马的效仿者，他的作品不够直截了当，他塑造的人物也过于简单。然而，他弥补了荷马的不足，我能深刻地领会到他叙述的所有精妙之处以及他在诗歌表达的意蕴和韵律上所展现的精湛技巧。维吉尔的作品中没有天真幼稚的东西，但也不过度浮夸，没有深不可测的神秘，更没有反智的内容。在我看来，他就像音乐界的勃拉姆斯。《第四交响曲》的作者在眼界和能力上无疑弱于《第九交响曲》的作者，但在某种程度上勃拉姆斯比贝多芬更能让我产生共鸣。

虽然古典语言已经给我的精神生活带来了难以估量的价值，但是我并不赞同强制学习拉丁语，更不用说希腊语了，我甚至不赞同将这些课程当作选修课。学习这两门语言本身不是坏事，但需要耗费极大的脑力和很多时间。就我所知，很多选了这两门课的同学都证明了，最终他们付出的时间和努力都白费了，这很可惜。没过几年，他们就忘了所有的概念和几乎每个单词。在学习每门语言的过程中，无论是古典语言还是现代语言，都存在着某个临界点，一旦过了这个点，你付出的努力就会得到永久回报，这样的努力才是值得的。如果学习者在达到这个临界点之前就停止学习，那么他已经学到的东西就会逐渐忘掉，有时甚至会忘得很快。但如果他坚持住并越过了这个拐点，他就会终身掌握这门语言，并且还可以在余生中不断拓展和加深对它的理解。

有人认为学习外语只是为了“锻炼脑力”或者只是一种“训练”，不用了解与语言相关的文学和文化，这种观点我是不认同的。在英语学习中，就有很多技巧可以用于锻炼脑力，比如，快速阅读的技巧，理解阅读内容的技巧，多年后还能记住文字内容的主旨和某些细节的技巧，以及用清晰、简明和符合语法的方式表达自己或他人想法的技巧。如果由我来重写《爱弥儿》[1]，前8年我会只安排两门课程：英语和科学。当然，后者包括数学。不过，我还会将历史、地理和公民教育加入持续的英语学习中去，而且不会把这些科目与文学截然分开。

虽然我一直是个单词拼写高手，但理智告诉我，学习英文拼写本身没有多大价值，掌握它仅仅是出于传统或约定俗成的原因。我宁愿让每个人按照自己喜欢的方式拼写，只要信息传达充分、表达正确即可。就像莎士比亚时代的那些伟大人物所做的那样。不过，我认为我一直是个理想主义者。每个人都想改进当前

① *Emile*，法国思想家卢梭创作的教育学著作，首次出版于1762年。——译者注

的教育制度，而这里不是一个详尽表达我自己想法的合适的地方。但我必须呼吁，有天赋的学生在年纪尚小的时候就要有接受更大挑战的勇气，并理应受到特殊对待。他们应该学习多门外语，以作为标准课程的补充，因为只让他们上标准课程，节奏太慢，无法让他们对学习产生浓厚的兴趣和投入极大的专注。

我在布鲁克林男子高中的成绩还是相当不错的，在班上排名第三。但我得为自己开脱一下，因为班上的聪明学生实在太多了。我写了一个故事，名叫“巨大的饼图”（The Great Pie-Plot），发表在学校的文学年刊《记录者》（*The Recorder*）上。那是一本很厚的期刊，封面用了我们学校的代表色红色和黑色。我还参加了班级之间的辩论赛。我在学校取得的主要荣誉是入选了“阿里斯塔社”（Arista），一个在我毕业那年所有纽约高中组建的荣誉社团。但让我获得最大满足感的事情，是我赢得了学校的网球比赛冠军。那一年早些时候，我努力想进入校网球队，但没能如愿。因此，能在三局两胜制的比赛中击败校队队长詹宁斯，对我来说是巨大的个人胜利。后来，詹宁斯又击败了锡德里克·梅杰（Cedric Major），而梅杰随后赢得了在森林山举办的全国专业级单打比赛冠军，我想他一定是经过我们学校的比赛磨炼后球技大涨。再后来，梅杰成了利哈伊谷铁路公司（Lehigh Valley Railroad）的主席，却在 60 岁时死在了网球场上。由于我在布鲁克林男子高中被视为刻苦勤奋的学生，因此大家都觉得我并不擅长运动，然而，如果联赛日程安排得更早一些，那么我夺得校冠军这件事就可以让我在同学面前扬眉吐气了，但因为联赛直到我们毕业之后才结束，所以几乎没人知道这一足以让所有人震惊的消息。事实上，直到第二年秋天，我才拿到我的金牌。我们的体育主任把金牌交到我手上时问道：“你是怎么做到的啊？”

再次搬家

我们又搬家了。这一次是从布鲁克林搬到布朗克斯的凯利街。这与两年前的情况正好相反，当时我住在离布鲁克林城区很远的地方，上学的地方则在北曼哈顿；现在我住在布朗克斯，上学的地方却在很远的布鲁克林城区。

15 岁那年，我构思并完成了一项发明，这可是我好几次绞尽脑汁想做却没有做到的事情。像我们住的那种公寓，访客在楼下按门铃时，厨房里的铃声会响起来；然后主人会去楼下的门口按下控制门闩的按钮，让访客进来。因为我年龄最小，开门这活儿就分派给了我。每当门铃响起时，我都不得不把书放下，去开门。我被这项任务弄得不胜其烦，但它成了我发明的灵感来源。我想起电线可以从门铃连到门闩按钮上，而门铃铃舌一旦移动，就会闭合电路，从而打开楼下的门闩。

在做了多次失败的尝试之后，我终于成功搞定了装置。我甚至还在线路上设计了一个小开关，一旦我们一家人出门，就把开关关闭，装置就不起作用了。当然，只要访客按响大门门铃，门闩就会自动弹起，访客就能开门而入。与此同时，就像以前一样，我们听到门铃声就知道有人来了。我曾幻想我的发明会安装在全世界每一栋公寓里。安装成本很低，我可以很轻松地从每一户住家那里赚取 1 美元。当然，我还可以向其他城市收取巨额的专利费。我天马行空地梦想着凭此发明为家族重新积累财富，甚至把财富水平提升到一个新的高度。

然而，没过几天我的梦想就破灭了。怎么回事呢？首先，存在技术层面的问题。只要访客用手指按住楼下的门铃，门闩就会弹起。访客在按门铃时肯定会注意到门闩弹起的响声，然后他就必须松开门铃去抓门把手。可是就在他的手指离开门铃的一瞬间，门闩会马上落下，门又被锁住了。令人沮丧的是，访客会重复按门铃好几次，但结果都一样。最后，还是要有人下楼去给他开门。我们会做些蹩脚的解释，然后访客会说他们觉得这个发明不怎么样。不过，比起那些不知道如何用这个装置的人来说，有些知道如何使用的人带来的麻烦更大。没过多久，公寓楼里所有的小孩都明白是怎么回事了。他们会故意按响门铃，巧妙地用另一只手抓住门把手，把门打开，然后进到自己的公寓，而住在顶楼的我们却在想，为什么我们的客人还没上来。很快母亲就受够了。她命令我把这该死的玩意儿拆掉，而拆的过程让我心疼不已。在那之后，我一直试图用各种方式解决这个问题，但无疾而终。

价值投资的启蒙

我认为我一直是个理想主义者。每个人都想改进当前的教育制度，而这里不是一个详尽表达我自己想法的合适的地方。但我必须呼吁，有天赋的学生在年纪尚小的时候就要有接受更大挑战的勇气，并理应受到特殊对待。他们应该学习多门外语，以作为标准课程的补充，因为只让他们上标准课程，节奏太慢，无法让他们对学习产生浓厚的兴趣和投入极大的专注。

BENJAMIN GRAHAM

THE MEMOIRS OF THE DEAN OF WALL STREET

第 5 章 奖学金乌龙，错失理想大学

我的理想是去哥伦比亚大学读书，而且我还认为，我很有希望成为获得普利策奖学金的 12 个学生之一，这些奖学金足以支付我离家在外的所有学费和生活费。出于这一目的，我参加了大学入学考试。面试进行得很顺利。然而一场乌龙事件，却让我险些错失理想的大学。

受困于候车厅的一晚

1910 年 6 月，某日凌晨 3 点半。泽西城伊利铁路终点站的大厅里空空荡荡，只有适应了黑暗的眼睛才能辨识出候车厅由拱形和梁柱构成的轮廓。在角落处，能看到一束黄色的光线，那是从半开着门的电话亭里发出来的。

这个巨大的候车厅里，只有一个即将满 16 岁的年轻人正坐在狭小的电话亭里。他在靠近电话的一张小凳子上极为难受地缩成一团，身体抵着电话亭另一侧的墙壁。他手里拿着一本厚重的绿皮书，书封靠在发出绿幽幽光线的灯架上。这本书是韦鲁勒姆男爵[1]弗朗西斯·培根撰写的"环球文学系列"的第 44 卷，要么是《伟大的复兴》(*The Instauratio Magna*)，要么是《论学术的进步》(*The Advancement of Learning*)。

我已经困到极点，我以前从未这么晚还没睡觉。努力保持清醒又让我觉得浑身疼痛。时间、压力和前一天的疲累，周围的黑暗、安静和孤寂，我正在阅读的沉闷的书，这一切像千军万马一样朝我袭来，不断加剧我的困意。但我还是下决心不能睡过去，因为我不想再次错过火车，否则这事想起来就太过荒唐了。

① 这一贵族爵位最早是为英国哲学家兼政治家弗朗西斯·培根而创建的。——译者注

离早上5点的火车出发还有好几个小时，我想让自己从昨天下午犯的愚蠢错误中缓过劲儿来。我怎么会如此无能，如此幼稚害羞呢?

昨天吃过午饭后不久，我跟母亲道了别，准备前往纽约的新米尔福德，在雅各布·巴曼（Jacob Barman）先生的农场打一份暑假初级工。这份工作是由男子高中的数学教授韦弗博士全程安排的。在他无檐便帽和刻薄的态度之下，韦弗总是热情地帮助城里的孩子在乡村体验各种生活和劳动。我很快就被他的雄辩折服了，与其他三个人一起签署了去农场做暑期学徒的雇佣协议，工资是每月10美元，包吃住。

自从父亲去世后，这是我第一次离开母亲。分别时，我看出她非常不舍，但她湿润的眼睛里还是露出了坚强的微笑，她像往常一样说了句：“照顾好自己，亲爱的。坚持写作!”我匆匆跑下三层楼，提起母亲的黑色行李箱就走了，箱子里装的东西并不太重。似乎突然之间我就成了一个男人，或者几乎成了一个男人。我衣兜里装着去新米尔福德的车票，那是巴曼先生送给我的。另外，我身上还有5美元现金。

我乘坐地铁到了科特兰街，然后坐摆渡船来到新泽西。在火车出发前好几个小时我就到了伊利站。我在一张不太舒服的长凳上坐了下来，打开行李箱，拿出了培根的书。我还带了一些其他书，但它们完全是用作正式学习的，比如，希腊语的《长征记》(*Anabasis*）和一本由格里诺和基特里奇编写的标准希腊语法书。这本书是布鲁克林男子高中的古典语系主任赖斯博士送给我的毕业礼物。我在他讲授的“维吉尔”课上表现十分突出，于是他带着他的范戴克式胡须[①]用浓厚的德国腔力劝我在漫长的暑假期间一定要学习希腊语。除了这本轻薄的书，我还带了一本红色封皮的册子——《完美书法之帕尔默方法》(*The Palmer Method*

① 19世纪在美国和英国流行的一种胡须样式，由17世纪画家安东尼·范戴克（Anthony Van Dyck）画中查理一世的胡须样式流传而来，故称“范戴克式胡须”。——译者注

for Perfect Penmanship）[①]。这也是一位老师赠送的礼物，但不是为了表扬我的字写得漂亮，而是为了帮助我改进书法上的缺陷，因为我写的字太难看了。我的家人不仅不把它当回事，还认为这一缺陷只会更加证明我是个天才。但我的英文老师爱德华兹先生因为我糟糕的书法将我的作文分扣了5分。“5分不多不少，”他说，“足以弥补你的书法对我的视力和心情造成的负面影响。”所以，爱德华兹用友善的姿态送给我这本帕尔默练习册，要求我在漫长暑假的晚上一定要聚精会神地练习书法。

在我家书房所剩无几的书中，只有培根的著作是我一本都没读过的。最早书房里有全套的“环球文学系列”以及很多其他书籍，可悲的是，这些年来几乎所有书都被我的两个哥哥悄悄卖掉了。

我坐在候车厅里艰难地啃着培根的书，一直读到火车就要出发了。然后，我走到售票窗口问去新米尔德福的火车在哪个站台。“5点12分发车，9号站台。”售票员不耐烦地回答。我很是惊讶，因为巴曼给我的车票上所写的发车时间是4点30分，但我不好意思再问那个不太友好的售票员，于是我回到座位上继续等待，继续读书。

快到4点30分的时候，我突然觉得可能是售票员说错了。于是我匆忙跑到窗口，再次问他。然后，我和售票员都意识到我们犯了一个愚蠢的错误，因为我只是问了“新米尔福德”，所以售票员说的是去往宾夕法尼亚州新米尔福德的火车出发时间，而那是个比纽约州新米尔福德更大的城镇和站点。是的，开往纽约州的新米尔福德的火车确实是下午4点30分发车，而且还有10秒钟就要发车了。

我冲到进站口，发现站门已关闭，而下一班火车将在第二天早上5点始发。那是一趟返程的牛奶专列，把空牛奶瓶从纽约市送回牛奶之乡。所以，我还要再

---

① 帕尔默书法教学方法是主要的标准化手写系统，由奥斯汀·帕尔默（Austin Palmer）在19世纪末和20世纪初开发和推广，很快成为美国最受欢迎的手写系统。——译者注

等待将近13个小时。我应该做些什么呢？我想回家吃饭，然后在床上睡一会儿。但我的虚荣心拒绝让我这么做。我无法向母亲承认我的错误，也无法面对下班归来的哥哥们带有嘲讽的同情。

我认为独自等待这么长时间才是更有男子气概的做法。于是，我花了一个多小时在伊利摆渡船上游览了哈得孙河。只要一直待在船上，我就可以不用花额外的钱无时限地饱览两岸风景。我先是看到了纽约的天际线，然后是河上的船只。6月中旬的天气令我感到舒爽，我几乎快要觉得错过了班车是件非常令人愉快的事了。然而，到了第10趟往返时，我已经无聊得要死了。然后，我简单地吃了晚餐，散了很长时间的步，在车站打了会儿盹儿，然后又坐了6趟摆渡船。最后，我还是坐回了木凳上，捧起培根的书，等着早上5点出发的火车。

我有一大把时间可以进行自我反思，想想刚从高中毕业的事，对大学做一些展望和计划。虽然我犯的这个愚蠢的错误会时不时浮现在我脑海，让我忍不住去想“一个人怎么能犯这种低级错误呢”，但事实上我对自己过往取得的成绩还是满意的。我天生就是一个好学生，我每门科目都学得很好，成绩名列前茅。当然，我的理想是去哥伦比亚大学读书，而且我还认为，我很有希望成为获得普利策奖学金的12个学生之一，这些奖学金足以支付我离家在外的所有学费和生活费。出于这一目的，我参加了大学入学考试。我看到一些我熟悉的朋友也参加了考试，我坚信我一定能在数百位考生中名列前茅。

如若梦想成真，我该有多高兴啊！自从父亲去世，这些年的贫穷让我感触颇深。它让我开始对金钱产生了真切的兴趣，让我愿意为了赚点儿小钱努力工作，并且让我养成了极为节约的习惯。

凌晨2点，我遇到了一个新的麻烦。候车厅里的所有灯都熄灭了，我完全身处黑暗之中。显然，直到清晨不会再有火车发出了，因此没有必要在空荡的建筑中浪费电能。那时，我困得眼皮打架，我很想知道如何才能克服睡意。我漫无目的地在黑暗中从大厅的一端走到另一端。然后，我发现在候车厅里有一个电话亭，这个小隔间里有一盏小灯。令我欣喜的是，灯是亮着的。我终于找到救星了。这本绿色的大书我已经读了不少页，我在电话亭里重新打开它，把它靠在灯架上，努力睁开眼睛学习培根阐述的新知。

过了一会儿，我起身瞧了瞧周围，之前淹没在黑暗之中的大厅开始透出一丝微弱的灰白光线，伊利火车站已经迎来了夏季的新的一天，开始有乘客来到候车厅，我不再孤单。我知道我不会再错过火车了。

在农场做暑期学徒

我在巴曼先生的农场做了两个月雇工，如果以 1958 年为节点的话，我相当于在那里度过了人生 0.25% 的时间。然而，不知何故，那段时日在我脑海中留下的记忆比很多更长久的经历都要深刻。这倒不是因为我在新米尔福德过得十分开心，实际上我发现这份工作很难，也很枯燥，我每天干活的时候都盼着下班时间尽快到来；也不是因为我后来成了靠脑力谋生的老板，于是产生了一丝重返农场的想法；更不是因为我在农场受的苦让我记住了当时的诸多场景。事实上，我没有受到任何不公正对待，而且不管怎么说，我还在那里获得了宽容对待他人犯下的错误的能力。我想正是在那个尤其敏感的年纪，我的人生发生了彻底的改变，才解释了这些记忆的准确性和持续性。

巴曼先生大约 63 岁，他的白胡子和布满皱纹的脸庞让他看上去更显苍老一些。他和他的父母在 1848 年后从德国来到了美国。美国内战快要结束时，巴曼先生刚满 18 岁，加入了北方联邦军。我不敢肯定他是否真的参加过任何战斗，但他绝对是一个专业老兵，而且每个月领取抚恤金，而这笔钱是他现金收入的重要组成部分。巴曼先生有一个小农场，即农舍周围的几亩地，外加一片离公路有些距离的草地。他有两头奶牛，名字都叫露西，还有几头猪和很多只鸡。他还有一匹必不可少的马，名叫查理，查理既能干农活，又能当运输工具。巴曼先生种了各种各样的蔬菜和水果，还为家畜种植了干草和苜蓿，作为它们的口粮。他会卖出一部分牛奶，剩下的自己食用，其中一部分用来制作黄油和奶酪。

巴曼一家有 3 人：巴曼先生和他的第二任妻子以及在学校教书的女儿，女儿是巴曼先生与第一任妻子所生。两个女人对他都特别好，但她们彼此不合。巴曼先生总是需要在两个女人之间进行调停。吃饭的时候，斯内德克先生会加入进来，他经营着村上的一个杂货店。斯内德克是个脾气暴躁的单身老男人，整个夏天，我跟他也没说过几句话。与村上的其他人一样，他的一生悲喜交加。他似乎与新米尔福德的一个年轻女士维持了 18 年的婚约，如果他的商店足以支撑他的妻子和孩子的生活的话，他们就会结婚。然而，他的小生意似乎从没做得更大，婚期推迟了一年又一年。最后，当这位不幸的女士失去了所有与其他男人结婚的机会时，他们的婚约就成了“永久”婚约，也就是说，结婚是毫无希望了。

有时候，在村里做其他工作的男人会和我们一起吃饭。他们每天付给巴曼不菲的伙食费，但他们的胃口也大得惊人。我至今记得，有一次我在吃东西时，有一个人轻蔑地看着我说：“你这也算是在吃鸡蛋？我的盘子里从不少于 12 个鸡蛋！”

巴曼的农舍还颇有神秘感，里面住着一个从未露面的人！有很长一段时间我都不知道这个人是谁。我到农舍不久就发现每个人都避开房子的某个角落，而那里面住着一个人！

我住在屋顶的一间小阁楼里，里面有床、橱柜、洗手盆和煤油灯。房间里没有电或自来水。与那时的大多数农舍一样，厕所在户外，里面放着西尔斯百货前一年的商品目录。不消说，巴曼没有汽车，也没有电话。家庭用水通常是我从庭院的井池中打上来的。偶尔，我想洗澡时，要把水装在水壶里再放在煤炉上加热，然后将热水和一两桶冷水一起倒进洗衣盆里，再把洗衣盆端到楼上，在我的房间里洗澡。

我每天的工作时间都很长，早上 5 点 30 分，巴曼夫人会叫醒我；我会快速穿上衣服，睡眼惺忪、踉踉跄跄地去仓库干我的第一件农活儿——给大露西和小露西挤奶。然后，我会吃上一顿丰盛的早餐，但实际上，我干的活儿比起一个真正的农场工要轻松得多。随后，我会给鸡和猪喂食，给马套上挽具，完成每天该做的工作。再一次挤奶、喂食之后，全天的工作在晚饭时间宣告结束。周六也跟工作日一样，但周日只干一些必要的家务活。我每周的工作时长是 60 ～ 65 个小时。

我在农场学到了很多东西。挤奶是一项很难的工作，我从奶牛的 4 个乳房里挤了不到 12 升牛奶，手指就已经相当酸软了。如果不小心一点儿，奶牛还会“故意”踢翻奶桶。给马上挽具也需要很小心，这是一件复杂得令人惊讶的工作。我还需要定时喂它，把燕麦放进挂在马脖子上的粮袋里，把干草放进马厩。还需要经常用马梳子为马梳毛。当然，马和奶牛都有一个固定需求，那就是时不时地要洗澡。我发现这份工作非常令人厌烦，每当我想抱怨时，我都会把自己比作为奥吉亚斯国王效力的大力神赫拉克勒斯，但我没有得到任何帮助，而他得到过流动的河水的帮助。①

农场里的鸡养在工具房上方的大房间里，我要爬上很高的梯子才能看到鸡舍。我每天喂它们两次，每次喂一桶鸡食。每当我踩上梯子最低的一块踏板时，就会有一只鸡开始在鸡舍里蹦跳起来，然后很快，其他鸡也会兴奋起来。我爬梯子时能听到鸡群蹦跳的声音，而且声音越来越急促。当我推开鸡舍的门时，喧闹声变得更大了，然后我就会看到一个奇观：鸡群里不再有领袖，每只鸡都跟着前面的鸡不停转圈，以不可思议的速度奔跑。它们完全不把注意力放在我这里，它们显然忘了奔跑的目的是什么。没必要等它们停下来，当它们快速冲过我身旁时，我会把几捧鸡食撒到它们面前。不一会儿，一只特别饥饿的母鸡会停下来，开始吃鸡食；然后另一只也会跟着效仿。逐渐地，疯狂奔跑的鸡群停止了它们的“游戏”，开始静下心来吃东西。当我把桶里的食物撒完，走下梯子时，一切都安

---

① 赫拉克勒斯是古希腊神话中最伟大的英雄之一，是宙斯与阿尔克墨涅之子，因其出身而受到宙斯的妻子赫拉的憎恶。他神勇无比、力大无穷，解救了被缚的普罗米修斯。他曾向神寻求启示，神让他完成 12 项任务，其中一项就是给伊利斯的国王奥吉亚斯打扫牛棚。牛棚里有 3 000 多头牛，几乎不可能凭一己之力在一天内把牛棚里的牛粪清除干净，但赫拉克勒斯非常聪明，他在牛棚的一侧挖了一条沟，把河水引进来，流经牛棚，就把里面的牛粪冲刷干净了。——译者注

静了下来。但每一次喂食时吵闹的奇观都会再现。

猪的行为也很蠢笨，但与鸡的笨法不同。它们每次要吃两大桶潲水，一旦我靠近饲料槽，它们就会把自己的大猪嘴伸进去。喂它们的唯一办法就是把潲水浇到它们头上。猪的视力并不好，但只要猪食倒下去，它们就会立刻活跃起来。

巴曼为自己曾是学农业专业的学生而感到自豪，他是周边唯一种植苜蓿的人，而在那时，美国东部的人们还不太了解这种植物。巴曼说苜蓿是非常棒的东西，它可以增加土壤中的氮含量，也是动物喜欢的一种食物。遗憾的是，品质最好的苜蓿必须种在山坡上，所以他就选择了一块最陡的坡地。当丰收季到来时，我们必须用割草机割苜蓿，开割草机的人就是老实的查理。割草机总是会滑下山坡，这个时候就该我出手了。巴曼坐在割草机相对舒适的后排，而我必须在烈日下行走在下坡道上，然后使出浑身力气向上推割草机，防止其进一步往下滑。

在大草地上装运干草就不那么遭罪了。我站在运草的马车上，接收不知疲惫的农民用铁叉抛给我的干草，然后尽可能把它们堆放平整。那个年代还没有机器可以在草地上以几何间隔方式把干草打包成精巧的平行六面体。每天上午和下午各有15分钟休息时间，我可以在枝繁叶茂的大树下用小牛奶瓶盛一些冷水来喝，这可真是件惬意的事。更惬意的是，在每天工作结束后回家的路上，我会懒洋洋地躺在装满干草的马车的最上方，嘴里嚼着一根秸秆。不过，接下来堆放干草的活儿就不那么惬意了。我们收获的全部干草需要存放在仓库上方的阁楼里。巴曼会拿着他的干草叉站在马车上，我则站在干草棚狭小的入口处。我会用手臂接住抛过来的干草，然后把它放到棚里合适的位置。干草棚里很热，扬起的灰尘令人窒息。干这活儿的时候，时间可真是过得太慢了，似乎看不到尽头。但最终还是干完了。当最后一叉干草被塞进已装得满满的干草棚时，我还是相当有成就感的。

对于一个年轻人来说，农场是学习性知识的最佳场所。当你与农场动物待在一起时，没有什么事情会让你感到害羞。有一天，大露西发情了，这个时候需要让它去跟一头公牛交配。我们定下了日子，用邻居的公牛跟它交配。但巴曼那天要去参加乡村集市。“没关系，本，”他说，“你自己把露西带到琼斯家，这不是件很难的事情，他们会帮你的。”我担心自己无法胜任，但命令就是命令。

第二天，巴曼坐着查理驾驶的马车扬长而去。我和露西开始沿着大路往前走，我用绑在它脖子上的一根短绳牵着它。奶牛是很难驯服的动物，我得牢牢拽着它才行，最后我把露西带到了琼斯的农场。农舍门廊前的摇椅里坐着一位大约14岁的女孩。

“有什么能帮你的吗？”她问道。

我一下子尴尬起来，脸变得通红。

“我从巴曼先生那里过来，我……我……我想让这头奶牛……”

“哦，你是带它来跟公牛交配的吧？”她淡定地回复道，“公牛在仓库附近。”

“可是，琼斯先生在哪里呢？”我急切地问道。

“爸爸在去南边草地的路上，但没关系啦，你可以自己去搞定。”

我根本不敢开口告诉这位冷静的姑娘，我完全不知道该如何让奶牛与公牛交配。我希望自己有好运，就拉着露西来到了仓库附近。还好，我发现牛棚里只有一头巨大的公牛。它一动不动地站在棚里，我敢发誓，我能从它鼻息里闻出情欲之火。我把露西绑在围栏上，四下张望，想寻求帮助，但我一个人都没看到。我不记得我在那里站了多久，我一直在想应该拿这头公牛怎么办，每过一分钟都让我感到越发害怕，越发无助。

最终还是琼斯小姐和她母亲救了我，虽然这多少让我感到有些耻辱。她母亲说：“年轻人，我不认为你自己能搞定这头公牛，我想你最好还是把你这头活泼的奶牛带回家，让巴曼再找时间亲自送过来。”

当我不情愿地去牵露西准备往回走时，她还在喋喋不休。我仿佛觉得那个懂行的女孩在用嘲讽的眼神看着我的后脑勺，但我那时高兴坏了，所以也没觉得有多耻辱。巴曼听了我的故事后只觉得好笑，并没有责备我。“我想我犯了个小错误，不该让你独自把露西带到公牛那里去。”他说道。几天后，我们一起去了琼斯家。这一次，露西总是试图跳过我们路经的每一个围栏。等我们到了琼斯家，露西又不知何故开始忸怩起来，我们只得硬把它拖进“洞房”。相反，公牛则欲火中烧。巴曼先生和琼斯先生一起拽住了公牛的缰绳，而我则像伴娘一样，把露西拖到公牛面前。我得抱歉地说，我们干的这些活儿，无论作用是什么，都多少让我对这个过程产生了一些偏见。

吃过晚饭，干完收尾的家务活后，我拿着一盏灯回到卧室，开始自学。在希腊语法书的帮助下，我读了《长征记》。这本书虽然我一直没读完，但也完成了一大半。它没能激起我对文学作品的热情，尽管我知道这是一部经典著作。故事中有个情节我永远都不会忘记：阿波罗在一次音乐比赛中击败了玛息阿后活生生剥掉了他的皮。书中有一张从古代的监狱或者壁画上复制的配图，对这一残忍行径做了描述。在刹那间的顿悟和绝望中，我看到了人类邪恶和残暴的本性。虽然古希腊人追求真善美，用“适可而止”这一伟大的哲理来指导自己的言行，但他们仍然沉迷于对痛苦的想象，仍然让代表着光、音乐与喜悦的阿波罗神残忍地享受着施以他人酷刑所带来的快意。在我看来，玛息阿的遭遇可以与在贝尔根－贝尔森集中营里发生的真实事件直接联系起来。① 波德莱尔 ② 觉察到了隐藏在所有人类文明背后的这种野蛮回潮现象，他在《旅行》(*Le Voyage*) 中写道：“鲜血成了野蛮人的调味品和香水。”

我还有一项工作就是要筛掉所有积在大煤炉中的煤灰。在农舍后面有一个很大的煤灰堆。我的老板在它旁边安装了一个用白铁制作的筛子，然后向我演示了如何使用曲柄把手。煤灰被扬起后会漏经筛子，而煤渣则留在了桶里。这项工作要花掉我很长时间，而且大多数时候我都是在烈日下工作。为了让工作变得有

① 贝尔根－贝尔森集中营位于德国汉诺威附近，从 1940 年到 1945 年，这里关押了大约 12.5 万人，1945 年 4 月 15 日英军解放这座集中营时发现了 6 万具尸体，著名的《安妮日记》作者安妮·弗兰克在解放前两个月死于这个集中营。——译者注

② 法国 19 世纪最著名的现代派诗人，象征派诗歌先驱，代表作有《恶之花》。——译者注

趣，我把筛子放在几个蜂巢附近。当我铲起煤灰时，我能听到很多忙碌的蜜蜂嗡嗡地飞过我脸庞的声音。我不像丁尼生那样对蜜蜂着迷，他还专门写过关于蜜蜂的诗句：

古老榆树上鸽子发出的叹息声，
以及，无数蜜蜂的低语声。

然而，我还是度过了最初的不适应期，得到了人们的认可，我还与这些不知疲惫的工人结下了工作情谊，而他们是如此忠实地执行着老板巴曼夫妇的严苛命令。

我在新米尔福德认识了几个与我同龄的家伙，也花了些时间与他们一起玩耍。我记得发生过一件特别荒唐的事情。我在大路上漫步时，滔滔不绝地向他们讲述纽约市的见闻，吹嘘纽约的汽车太多，几乎没人会特别在意它的存在。说到这里，路上突然出现一辆车，朝我们飞速开来。我的同伴们迅速跳到路边的田地里，而我还在大路上继续神侃。司机疯狂地按起了喇叭，汽车侧倾着从我身旁开过，差一点点就撞到了我。司机一定认为我是个疯子。的确，我当时真的像个疯子，把我的同伴们吓坏了。

巴曼的苹果树能产出优质的苹果，而且我发现那是我见过最大、最红的苹果。我决定寄一些给我母亲。我把它们包装好，写上邮寄地址，然后带到了位于杂货店角落里的邮局。身兼邮递员的老斯内德克问我："你想怎么寄，小伙子？"

"我不知道哪种方式最好，我寄的是苹果。"

"苹果！"他带着惊讶的语气，仿佛在说："你看这些蠢笨的城里人。""如果你要寄苹果，你得按一类邮件走特快专递，否则苹果肯定会在途中坏掉，不过你得支付相当于苹果价值 5 倍的费用作为邮递费。"

我的智商、孝心和慷慨都受到了这番话的挑衅。“就按一类邮件走特快专递。”我坚定地说。89 美分邮递费对我来说可是一大笔钱。母亲给我回了信说她很感激我的孝心，但是花那么一大笔钱用在邮递费上会不会不太明智？因为苹果寄到的时候有些已经坏掉了。

没过多久，母亲就来看我了。她几乎每年都会设法抽出时间度个暑假，这一次她有了一个绝妙的主意：作为付费游客在巴曼农场待上一周。巴曼一家很欢迎她的到来，也很高兴能收到 8 美元的费用。她是 1910 年 8 月初来的，那可真是一次开心的团聚。母亲很快就成了巴曼一家三口的朋友，并且她只用了两天时间就了解了他们一家的情况，比我一个月了解的内容都多得多。

事实上，她揭开了那间隐秘厢房的秘密。那间房里住着巴曼的姐姐，她患有癫痫病。我只能猜测为什么她患的这个病非得让她成为终生“囚犯”。也许在那个年代，这是对付癫痫病的唯一有效方法。你可以想象，当我看到母亲在跟一个坐在摇椅里的老妇人聊天时，我有多么惊讶。关于她们之间的谈话内容，母亲只是告诉我，那个病人能够相当清晰地表达自己的想法。

有一天，我收到了哥哥维克托写给我的信，用的还是诗歌体。信中透露了关于普利策奖学金考试成绩的好消息：“太好啦，太好啦！你通过啦，你通过啦！你的成绩排名第七！”

在纽约州，公立高中毕业生大约可以分到 20 个宝贵的奖学金名额。如果我考了第一或者第二，哪怕是第三，我都会由衷地感到兴奋，但我的名次只能说差强人意，每个人都笃定地说，没什么好担心的，我肯定会拿到奖学金。负责审核奖学金的老师按照约定时间走访了我家，母亲跟他们谈得很愉快。然后他们约定了跟我面试的时间，只要我一回到纽约，就可以去面试。

1910 年 8 月 28 日那天终于到来了，我依依不舍地向巴曼一家道别，但没有流眼泪。这次我没有错过回家的火车，巴曼先生亲自把我送上了火车。

与普利策奖学金失之交臂

一回到纽约，我就去了位于公园地区的世界大厦参加普利策奖学金面试。我的面试官是阿尔弗雷德·哈姆斯沃思（Alfred Harmsworth）先生，他是奖学金委员会的主席，这项奖学金是根据伟大的报业大王普利策先生的遗愿而设立的，哈姆斯沃思先生担任的这一职位与普利策报系的主编相当。虽然我很紧张，但哈姆斯沃思先生很快就让我放松下来，然后我发现自己热情地谈起了我的兴趣和抱负。他问我最喜欢哪本书时，我激动地回答："《罗马帝国衰亡史》，这本书我是手不释卷、从头到尾读完了的。"哈姆斯沃思先生似乎对我的回答感到满意，他说我是他第一个遇到的表现出了文学功底的男孩。我认为，面试进行得很顺利。当我向家人汇报情况时，我发现自己已经无法掩饰内心的喜悦之情。

根据约定，一周后，我给哈姆斯沃思的秘书打了电话，想获知结果。"我很遗憾，"秘书带着官腔回答，"你落选了。"我一下子几乎说不出话来。然后，我以微弱的声音问道，"你能告诉我格林曼拿到奖学金了吗？""格林曼？是的，他拿到了。""那好，谢谢你。"对话结束。

这一结果对我而言不光是失望，简直是一种毁灭性打击。所有的美好和希望骤然间从我生活中消失了。那个时候的普利策奖学金远不如今天丰厚，它会给获得者每年 150 美元的学费，为期 4 年。此外，如果获得者在校住宿，还会每年额外获得 250 美元用于生活开销。在那个年代，这笔钱刚刚够一个学生在顶级学府的学习和生活。虽然我很想效仿格林曼，毫不犹豫地选择伟大的哈佛大学，但母亲从来不希望我长期远离她身边，我只能尊重母亲的意愿，选择哥伦比亚大学，因为我可以住在家里，每天往返校园。然而，现在所有的计划都泡汤了，哈佛大学不行，哥伦比亚大学也不行。

母亲和我的两个哥哥似乎跟我一样，对我的不幸遭遇深感沮丧，甚至有些愤愤不平。他们排名第七的本杰明怎么可能落选，而排名远不如他的几个朋友却被选上了？这听起来有些不可思议，然而母亲竟然把这一糟糕结果归咎于我们的家具！虽然以前的很多家具都没有了，但我们还是保留了路易十六时期的椅子和沙发，以及一些其他的高雅东西。尽管那个时候它们已经破坏不堪，但至少还是透出了一点奢侈的意味。普利策奖学金是基于需要，也是基于学业成绩和良好品格发放的。母亲说，调查员肯定认为尽管我们递交了贫困证明，但我其实不用奖学金也能负担得起大学学费。如果真如母亲所言，那调查员真是大错特错了！

对于落选这件事，我有我自己的解释。我认为，这要归咎于我品行上的弱点。多年来，我一直在与法语所说的“坏习惯”（Mauvaises Habitudes）做斗争。它是两种情况的结合：一方面，我内心遵从清教徒式的礼俗；另一方面，我又参与了那个年代盛行的可怕的嗑药行为，而这在道德和健康方面都给我带来了很多负面影响。我告诉自己，明察秋毫的哈姆斯沃思肯定看穿了我精神上的隐秘缺陷，于是，把属于我的奖学金授予了比我更纯洁、更优秀的学生。然而，这种解释似乎比母亲的家具理论更离谱。在对我自己的问题进行了深入反思后，我发现，我在 1911 年 2 月 12 日那天重新审视了亚伯拉罕·林肯的品行优点，而那一天正是我们都会庆祝的林肯的生日。我将林肯视作我的榜样，希望他能帮助我持续执行那时我新拟定的品行整改计划。这一办法奏效了，我的坏习惯得到了纠正。

就读纽约城市学院

第一波打击过去了，母亲很快变回了那个严肃而实用的她。如果我不能去哥伦比亚大学，那么我就只能去纽约城市学院。谢天谢地，那里免学费。而且我还可以去找兼职工作，为自己赚点零花钱。于是我带着沉重的心情去纽约城市学院报了到。为什么呢？纯粹出于势利心。纽约城市学院不如哈佛大学、耶鲁大学和哥伦比亚大学，它没有很多优秀的教授，这是事实。但它有很棒的、严格的课程体系，能够培养出很好的毕业生。它的校友包括很多名人。可它是一所免费的公立大学，社会底层、不修边幅的穷学生占了入读学生的很大比例。去纽约城市学院而不是去哥伦比亚大学意味着我接受了自己低人一等的现实，承认了自己的失败。我尽可能客观地看待这件事，但我必须承认，我对纽约城市学院的负面评价有些是得到了证实的。相比顶尖大学的毕业生，纽约城市学院的学生在职业生涯和社交圈方面都处于劣势。我的这一态度反映了在 1911 年的美国人中普遍存在的势利心，而我对这些扭曲的价值观的接受又强化了我的耻辱感。

我在纽约城市学院过得相当不开心。以我病态般的心态，关于这所学校的每件事都令我厌恶和不满。有一天，我忘了关储物柜，里面的两本书不见了，而我得重新购买。我感到非常沮丧和憎恶，而且我也没有零花钱去买书。在绝望之下，我做出了一个极端决定：我辍学了，然后找了一份工作。

辍学打工的高光时刻

我的第一份工作是组装电门铃的按钮。大约 6 个男孩围着一张桌子，上面摆着一些篮子，里面有各种需要组装起来的零件。经过简短培训后，我熟悉了这份简单的工作，成了这群人中的一名熟手。我们从早上 7 点开始工作，直到下午 5 点 30 分下班，中途有 45 分钟吃午饭的时间。粗略测算，我一周要工作 54 个小时。我每周不知道要重复多少次同样的初级手工操作，而我其实并不想知道这一具体数据。

为了消磨漫长的工作时间，我会在工作时默默吟诵诗歌。庆幸的是，我能背诵很多诗歌，包括托马斯·格雷[①]的《墓畔哀歌》(*Elegy*),《鲁拜集》里的所有诗歌，甚至古罗马史诗《埃涅伊得》(*Aeneid*）开篇的四百行诗。我坐在桌边，与他人保持距离，一边用手指忙碌而熟练地完成这一相对简单的工作，一边在心里默诵这些伟大的诗歌。

没过多久，大概两周的样子吧，我就厌倦了这份单调的工作，于是我又在周日版《纽约时报》的“招聘男工”栏目上寻找新工作。有个广告提供了一个在电话商店工作的机会，该商店位于富尔顿街 95 号，远离纽约城区。商店每周支

① Thomas Gray，18 世纪英国重要抒情诗人。——译者注

付5美元薪水，似乎很有吸引力。周日一大早我就到了昏暗的电话商店，有很多人来应聘这份工作。很快，老板莱夫勒先生也到了，开始面试我们。莱芙勒问了我的受教育情况，当听说我是一名高中毕业生时，他感到很高兴。然后，他问了我的工作经验，特别关心我是否操作过钻床。当我给了他肯定答复后，他告诉我，我被录取了，第二天就开始上班，工作时间是从早上7点30分到下午6点。我的这份新工作需要我乘坐更长时间的地铁，但这也让我能像以前那样早起。真正给我带来不便的是，晚上到家已经7点了，刚刚好赶上吃晚饭。

除了我之外，莱夫勒还招聘了另外4个男孩，这间小店的空间已经被我们挤满了。显然，他不会留用我们所有人。其中一个老员工及时地向我们解释说，招新只不过是对老员工的年度激励策略。因为莱夫勒先生要储备大量的零件，所以，如果工期很长的话，我们大部分人都能留下，直到这些零件做完。

莱夫勒电话商店只在一个很小的商场中占了一层楼，但店铺里有很多承担了大量制造作业的机器。店铺的最终成品是卖给私人用户的电话机。客户大多是来自公园大道、第五大道、西区大街和滨河道上的大型公寓里的住户。电话机安装包括大厅总机和每个住户的电话，还有连接两者的复杂线路。在我做完这份工作多年后，当我拜访住在这些大街上的朋友时，我经常能注意到总机上刻有“莱夫勒”的商标，并且我很想知道我的双手是否为安装该系统做出过贡献。

莱夫勒的原则是“自己能做的事情，绝不外包”。因此，他买的所有零件都是最便宜的原材料，然后再由工人进行钻孔、研磨、塑型、组装，最终制作为成品。为了制作电话机中的铃铛，莱夫勒先生买了长铁棒，由我们切成铃芯大小，然后再冲压出卡纸环套在两端，做成一个卷轴，接着我们用特殊的绕线机在卷轴上绕紧铜线。铃铛的所有其他零件也是以类似的方式在店铺里做出来的，包括连在电线架上的铃舌末端的小圆球。我们利用车床将更重的金属部件打造成型；在火上锻造金属制作其他零部件；在抛光机上打磨由硬橡胶制成的按钮；组装复杂的线路系统；用某种白石膏在喷过黑漆的铭牌上印上商标；我们甚至还要在信号传送器的震动隔板上镀上金色薄膜。

我可以自豪地说，所有这些工序我都做得很好。刚来这里时，我的手相当笨拙，而且对如何使用手工工具和电动机器一无所知。但我学会了很多商业技巧，我的双手也逐渐变得灵活，我的眼神也变得更自信。我开始对操作电话系统有关的力学和电学问题产生兴趣。很快，我就开始研究安装电话机的复杂线路图。有一天，莱夫勒先生不在店里，一个电力包工头打电话来，急匆匆地问我如何解决某个电路系统中的复杂问题，我看着线路图副本教会了他怎么做。从那天起，我就成了莱夫勒最信任的员工。

澄清乌龙，重新拥抱哥伦比亚大学

我对母亲做了承诺，在秋季开学前，我会写信给哥伦比亚大学，询问我是否能申请 1911 年 2 月开学的普利策奖学金。我得到的回复是，2 月不会提供奖学金，但我可以在 4 月写信给学校，看能否再次申请 1911 年 9 月开学的奖学金。我的确在 4 月初写了这封信，没过几天，我收到了一封相当奇怪的回信，它是哥伦比亚大学的教务长弗雷德里克 · F. 凯佩尔（Frederick F. Keppel）写的。信中说我希望申请的奖学金名额已经发放完毕，但他愿意在我方便的时候与我聊聊，问我是否愿意跟他的秘书约个时间。我在电话中解释说，我每天要工作到下午 6 点，但我可以提前一个小时下班。于是，凯佩尔教务长说他很高兴能于第二天下午 6 点之前在他家里与我见面。但这场见面究竟意味着什么呢？

第二天下午，我用油脂溶剂尽可能地洗净了我的双手，搭乘曼哈顿西区地铁从富尔顿街坐到第 116 号街，然后步行至离地铁出口不远的教务长家。我按响了门铃，心怦怦直跳。教务长夫人开了门，把我带到了楼上的书房里，我看到壁炉里的木头正在燃烧，教务长夫人说，教务长马上就来。没过几分钟，凯佩尔走了进来，他是个高个子、相貌英俊、衣着得体的绅士，脸上带着迷人的微笑，但又不乏庄重。教务长夫人为我们端了茶进来。我痛苦地意识到我穿着破旧的工作服，我的指甲里还有残留的污垢。趁我们喝茶的时机，凯佩尔就我现在这份工作与我亲切地交谈了几分钟，然后开始言归正传。

“你知道，我们招生办对于你的情况深感抱歉。我也不例外，因为在我成为教务长之前，我是招生办主任，我得为招生办犯下的错误承担责任。”

我感到特别困惑，也特别紧张，不知道该如何回应。

“事实上，格罗斯鲍姆，”他继续说，“你在去年的这个时候就已经拿到奖学金了，但我们没把它授予你。”

“怎么……怎么回事呢？”我脱口而出。

“你有一个哥哥或者堂哥，叫路易斯·格罗斯鲍姆，他已经在这里读了三年书，并且是普利策奖学金得主。正当我们准备把奖学金授予你时，招生办的同事把你们的名字搞混了。他们不会把奖学金发给已经领过的人，所以他们就把本属于你的奖学金授予了排在你后面的同学。”

他接着告诉我说，我去年获得的是哥伦比亚大学校友奖学金，提供所有学费。这一奖学金每年授予在哥伦比亚大学入学考试中获得最高平均分的考生，而我去年获得了该奖学金是因为成绩在我前面的 6 名考生要么也获得了该奖学金，要么去了别的大学。如果我仍想进入哥伦比亚大学，他们可以安排在接下来的秋季开学季授予我校友奖学金。这一奖学金在奖金额度上与我错过的普利策奖学金是一样的。

“这真是太有趣了，”我只能这么说，然后，我补充道，“可我已经耽误了一整年。”

“是的，是的，”凯佩尔回答说，“我们真诚地为我们的错误道歉，不过，你今年多大了？”

我告诉他，我刚满 17 岁。

“好吧，我现在没那么内疚了。如果你一年前进入大学，很有可能会因为年龄太小而难以应对大学的学习和生活。你在电话商店的历练对你而言是最好不过的经历。你将比你的同龄人拥有更多的才能和更成熟的心智。不管怎么说，如果你足够勤奋，你有可能只用三年就能拿到学位。”

谈话结束了。我欢欣雀跃地回到了家。在我们位于凯利街的房子里，全家人简直欣喜若狂。但母亲一边擦拭眼泪，一边反复说：“我绝不会原谅他们曾让我的本尼那么伤心。”

价值投资的启蒙

我在纽约城市学院过得相当不开心，关于这所学校的每件事都令我厌恶和不满，在绝望之下，我做出了一个极端决定：我辍学了。接下来在电话商店工作的机会，让我学会了很多商业技巧，我的双手逐渐变得灵活，眼神也变得更加自信。在秋季开学前，我依然决定写信给哥伦比亚大学，询问我是否能申请 1911 年 2 月开学的普利策奖学金。幸运的是，接下来与哥伦比亚大学教务长的会面，澄清了奖学金乌龙，我得以重新拥抱哥伦比亚大学。

BENJAMIN GRAHAM

THE MEMOIRS OF THE DEAN OF WALL STREET

第 6 章

大学时代，朝职业梦想飞奔

我直接从更难的高年级课程开始了我的大学学业。我需要拿到 120 个学分才能毕业，在整个学期里，每周上 1 小时的课能拿到 1 学分。我给自己定的目标是 3 年毕业，事实上，两年半之后我就拿到了学位。

进入哥伦比亚大学

1911 年 9 月，我以校友奖学金获得者的身份进入了哥伦比亚大学。由于我已经在之前就读的两所高中学过了相当于大学第一学期的课程，也正是由于这种额外的学习让我通过了分级考试[①]，因此，我直接从更难的高年级课程开始了我的大学学业。我需要拿到 120 个学分才能毕业，在整个学期里，每周上 1 小时的课能拿到 1 学分。我给自己定的目标是 3 年毕业，事实上，两年半之后我就拿到了学位。

我对大学生活的认识在多年前热切地阅读弗兰克・梅里维尔系列小说时，就已经形成了。当然，我知道梅里维尔在耶鲁大学待了很长时间，不知道是否有人数过他待了多少学期，他喜欢参加所有能够参加的校园活动，但不喜欢学习。也许，这正是他在大学待了这么长时间的原因。然而，我所梦想的大学生活是属于年轻人的一段田园诗般美好的时光，是教育、友情、爱情、运动和充满有趣事物的美妙结合。可是，当我回顾自己的大学生活时，我不记得有过很多这样的快乐穿插其间。事实上，我能记得的趣事并不多。

---

① 分级考试是指学生在入学后参加的一种学力水平测试，如果通过该测试，学生可以直接跳过学习初级课程，直接从更难的课程学起。——译者注

我对大学生活印象最深刻的事情其实是在无意识中出现的，它重现在了我的梦中。通常来讲，我睡醒后很少能特别清楚地记得自己做了什么梦，但在我离开哥伦比亚大学后的53年间，有一个梦经常重现。梦里，我是一名大学生，我正准备去上课，或者正在去教室的路上，但我忘了是上哪门课，不知道该去哪个教室。于是我一层楼一层楼、一间教室一间教室地找，试图找到我该去的地方。在另一个梦中，我已经在教室里了，但我没有事先为课程做准备，我非常焦虑，很想知道如果老师叫我背诵，那我该如何应付。这两个困境从来没有在梦里得到解决，因为每当我想解决时，我就醒了。当然，精神分析学家肯定可以告诉我，我的无意识所传递的信息有什么含义。然而，它们与我真实的大学生活几乎没有任何关联。

我的起步阶段并不那么顺利。大一新生的一门必修课是历史A，主要讲西欧历史。与大多数同学不同，我在汤森·哈里斯高中学过这门课，因此我不想在这上面投入太多时间。然而，我的期中考试成绩是C，这让我大吃一惊。下半学期我才开始重视起来，从此我再也没有在任何一门课上拿过B以下的成绩。现在想来，我的大学成绩似乎比当时自认为的更好。我的成绩在班上排名第二，在毕业典礼上获得了优秀学生奖，但没有奖品。现在的我很想知道我是怎么做到这一点的，毕竟那时的我不但要应付每周排满的课程，而且要同时打好几份工。

教我法语的是乔丹教授，一个熟知各种文化、对宗教持怀疑态度、喜欢说脏话的法国人。我面临的一种新现象就是一个老师既能让我在智识上崇拜他，同时又冲击着我维多利亚式的思想残余。乔丹是最早友善对待我的老师之一，作为美国法语教师联盟的秘书长，他一年要报送几次教学大纲公告。他给我安排了一项工作就是把纸质公告折叠起来，然后把它们塞进信封里投递出去。这项工作薪水颇丰，每小时1美元。他还送给我参加讲座的免费门票。1914年第一次世界大战爆发后不久的某天晚上，伊薇特·吉尔伯特[①]朗诵了埃德蒙·罗斯丹[②]的战

① Yvette Guilbert，18—19世纪法国美好年代歌舞表演的著名歌手和演员。——译者注

② Edmond Rostand，18—19世纪法国作家、剧作家、诗人。——译者注

争诗。吉尔伯特那时已经老了，但她的头发依然很亮，她的嗓音依然高亢。我被深深打动了。几年后，我在詹姆斯·赫尼克[①]的《着了色的面纱》（*Painted Veils*）中读到一段故事，讲他在格林尼治的某个夜晚听伊薇特·吉尔伯特朗诵波德莱尔的《阳台》，这是一个伟大的朗诵者在吟诵一首不朽的诗歌。这是图卢兹·劳特累克[②]和普鲁斯特都熟知的吉尔伯特，而我也曾经听过她的朗诵！

一天晚上，乔丹教授邀请我去他家里吃饭。饭后，他想逗我和他妻子一乐，于是大声朗读了拉伯雷《巨人传》中的一个章节，讲述年轻的巨人王子想要找到完美的厕所手纸。教授大声朗读时，乔丹夫人时不时挤出勉强的笑容，而我也听得有些尴尬。不管怎么说，我完全没有从这段对粪便的描述中听出什么可笑的东西，在我看来，污秽之物不会令人发笑，而真正一流的低级笑话则是值得拿来取乐的。从很多方面来讲，性是很重要的，也是令人兴奋的，因此它能够强化那些反常的、荒谬的和诙谐的语言，这些语言可以让我们不带羞耻感地狂笑。

另一个法语教授卡米耶·方坦（Camille Fontaine）说服我参加由美国法语教师联盟举办的全国年度比赛。美国东海岸赛区的比赛在巴纳德学院举办，那是我第一次也是唯一一次跨进我们姐妹学校的大门，也是第一次和唯一一次在教室里看到女生。事实上，在这种场合，大多数参赛者都是女生。比赛分为写作和翻译两部分。我不记得法语作文题目是什么了，但我绝不会忘记那段翻译文字，因为我在翻译头几个单词的时候就犯了错，它选自欧内斯特·勒南[③]著名的“在卫城上的祷告”（Prayer on the Acropolis）。然而，出乎我意料的是，我在翻译环节获得了第三名，而在写作环节赢得了优秀奖。

方坦教授说，他很为我自豪。过了一段时间，奖品发下来了，是两本很难

① James Huneker，美国艺术、书籍、音乐和戏剧评论家。——译者注

② Toulouse-Lautrec，法国贵族、后印象派画家、近代海报设计与石版画艺术先驱，被人称作“蒙马特之魂”。——译者注

③ Ernest Renan，19 世纪法国研究中东古代语言文明的专家、哲学家、作家。他以有关早期基督教及其政治理论的历史著作而闻名。——译者注

用语言描述的法语书，用次等的皮革作封面，但书名刻得不错。方坦教授在我们的法语课上得体地表扬了我，然后把奖品送到了我手上，而我则装出很高兴的样子接受了奖品。课后，方坦教授示意我留下来。他从他桌子的一个抽屉里拿出了一支非常漂亮的钢笔，面带尴尬地说，两本书完全不足以奖励我所付出的巨大努力，他从学生那里收到过很多钢笔，完全用不了这么多，于是想问我是否愿意拿走一支作为他个人对我的小小奖励。他的周到考虑感动了我，但我担心我很快就会把这支宝贵的钢笔弄丢，因为我的大多数小物件都被我搞丢了。

我在大学读了很多德语文学作品，事实上，我成了这方面的准专家。我报选了威廉·艾迪生（William Addison）教授的课，研讨歌德、席勒和莱辛的作品，最后我在这门课上获得了史无前例的 A+ 成绩。我的结课论文比较了歌德与欧里庇得斯各自所写的《在陶里斯的伊菲革涅亚》（*Iphigenia at Tauris*）。我还上了弗雷德里克·霍伊泽尔（Frederick Heuser）对黑贝尔[①]、克莱斯特[②]和弗朗茨·格里帕泽[③]的研讨课。1915 年毕业后，我曾拜访过他。他告诉我讲授这门课有多困难，因为当时德国闭关锁国，很难引进这三位作家的作品。于是，我把我拥有的黑贝尔和莱辛的所有书籍都捐给了学校图书馆。然而，这么做并不意味着我一点都不心疼，毕竟这些书都是我的奖品。

不过最终我还是失去了对德语文学的兴趣。在第一次世界大战打响之前，我非常欣赏德国精神。它对实用的科学与诗意的情感的结合，让我产生了不成熟的判断，导致我忽视了或者说饶恕了它的粗暴、它对权力的谄媚以及它对底层民众的欺凌。但在 1914 年至 1918 年之间，我极度厌恶德国的“大众心理学”，于是我几乎完全舍弃了这门语言以及与它有关的文学，而后者曾是我最感兴趣的领域。从某种模糊的意义上讲，我也许在费希特[④]极不合逻辑的著作以及在《学生

① 德国剧作家、诗人。其作品擅长处理复杂的心理问题，代表作有《吉格斯和他的指环》，也是德国 19 世纪最伟大的悲剧作家。——译者注

② 18 世纪德国诗人、戏剧家、小说家。——译者注

③ Franz Grillparzer，19 世纪奥地利剧作家、诗人。——译者注

④ 18 世纪德国作家、哲学家、爱国主义者，试图唤醒德意志人民要求国家统一。——译者注

王子》(*The Student Prince*)[①]中甜蜜的海德堡酒店之恋的背后，觉察到了希特勒及其集中营的阴影。

我的拉丁语又学得如何呢？正是因为它是我成绩最好的科目之一，所以我决定不在哥伦比亚大学继续学它。我明明可以在家用闲暇时间自学，为什么还要选课去研讨贺拉斯、卡图卢斯、卢克莱修、塔西佗等人的作品呢？我的确抽出时间阅读了这几位以及其他作家的作品。事实上，贺拉斯还成了我十分要好的朋友。不在大学选修拉丁语的决定产生了一个相当荒唐的结果：我没法拿到文学学士学位，因为在那个年代学生必须在大学上拉丁语课才能获得该学位。因此，我最后拿的是科学学士学位，奇怪的是，我没上过一门与科学有关的课。我在高中学的那点物理和化学就可以满足科学学士的要求，而大学数学则是被科学类专业广泛接受的学科。当我碰到凯佩尔教务长时，他责备我破坏了大学固有的传统。“到目前为止，”他说道，“我们学校有种说法，关于哥伦比亚大学的科学学士学位只有一个特点是确定的，那就是获得者都不懂拉丁文。但因为你，这一特点已不复存在。”

因为数学是我的专业课，我上了很多与之有关的课程。给我留下最深印象的是赫伯特·E. 霍克斯（Herbert E. Hawkes）教授，他在凯佩尔被任命为战时副秘书长之后，成了学校的教务长。我向数学研讨会提交了两篇论文，没有一篇在学术上有重大突破。而第一篇还花了我一些钱，它与几何公理有关。老师告诉我们，公理是自明的，而且无法证明。我把自己想象成小笛卡儿，认为自己对某个公理提出了一个严格的证明，那个公理就是“两点之间直线最短”。我的证明给霍克斯教授留下了较深的印象，他让我在研讨会上演示我的证明。我是后来才知道欧几里得本人是如何看待这一公理的。在大学图书馆里保存的含有大量注释的

① 美籍匈牙利作曲家西格蒙德·龙伯格（Sigmund Romberg，1887—1951）于1924年创作的一部德国风的音乐剧，该剧于1924年12月2日在纽约的乔尔森剧院首演。故事讲述了德国王子卡尔·弗兰兹厌恶刻板的宫廷生活，于是到海德堡去留学。王子在海德堡的“黄金苹果”酒店遇到了服务员嘉茜，由此上演了王子与灰姑娘般的爱情故事。但后来国王病重，王子必须在回宫继位与爱情之间做出选择，最终王子选择了继位，并娶了另外一位公主。——译者注

欧几里得著作中，我发现，后世数学家对这一公理给出的附注为该公理提供了4种不同的证明。所以，一直梦想着年少成名的我又失去了一个机会。不过，我还是得到了一点安慰：我的证明不同于书中的其他4种证明，霍克斯觉得值得向其他同学展示它。

图书馆特许我查阅珍贵的欧几里得《几何原本》的第一册。我向图书馆工作人员展示了我的论文，认真演示了我给出的证明，然后就带着这本书回家了。但我把它遗失在了地铁上，再也没能找回。图书馆让我缴15美元赔偿金，由于这一金额比该书的实际价值低了不少，所以只能算是象征性惩罚，但图书馆却不可挽回地失去了它。这笔费用对我而言绝对算是重大经济损失，“通往荣耀的路没能让我富有，却让我变得贫穷”，我悲伤地喃喃自语道。

我还对哲学很感兴趣。我上了所有大一新生必上的一年期课程：“形式逻辑”。后来，我报了弗雷德里克·A. 伍德布里奇（Frederick A.Woodbridge）的哲学史课。伍德布里奇会每周给大班授课1小时，我们会被分成几个测验小组，由助教协助完成。伍德布里奇是一个很棒的讲师，学生们都听得非常专注。至今我仍能记得在讲康德的开头部分，他说出了类似下面的话：

> 伊曼努尔·康德是最伟大的哲学家之一，他对后世哲学家的影响比任何一个人都更大。但有时候，我希望他从来没来过这世上。

有一次，伍德布里奇用引文作为他讲课的开场白，而这段引文让我深为震撼。他讲的主题是笛卡儿，尤其讲到了他著名的二元论，即将人的心智和身体区分为两个不同的世界。然后，他说道：“在为你们准备关于笛卡儿的课件时，我发现我脑海中马上就浮现出了一段关于二元论的话，它是你们中有位同学曾在他的论文中说过的话：‘笛卡儿的二元区分使得没有一个人是完整的。’”

关于英语课，我上了布兰德·马修斯（Brander Matthews）著名的小说课，那时他辉煌的教学生涯已接近尾声。哥伦比亚大学为了永久纪念他，将礼堂命名为“布兰德·马修斯”。他有着一张令人难忘的狮子般的脸，脸上留着漂亮的络腮胡子。我还上过一位非常受欢迎的老师、作家兼音乐家约翰·厄斯金（John Erskine）的课，他写过一本书——《特洛伊海伦的私生活》（*The Private Life of Helen of Troy*），后来又成了茱莉亚音乐学院的院长。厄斯金曾经表扬过我在一篇关于《呼啸山庄》的评论文章中提出的洞见。我在论文中指出，小说里之所以能出现可怕而又令人印象深刻的暴力场景，其中一个原因在于小说里有一种奇怪的在英国并不存在的情况，那就是整部作品竟然没有警察或其他法务人员出现。厄斯金告诉我，我的观点对这部杰作的研究做出了一个新的重要贡献。

我还受教于卡尔·范多伦（Carl Van Doren），他也是一位很棒的教授和作家。我向他展示了我最早写的一些爱情短诗，这些诗就像成年后要刮胡须一样，不可避免地进入了我的生活。他颇有耐心地修改了一些句子，而这些句子的确很需要用他的技巧来打磨。在我毕业后，1914 年的暑假，范多伦被任命为布里尔利学院的院长，那是一所专门招收女生的最好的预科学院之一。他向我发出了邀请，问我是否愿意考虑加入他的团队，成为英语老师。那里有愉快的氛围、不错的薪水、很多的晋升机会。我考虑了这一邀请，但最终拒绝了，原因在于我觉得我无法胜任。从那以后，有好几次我都设想过一些恶作剧的场景：一个腼腆的 20 岁小伙子向一群与自己年龄相仿的精英女生讲授，或者学着去讲授英语，可能会发生些什么呢？ 1937 年，我再次见到了范多伦，他看上去老了很多。他的女儿和我的女儿一起从当时的林肯学院毕业。到了 1967 年的今天，当范多伦的一个侄子在一档电视问答节目上赢得了巨额奖金，然后又被揭发出是靠舞弊做到的时，我就再次想起了范多伦。所以，人们会在一个人的生活中出现，消失，又出现。

我在哥伦比亚大学最要好的良师益友，是一位在学校里没有多大名气的英语教授，他的名字叫阿尔杰农。他毕业于哈佛大学，后来对表演产生了兴趣，数年来一直追随着著名的朱莉娅·马洛[①]的巡演足迹。他写过很多剧本，但从未登上过商业舞台。我上的是阿尔杰农的口语课，学生要先阅读一段文章，清晰地

---

① Julia Marlowe，一位出生于英国的美国女演员和选举权主义者，因对莎士比亚戏剧的诠释而闻名。——译者注

解释它，然后进行理性的讨论。第二年，我还上过他的另一门被称为“每日主题”的课程。每个教学日，无论刮风下雨，我们都要提交一篇一页纸的作文，而题目是前一天公布的。这是一种很磨人的作业，但它的确教会了我们如何用英语写作。

阿尔杰农通常很喜欢我写作的主题。大约在期中的时候，他要求我们写一系列的一页纸人物介绍。我写的都是我很熟悉的人：我的母亲、两个哥哥、堂哥路易斯以及我那时的女友阿尔达。有一天，他把我叫到他办公室，问了我一个严肃的问题：“这些人物介绍都是你自己写的吗？”我带着诧异的神情回答：“当然。”“如果真是这样的话，”他说，“我必须告诉你，你有极大的天赋。我还从来没遇到过有人能在你这个年龄用如此准确、简洁的语言表达出如此多的洞见。”这是一件值得我反复回味的事情。然而，在写出那些短文之后，我再也没能提高在人物描写方面的技巧。在随后的岁月里，阿尔杰农一直与我保持着很好的私交，甚至后来不论经济萧条还是繁荣，我们都还在金钱方面产生过交集。

我大学生涯的巅峰时刻出现在“英语－历史－哲学研讨会”上。研讨会每两周一次，由一小群优秀学生聚在一起，在厄斯金、伍德布里奇和著名历史学家詹姆斯·哈威·鲁滨孙（James Harvey Robinson）的指导下，探讨某个主题。那可真是能带来启发的研讨会啊。

在哥伦比亚大学，我没有交上很多好友。这究竟是因为我太忙于学习和打工，还是因为我忙于谈恋爱，才没有结交到同窗好友？毫无疑问是后者。而同样的原因也对我此后多年的生活带来了伤害。这倒不是说我没有能力结识朋友，事实上，这也许是件太简单不过的事情。在哥伦比亚大学，有一群朋友的确盛情邀请我参加最大的犹太教兄弟会，但我拒绝了，理由是我既没有时间参加，也没有能力支付与活动相关的经费。实际上我完全可以挤出时间，也可以借钱。

令我后悔不已的“贪污”经历

从 1911 年 9 月至 1914 年 6 月的大学期间，我做了很多种工作。因为我的两个哥哥已经开始赚钱补贴家用，我至少能做的就是赚钱支付我个人的生活开销。大一那年，我在靠近鲍厄里街和中国城的罗公园（Park Row）的电影院当收银员，工作时间为每个工作日的下午 5 点到晚上 10 点 30 分，外加每隔一个周日上 12 小时的班。我的薪水是每周 6 美元，其中有 60 美分要用于通勤。这是我在电影院的第二份工作，第一份是 1910 年夏天在前景剧院（Prospect Theatre）的杂技厅当引导员。

既然我试图让这本回忆录做到绝对真实，我就必须要讲述一些令我回想起来多少有些痛苦的事情。它们与贪污有关。在我漫长的商业生涯中，我赢得了谨慎诚实的声誉，我最满意的一点是，这一声誉的获得完全是靠我自己挣出来的。我只在三个场合偏离了绝对正直的轨道。当我还是个年纪很小的男孩时，严格的法国管家会分发甜食给我们，但我想吃得更多。每当在那个时候，我就会从母亲的钱包里偷 1 美分，用它去自动售货机买糖果。有一天，有枚闪着金光的硬币无法被售货机识别，我很困惑地把它带回了家。结果发现，那是一枚价值 5 美元的金币。在 1900 年，钱包里放着金币并不是一件奇怪的事情。母亲正因为丢失了金币正在生气，后来发现它回到了钱包里。我偷了 5 美元而不是 1 美分，一想到这个事实，我就后怕不已，后来我再没偷过哪怕 1 分钱。

然后，就是某一次在前景剧院，我接受了小小的贿赂，给了观众更好的位置，而他们买的门票不应该得到这样的位置。这虽是件小事，但它一直让我感到烦心。我还发现了一种方法，可以用 10 张票放进来 11 个人，在手头吃紧的几周，我曾用过这种方法来“贪污”一些钱。对此我深感不安，很快就不再这么做了。

最后一个是我在商业生涯中的唯一一次不端行为，对此我在道德上深感后悔。我的投资公司对一家公司感兴趣，这家公司有一块地因为修路被州政府占用了，我们有权向政府索取合理的赔偿。当时的州政府是由政党操控的，有人告诉我们说，要想快速而又满意地解决我们的问题，我们有必要花不菲的费用聘请右翼律师团。在那种情况下，我们像大多数公司一样采纳了这一建议。随后，我的合伙人，也是该律师团中的成员，作为促成合作的中间人收取了部分款项。由于我们公司的章程上写有分红条款，他把他收到的钱分了一半给我。我不应该接受这笔钱，但我还是接受了，为此我后悔了一辈子。

我自身的弱点使我在对待亲属、朋友、事业合伙人或员工的贪污行为时采取了宽容态度。我总是不赞同贪污，但我在对待贪污者的时候从来不会把自己放在一个更清白的位置上。正如经常发生的那样，如果他们的贪腐行为是受到了巨大经济压力而造成的话，我更倾向于同情而不是责备他们。然而，我会鄙视那些富有却仍旧贪婪、恣意妄为、习惯性地做不诚实的事情的人，以及鄙视那些滥用职权的人，而这些职权本来是受到人们信任和尊重的。比如，在我眼里，吉米·沃克（Jimmy Walker）在1925年至1932年担任纽约市市长期间的所作所为就是不光彩的。他下台后，竟然还受到广泛欢迎，他死后，竟然还有人给他立碑塑像，这真让我对我的同胞们深感失望。

初入美国快递公司工作

大学第一年的尾声，6月初，一个朋友经过剧院，找我聊了会儿天。他刚刚开始做一份很不错的工作，每个月的薪水是40美元，不用加班，如果上夜班，每个月的薪水是50美元。他们需要更多的大学生，朋友认为他可以帮我得到这份工作。我当然感兴趣。经过简单的面试后，我签了夜班合同，从下午4点工作到晚上12点，每周工作6天。我的雇主是美国快递公司（U. S. Express Company），我的老板叫M. A.菲舍尔（M. A. Fisher），他是一个效率方面的专家。

这份工作标志着我职业发展中的一个重要阶段。州际商业委员会用了一种名叫“街区制”的新方法为全国范围内的快递费率制订了全新的基准，以取代原先复杂的站到站费率。很多快递公司抗议，声称新的计费系统会毁掉公司。为了支持自己的看法，他们准备了一张精心制作的单据，表明应用新的费率寄送一个邮件时，他们需要花整整一天时间才能把单据的所有信息处理完毕，因此证明了新方法会大幅降低他们的收入。

亚当斯、运通、南方和富国这 4 家大型快递公司都以传统的手工方式来处理单据，但菲舍尔先生向美国快递公司推荐了一种新的打孔卡法，或者叫霍尔瑞斯法[①]，从而实现对复杂数据进行快速分拣和制表。霍尔瑞斯机是从一家名气不大的小公司租来的，公司名叫“计算 – 制表 – 记录公司”（Computing-Tabulating-Recording Corporation）。据说，它的股票一文不值，不过要是上了市，它也许能值 300 万美元。我完全没想到，有一天我会在股市上看到这家公司，它的名字改成了 IBM，在纽约证券交易所的市值高达几十亿美元。

美国快递公司的打孔卡项目设在华盛顿街 76 号租来的房间里。我们所有员工都要接受培训，学会在卡片的旧数据上打孔，然后将卡片送进分拣机，让卡片能够重新记录新的费率和收入，接着再把卡片送进制表机，获取各种合计数据。这些流程中还存在很多复杂因素，比如，州际与州内的邮递数据就有所不同。

尽管现实中的身体劳作是相当枯燥的，但我还是发现我们的工作有很多有趣的地方。我的一个同事，也是我哥伦比亚大学的同学，一个名叫卢·伯恩斯坦（Lou Bernstein）的精力充沛的家伙，也对这个项目很感兴趣。我们一起与菲舍尔先生讨论这次工作，菲舍尔先生非常高兴我们能对他的想法感兴趣，他邀请我们周日下午去他家进行详细讨论。这场交流将给我们彼此都带来意想不到的结果。

时间来到 1912 年 9 月，我开始了在哥伦比亚大学第二年的学业。同时继续

---

① 打孔卡又称穿孔卡、霍尔瑞斯式卡（Herman Hollerith）或 IBM 卡，是一块纸板，在预先知道的位置利用打洞与不打洞来表示数字消息，如今已是一种过时的存储器。19 世纪 80 年代，美国人口普查局职员霍尔瑞斯发明了用于人口普查数据的穿孔卡片及机器，并用于 1890 年美国人口普查，仅 6 周就完成了统计。而此前 1880 年美国人口普查的数据全靠手工处理，历时 7 年才得出最终结果。后来，霍尔瑞斯创建的公司发展为今日的 IBM。——译者注

在美国快递公司工作，从每天下午 4 点干到午夜 12 点，每周还要上大约 21 小时的课程，外加完成课堂作业。伯恩斯坦也换成了夜班，我们开始并肩工作。有一天晚上，我们听到了一个令人惊讶的传闻：在与公司首席审计师就其助手违反公司规定一事发生争吵后，菲舍尔辞职了。我们很想知道，这个相当专业的项目接下来该如何运转。没过多久，审计师泰特先生来到了我们的工作室，他身上一如既往地散发着酒味。他要求见一见伯恩斯坦和我，于是我们就来到了他面前。他告诉我们，他听说我俩非常了解这个项目，问我们情况是否属实。我们没有过分谦虚，给了他肯定回答。之后他邀请我们下夜班后去他的办公室谈谈。

在泰特的办公室里，我们进行了一场令人兴奋的简短对话。你们是否认为你们可以接替菲舍尔的位置来主持这项工作？是的。你们是否能够立即拿出一张完整的涉及流程每个步骤的框架图，比如明晚就能搞定？是的。你，本杰明・格罗斯鲍姆，能否休学一段时间接管白班，并且承担主要的管理职责？我回复说，这件事我要与教务长凯佩尔协商，而且我还提到，相应的薪水要给足。我们商定第二天晚上 10 点再到他的办公室碰面，就完稿的框架图、教务长对我休学的决定以及我的薪水要求进行讨论。

第二天过得就像是做了美梦一般。当我把这件事告诉凯佩尔教务长时，他很高兴，因为他很早就支持大学生经商，我这算是投其所好了。“本，我完全支持你休学，但你必须做好学业上的准备，要通过期末考试，我可是要关注你的成绩的。”所以，休学的障碍很轻松就排除了。然后，我们开始制作框架图。我们做了一张大块的卡纸板，上面画着平行线，每一个步骤都是路易斯堂哥用工整的字体写出来的。天晓得，要是路易斯堂哥也像我一样字迹潦草，那该有多糟糕。在图表最下方，我们写了一句话，并用双下划线加以强调：“为确保准确，所有步骤都已经过再三核对。”

刚到 10 点，我们就带着框架图出现在泰特的办公室里。他只是瞟了一眼框架图，并没有仔细看，因为他本来就不想了解这个项目的细节。但我们简明而有序的步骤设计还是给他留下了深刻印象，尤其是最后那一行关于再三核对的文字。他的表情似乎放松了一些，很有可能他自己的本职工作都还没能搞定。他重复了前一天晚上的那些问题，我们给予了明确的答复。然后他问我："如果负责这份工作，你想拿多少薪水？"我坚定地看着他的眼睛，说道："你得付我双倍工资，先生。""成交。"他爽快地说道。我意识到，我提出的每月 100 美元的薪酬显然过低了，但为时已晚。伯恩斯坦的薪水提高了 50%，每月的薪水涨到了 75 美元，不过，他不用休学。

当这些事情都谈妥后，泰特似乎显得更放松了。事实上，他对我们充满了感激之情。他一把搂住我的肩膀说："本，我永远不会忘记你为我做的一切，不要为任何事情担忧，我个人向你承诺，当你返回学校时，你赚的钱足以让你读完大学。"正当我们要离开时，他问道："告诉我，本，你多大了？"我不想在他面前坦陈我刚满 18 岁的事实，所以我撒了谎，这对我而言是很罕见的，无论在当时还是以后。我说："我 19 岁，即将满 20 岁。"他摇了摇头嘀咕着我年纪轻轻就拿到了高薪。然而，他的感激只有 5 分钟热度，而且披着虚伪的薄外衣。

在我正式接手这份工作之前，我跟菲舍尔先生说过这事吗？我不记得了，但我们的确在后来见过一次，谈到了一个他无法解决的问题。他对我们仍然极为友好，但我们并不了解他的真实想法。

我在这一要职上干了四个半月。尽管我和伯恩斯坦熟知各种技术问题，但我还是怀疑我们的工作是否极大地提升了效率。我的确因为发明了为邮件打孔和分成子块的新方法受到过表扬，而这种方法是以前的卡片设计没有用过的。但作为一群员工的管理者，我们的确缺乏这方面的经验和才干。就在我们接手后的第二天，两副新面孔就出现在我们面前。他们都是聪明人，从事会计工作，一个叫格雷纳，一个叫瑞安。他们被分派来学习整个项目，做好接替我们的准备。对于泰特而言，这是最明智的做法，尽管我和伯恩斯坦对此都相当厌恶。

接下来发生了一件不可思议的事情。为了回应公司副主席塞雷诺·普拉特（Sereno Platt）对我们处理效率的不满，泰特让我们开始三班倒，而我必须一天上两个班，不仅要从早上 8 点上到下午 4 点，还要再从午夜 12 点上到早上 8 点。这意味着我一天只有 8 个小时的时间用于吃饭、睡觉和娱乐。不过，我毕竟年轻，还能扛一扛。但我还是面临一个问题：每天要赶回布朗克斯睡觉太耽误时间。因此，我在以史密斯公司和麦克尼尔公司[①] 闻名的科特兰街的一家古老而有名的酒店里租了一个房间用来睡觉。

下午 4 点上完白班后，我会去吃个便餐，大约 5 点上床，让酒店客服在晚上 11 点 30 分叫醒我。然后，在漆黑一片中，新的一个工作日又开始了。我每天总计要工作 16 个小时，其间只有两次各 40 分钟的休息时间。如果加班的话，按公司规定，会给我 1.5 倍的时薪。以我头半个月拿到的薪水推算，我一个月能拿 250 美元，而这在 1914 年以前算是相当高的薪水了。这也让泰特感到头疼。他说，这会让那些比我挣得少的重要员工产生不满，因此他希望我第二班时仍按常规薪水计薪，我同意了。但这一安排只维持了两个星期。夜班工人的工作效率很低，也有可能是我自己没监督好，我们的辛勤劳动被犯下的错误抹杀了。于是，之前的安排很快宣告结束，我又回到了每月挣 100 美元的工作状态，过上了正常的生活。母亲为此感到很高兴。

随着工作的推进，格雷纳和瑞安团队开始索要越来越多的权力。到了最后，他们接管了整个项目，而我和伯恩斯坦只限于跟踪某些操作，偶尔对某些技术问题提出建议。到了 1 月底，整个项目宣告结束，只剩下最后几个人做收尾工作。我如期收到了最后一笔工资，以及公司相当冷淡的告别。然而，关于我与美国快递公司的关系，后面还有更多故事要讲。

在我工作的最后一个月，我有充分的时间准备返校事宜。我还记得凯佩尔教务长的话，决定参加最近几门课程的期末考试，分别是英语、法语、德语和数学。在休学之前，我开始学习初级经济学，但上了几周课后，这一“乏味的科学”没能激起我的兴趣，因此我决定返校后不再上这门课。结果，我一辈子的职

① 史密斯公司最早以生产打印机闻名，后来转型生产打印机耗材。麦克尼尔公司是著名的保险公司。——译者注

业生涯都与经济学的一个分支“金融学”有关，而且还在该领域成了更著名的两所高校的教授。

另一个财务灾难突然发生在了我们家。莱昂在沃纳梅克百货公司做瓷器销售员，他一直为自己能否升职感到焦虑。后来，他被电影业的快速发展前景所吸引，想要买下位于长岛牙买加村的一个小剧院，价格是 1 500 美元。母亲向她住在华沙的富豪姐姐借了 1 000 美元，我也把我在美国快递公司打工存的钱拿了出来。由于年轻，又完全没有经商经验，莱昂的事业很快就失败了。两个月的时间，所有的钱都打了水漂儿。

现在，我既没有存款，也没有工作。我立即写信给泰特，告诉他我的窘况，想起他承诺过我，能让我读完大学。于是，我向他申请一份兼职工作。他的秘书回复说，由于公司政策不允许招聘兼职员工，泰特先生也无能为力，并对此感到遗憾。这真是一个痛苦的教训，我再也不会相信任何人随口说出的会帮助我的承诺。我四处寻找工作，但一无所获。最终，在绝望之下，我接受了一份上门销售打折照片优惠券的工作。没有什么工作比这更令人羞耻和心碎了。我要鼓足极大的勇气才能按响门铃，才能面对衣冠不整的妇人那疲惫或难看的脸色，才能进行徒劳的巧舌如簧的推销，才能忍受无数次话还没说完就被人当面把门关上的遭遇，才能接受努力了一整个下午却无功而返的结果。然而，我还是远不具备这样的勇气。

我记得有一天无功而返后，我一头倒在床上，眼泪夺眶而出，这种事情对我而言可不太多见。母亲悄悄走进来，用胳膊抱住我，说她相信情况很快就会好转。她的安慰帮助我重新振作了起来。我又想起了泰特失信于我这件事，于是我直接给当时已经是美国快递公司执行主席的普拉特先生写了封信，用我能想到的最贴切、最中肯的语句把我的遭遇告诉了他。这一举动收到了成效。普拉特先生回复我说，考虑到我的特殊情况，他破例让我做兼职运货单核对员，每月薪水 25 美元，到了暑假，我还可以做全职。我感觉我的人生又有了希望。

工作是相当枯燥的，但我很快找到了对抗无聊的方法，那就是写十四行诗。我希望每天写一首不同的诗，在早上完成初稿，然后用整个下午慢慢打磨。这些诗大多是情诗，而激发我创作灵感的是我那个时期的“劳拉”[①]，也就是我的女友阿尔达。这些诗后来都找不到了，但有一句诗给我留下了深刻印象，因为当时我一写出它就觉得相当得意。这句诗是：“希望写就了希望的墓志铭。”

有一天，我正忙于处理手头的运货单以及思索诗歌的格律，我工作的大房间突然响起了喧哗声。公司的一群领导走了进来，其中有一个我们都不认识的个子矮小、神情严肃的人。很快，消息就传开了：他是罗伯茨先生，新近当选的公司总裁。董事会决定清算公司，他上任就是来完成这项任务的。我看见他盯着一长排的痰盂，而它们对于要蘸口水清点单据的会计而言是必不可少的东西。此外，几乎所有行政人员都在嚼烟草。“恶心。”我听见他说。第二天命令就下来了：不准再嚼烟草，不准再用痰盂。罗伯茨先生真是对员工管理下了重拳啊！

摇身一变成为美国快递公司的股东

罗伯茨先生当选总裁三年后，公司正式进入清算程序。那时我已经毕业了，在一家得到纽约证券交易所批准的证券经纪公司工作。我的老板对我说：“本，我知道美国快递公司还拥有价值10万美元的利哈伊谷铁路公司永续债券，票面利率是6%。你去见见他们公司的主席，问问他愿意出多少钱卖。”以这种新的身份与罗伯茨打交道满足了我的虚荣心。我戴上帽子，很快就来到他的办公室，享受着他对一个华尔街经纪公司访客的热心招待。当我谈到利哈伊谷债券时，他说他愿意卖掉它们，但需要我报个价。这可真是令我汗颜！我匆匆出发，忽略了一个基本细节，我忘了在离开前查看一下债券的市场价格。我含糊地说了一些莫名其妙的话，诸如需要由我们的费城办公室做一番专门的市场调查之类的话，然后就忐忑不安地离开了。我不记得我们最终是否从罗伯茨那里买下了债券，但从那

① 劳拉是文艺复兴时期人文主义三杰之一彼特拉克暗恋的对象，在20多年时间里，他为她创作了300多首十四行抒情诗，这些诗成为欧洲文学史上的一个高峰。——译者注

天起，我的确意识到，我再也不会在没有充分准备的情况下就去进行商业拜访。

7年后，我再次见到了罗伯茨先生，那时我已经创业了，主要购买价值被低估的证券，尤其是那些处于清算中的公司的证券，它们的实际价值比市场价格要高得多。美国快递公司的股票正好符合这一条件，它迟迟没能完成清算，但这也似乎提供了一个获取安全回报的机会。于是，我成了这家公司的一个大股东。而在1913年，我还是该公司一个低职位的运货单审核员。这变化可真是太大了。我拜访了罗伯茨先生，问了下一次分派现金股息的时间和金额，因为我觉得时间应该临近了。罗伯茨先生的性情有了巨大的改变，现在回想起来，那时的他已经是一个枯瘦的老头。罗伯茨先生一直在滔滔不绝地向我讲述，他在几年前是如何以350万美元现金的价格卖掉了位于雷克托2号街的美国快递公司大楼的。他还透露了一些细节，比如，当支票从一个人手里递到另一个人手里时，谁坐在这张椅子上，谁坐在那张椅子上。这位喋喋不休的高龄老人还是那个有点“暴君”作风的人吗？就像在1913年暑假的某一天阔步来到办公室，把我们吓得畏畏缩缩的那个人？在华尔街的职业生涯中，我曾见过很多人和机构所发生的变化，而我从中学到的一点是，公司的命运与掌管公司的人的命运有着巨大差异。两者都会变老，失去上升势头，但很多摇摇欲坠的公司能够获得新鲜血液，重新绽放光彩，而曾经的公司老板只会越来越老，通常难回当年之勇。

我另外还有一份工作，是给军队官员们的孩子当家教，这其中就包括了著名的伍德将军的一个儿子。他们一家住在总督岛。1920年，伍德在芝加哥获得了共和党总统候选人提名，并且在候选人中处于领先的位置。他只差很少的票数就能获得所需的多数选票，然而最终的选择和胜利还是属于大黑马沃伦·哈丁（Warren Harding）参议员。我曾经在他漂亮的书房里跟他见过面，对他的举止和谈吐印象深刻。但不幸的是，他的孩子们远不如他们优秀的父亲和高贵的母亲。

我每周都要在南岸码头乘坐专属渡轮从曼哈顿前往总督岛，一周往返4次。军官和包括我在内的客人在上层甲板有相对舒适的座位，而征召的军人则坐在下层甲板的木凳上。有一天，我在上层甲板上觉得很寂寞，也很无聊，就走下楼梯，与两个军人聊了聊天。第二天，当我正在给米彻姆上校的孩子上课时，他来到书房，告诉我，他看到我跟轮渡下层甲板的军人聊天了，而这完全违反了相关规定，以后不能再这么做了。这就是 1913 年美国陆军铁一般的规矩。

我也做过一些不太成功的工作，其中一个我把它称为“衬衣板广告销售”。大学最后一年的某一天，哥伦比亚大学就业办公室让我与布克曼先生联系，他想在长方形的衬衣纸板上登广告，然后让洗衣店把纸板插进客户的衬衣里。在联系潜在的广告主之前，他必须签下足够多的洗衣店来使用他的纸板，他给洗衣店的优惠条件是每个纸板的价格从通常的 1.4 美元降到 1 美元。我要做的是说服尽可能多的当地洗衣店与我们签合同，每签 1 份，我能得到 15 美分。布克曼先生给了我一些样品，就是经常在有轨电车上看到的“箭牌”衬衣广告，一共有三种颜色，尺寸正好跟纸板一样，不需要裁剪。我尽职地告诉洗衣店老板，如果他们与我签合同，拿到的就会是类似这样的纸板，而且他们还能省一大笔钱。然而，布克曼先生最终做出来的纸板品质非常差，上面用黑色墨渍印着很丑的本地小广告。

我说服了很多我拜访过的洗衣店老板签了合同，也许是因为我的真诚和热情，也许是因为他们觉得签合同的时候不用付钱。但并非每个老板都能被我说服，我拜访的第三家洗衣店的老板漠然地听着我的长篇大论，很有兴趣地检视着纸板上的“箭牌”衬衣广告，又仔细研究了两页长的合同，然后把它还给了我，说道：“我们洗衣店不用衬衣板。”

没过多久，布克曼先生把我叫到他的办公室。因为我在签合同的工作上完成得非常好，他希望我承担更为重要的工作，也就是真正去赚钱。现在，我需要去寻找潜在的广告主，让他们在我们的衬衣板上打广告。我接触的第一个潜在客户是一家位于第 125 号街的规模相当大的零售商，老板叫布卢姆斯坦。我走进了负责广告业务的布卢姆斯坦的儿子的办公室，然而谈判并不顺利。在他直截了当地说出“不感兴趣”之后，我几乎没法再说下去，但我还是继续推销，他又重复道：“不感兴趣，出去。”正当我觉得我应该对此表示一下抗议时，他说：“是你自己出去呢，还是想让我把你扔出去？”我走出了办公室，热情一下子就熄灭了。随后我又拜访了名单上的其他几家潜在客户，但都无功而返。第二天，我这个失败的销售员向布克曼做了汇报。他冷静地接受了这一事实。显然，我还太年轻，没有能力做广告销售工作，不过我在跟洗衣店老板签合同方面还是做得很成功的。之后，我骑着自己的自行车回家了。

美妙又躁动的恋爱时光

接下来，我要谈谈感情方面的经历。虽然我在智力上是个早熟的人，但是我在对待女孩和爱情方面就显得比较迟钝。13 岁那年，当我读菲尔丁的《汤姆·琼斯》（*Tom Jones*）时，我偷听到我的法语家教康斯坦丝·弗莱什曼对我母亲说：“对本尼来说，那不是一本相当低俗的小说吗？”母亲很有信心地回复道：“哦，他理解不了那些低俗的东西。”当然，正是由于母亲在这方面的迟钝，才使得她认为她的儿子本杰明可以很快学会任何东西，但性爱除外。然而很显然，我跟其他年轻人一样，对性爱感到好奇，并且因为我读的书比其他孩子更多，所以我比他们更经常接触到这一主题。但我在这方面的真实经历的确不如其他男孩丰富。

首先，我不知道是先天遗传还是后天环境让我养成了一本正经的说话方式。我的伙伴们的粗俗语言总是让我觉得不舒服，要是我说了那样的话，我会立马抽自己嘴巴。终其一生，我的语言风格都很朴素。其次，我在女孩面前很害羞。我的学生生涯从来没跟女生在同一间教室上过课。在上大学之前，我与女孩的接触也只限于朦胧地爱慕过弗莱什曼，以及暗恋过一个名叫维奥莉特·加斯纳（Violet Gassner）的女孩。当然，这种不自然的情感关系不可能一直持续下去。推动我发生改变的是我年龄最大的哥哥莱昂，他有着与年轻女性相处的丰富经验。他很自信、很健谈，擅长引用浪漫诗歌。有时他会脚踏好几只船，甚至根本应付不过来，于是就很自然地把其中一位介绍给我。事实上，我成了莱昂与他的女友们相处时的谈资。在莱昂的描述里，我不仅是高智商的天才，也是高情商的天才。她们要求亲眼见见这位天才，莱昂欣然同意了。

经我表姐海伦介绍，我认识了一个名叫罗丝的女孩，但我还是不敢用胳膊搂她的腰，哪怕是当我们坐船漂过科尼岛上的耶尔德磨坊时也没敢这么做。罗丝后来嫁给了别人，但我还是写过一首让她印象深刻的幼稚情诗，这首诗可以在我的名叫“文字和诗歌”的活页册中找到。莱昂还带我见过一个漂亮女孩，她在布鲁克林的亚伯拉罕和斯特劳斯百货店卖留声机唱片。莱昂对我说过，他对歌剧非常着迷，而这一爱好足以俘获这位女孩的芳心。他会在唱片摊位度过周六的下午时光，免费听完几乎所有杰出歌剧的样本唱片，而不用掏钱购买。不过，这位迷人的年轻女孩还是被我那沉迷于歌剧的哥哥无情地晾在了一边。

认识这些女孩之后，我终于开始了一段正式的恋爱。莱昂逐渐喜欢上了住在布鲁克林巴斯海滩的西尔维娅・梅热（Sylvia Mazur）。当西尔维娅与一个叫阿曼德的男人订婚后，莱昂转而追求她的妹妹黑兹尔，那时黑兹尔只有16岁。黑兹尔是个无可挑剔的女孩，长得漂亮、头脑聪明、姿态优雅，还掌握了各种实用技能。她充满活力和抱负，还通过教邻居家孩子和某些成人跳舞和朗诵，赚了不少钱。她很有爱心、乐于助人。从各个方面来讲，她都很优秀。如果说她有什么缺点的话，那也要归咎于她身上有太多的优点，因此她总是认为自己完美无缺。

很快，莱昂就介绍我和黑兹尔认识了。此外，从布朗克斯到布鲁克林郊外的路程既遥远又无趣，莱昂带上我也好打发无聊的时光。某个周日，我跟着他到了一栋小木屋的会客厅。黑兹尔出来迎接我们，她的身材有点丰满，但令人赏心悦目，深棕色的头发搭在肩上，让她看起来就像长着一张娃娃脸。我发现我们彼此都很有好感，于是我开始频繁到黑兹尔家里做客，有时与莱昂一起，有时单独行动。这种两个人与同一个女孩约会的情况没能逃过堂哥路易斯的注意，他经常拿我们开玩笑。几个月后，黑兹尔开始忙着安排一场汇报演出，以展示她的年轻学生们的才艺和进步。为此，我构想了一个假面舞会，就像弥尔顿在《酒神之假面舞会》里描写的那样，名字就叫“童话假日”。黑兹尔负责安排曲目。舞会开场白是一个7岁女孩的诗歌朗诵：

在遥远的本森赫斯特[①]乡下，
在古老的巴斯海滩最深处，
有一片快乐的仙境之地……

为了搞好这场盛大的舞会，黑兹尔召集了她所有的仰慕者来帮忙，包括前任、现任，甚至未来的男友。他们组成了一个庞大的团队，有人当引导员，有人当售票员，有人负责场景变换。黑兹尔甚至把我另一个哥哥维克托都叫来帮忙了，因为她了解维克托作为业余舞台表演者的才华。那天晚上的高潮是二人合唱，瘦高的维克托与一个矮小的6岁男孩合唱了一首阿尔·乔尔森[②]的流行歌曲《当成年淑女的举止像个婴孩，我就会爱上她们——就是这样》。唱罢，全场掌声雷动。不知道堂哥路易斯是怎么被邀请来参加舞会的，但他对我们的表现有些冷嘲热讽。什么？我们三兄弟都迷上了一个小丫头？这可真是一个有辱格罗斯鲍姆家族的污点。不过很快，他也跟黑兹尔打成了一片。

19岁那年，我开始了一段更为专注的恋爱。通过伯恩斯坦的介绍，我结识了阿尔达。她不如黑兹尔漂亮，但有一张很有亲和力和乖巧的面孔。阿尔达在一家知识产权律所当打字员秘书，那些专业资料总是源源不断地从她桌上的打印机打出来，这份工作也开阔了她的眼界。我一直深深地惦念着阿尔达，内心也有一些懊恼。我们的爱情进展很快，每天工作结束后，我们都会在回家的高架轻轨站碰面。阿尔达家有个院子，里面有一张挂在树上的吊床，空间只容得下两个人。我记得在某个紫丁香花香弥漫的夜晚，我们坐在吊床上闲聊，我记得我还谈到了康德哲学。我感觉到她的手触碰到了我的脸颊，然后她似乎想把我的脸慢慢转过来面对她。我花了很长时间才明白，她想让我亲吻她，我认为哪怕最愚钝的人最后都能理解她的意思。

从那以后，我们真的相爱了。那是一段美妙而又令人烦躁的时光。我们每

① 布鲁克林西南部的一个居民区。——译者注

② Al Jolson，美国歌手，喜剧演员。在他的鼎盛时期，他被人称为“世界上最伟大的艺人”。——译者注

次见面，都会有想进一步发展的冲动，但这事从未发生过，因为那不是件高尚的事，而我俩都是很高尚的人。然而，在阿尔达家的吊床上我们还是会有些肢体接触，读者可能会想象其中的细节，但其实我们仍是处子身。至少，我对这些事情是感到羞耻的。我甚至会有些非理性地怨恨阿尔达，因为她对我的性吸引力实在太大了。

某个周日下午，一帮年轻人来阿尔达家聚会，阿尔达一直坐在我的大腿上。私下里，我很喜欢她这么做，但当着所有朋友的面，我觉得这很荒唐。她大声质问我："本，难道你不爱我吗？""我当然爱你，亲爱的。"我悄悄地回答她。"那你告诉我，你爱我胜过世上其他所有人，告诉在场的所有人。"她坚持道，带着近乎刺耳的声音。"是的，是的，阿尔达，我爱你胜过其他所有人。"

第二天晚上，我给阿尔达写了一封很理智的长信。我写道，我还在读大学，毕业后，可能会去法学院再读三年。如果我们不得不因此推迟结婚，直到我毕业参加工作后能维系家庭开支，我们会如何看待当前的爱情关系呢？但与此同时，我们彼此已经爱得越来越深，欲望太过强烈，我们却无望满足彼此。我又写道，你已完全融入了我的意识和血液，我已经无法专心应对我的大学学业了。经过深思熟虑后，我要宣布一个悲伤的决定：我们必须立即彻底结束我们的恋爱关系，最好不要再见面了。

站在现在的时间点，以今天的经验来看，我很难回想起我当时写这封信的原因是什么。那时我从来不认为，我和阿尔达只是因为性吸引就应该成为恋人。与一个高尚的女孩过快地发展，或者娶一个你还不能给予她足够生活保障的女孩，这么做就像是在行窃或者酗酒，对于一个体面而有抱负的年轻男人而言，这些事情是难以想象的。阿尔达给我回了信，接受了我的决定，她没有任何恶毒之言，并祝我未来幸福，一切顺利。

我与阿尔达以及后来与另一位不那么有趣的女孩的泛泛之交，为我年轻时的爱情核心篇章做好了铺垫，那就是我与黑兹尔结婚了，并且生育了5个孩子，我们一起经历了我的诸多成功与失败，并最终离婚。就在今天早上，我恰好读到了康拉德的《黑暗的心》，主人公马洛深刻的洞见一直盘旋在我的脑海[①]：人生的可笑之处在于，它用残酷的逻辑做出的神秘安排完全是漫无目的的。你能从人生中获得的最大期待就是多一些对自己的了解，而这通常来得太晚，从而产生了很多无法挽回的遗憾。我和黑兹尔几乎把一切都给予了彼此，然而我们还是缺乏对自己的必要认知，而事后证明这对我们的婚姻是致命的。

在波士顿的爱默生学院待了一年之后，黑兹尔回到了巴斯海滩，很快又与包括我在内的她的老朋友们打成了一片。通过仔细审视，黑兹尔逐渐意识到，我就是她想要的男人。一旦下定决心，黑兹尔就开始让我感受到了她对我的好感。做到这一切需要时间和技巧。她没有像阿尔达那样在公共场合做出让我觉得尴尬的亲密举动，也没有让我在私下里向她示爱。对我俩而言，最好的方式就是顺其自然，水到渠成。

初入华尔街

1914 年春天，我从哥伦比亚大学毕业，准备开启我的职业生涯，尽管 1914 年的夏天很难说是一个很好的招聘季。第一次世界大战开始了，纽约证券交易所大门紧闭，但我还是在华尔街找到了一份工作。我每周只能赚 10 美元，但我可以通过给总督岛上军官的儿子们补课，以及在夜校教外国人英语赚些额外收入。而在总督岛上课算是我最早的教学经历，我使用了古安教学法，这种方法是将肢体动作与单词的含义相结合。比如，在第一节课上，老师会吟诵“我打开那扇窗户”，同时会起身去把窗户打开。学生们一个接一个地重复老师的句子，通常他们的发音会不太标准，同时，他们会走到窗前，打开窗户，让一阵冷空气吹进来。这种方法比《尼古拉斯·尼克贝》(*Nicholas Nickleby*)[②] 中的多西男孩学院采用的方法更好一些。如果我没记错，学院院长沃克福德·斯奎尔斯（Wackford

① 《黑暗的心》是英国作家康拉德最负盛誉的小说，马洛是小说中的主人公。——译者注

② 英国著名小说家狄更斯的小说。——译者注

Squeers）是以如下方式教授拼写的：“Winder——w-i-n-d-e-r-。约翰逊，你今天下午打扫教室的窗户，否则我会收拾你。”①

1914年，我们享受到了意外的奢华体验，搬到了一个名叫“亨特高级公寓”的地方，那是一栋相当别致的公寓大楼。这种童话般的经历是如何降临到我们头上的呢？很简单。事实是，有套5间卧室的公寓没人租，每个月的租金只有45美元，仅比我们在凯利街租的房子贵10美元。我的三份工作每周可以挣28美元，加上我两个哥哥的收入，足以支付这套公寓的租金。可以想象格罗斯鲍姆一家住进这个巨大而奢华的“宫殿”时有多么自豪，大楼大堂有透光的华盖，有衣着讲究的看门人，有多部电梯，还有5个极为漂亮的网球场。那是我们家历史上光辉的一天。我们以往再怎么厌倦奢华体验，都无法掩盖我们对奢华新公寓的喜爱之情，我们得意的内心也不会觉得，所有这些奢侈之物在我们眼里是不值一提的。

我收到了来自哥伦比亚大学法学院的官方通知邮件，得知我已经获得奖学金，我必须在一周内答复是否接受它。这是个好消息，但它却让我陷入了困惑。我应该像我一直期待的那样进入职场吗？我可以不用花多少违约金就能放弃华尔街的工作，但我不知道，如果没有工作收入，我的生活会变成什么样子。而且我要再等三年才能开启真正的生活，相应地我也要三年后再考虑婚姻这件事。我与黑兹尔商量。她委婉地表达了她的看法，再读三年书对我俩而言都是一段很漫长的时光，何况，以我这么强的能力，如果我坚持把现在的工作干下去……她没有告诉我该如何选择，但我已经知道她想要什么，毕竟，这也是我想要的。我给法学院写了回信，拒绝了奖学金，同时深表感激。我还另外写了封信，把我的决定告诉了凯佩尔教务长，但我没有在信中提到黑兹尔。他在回信中表示支持我的决定，还说随着交易所的关闭，很多不学无术的人无疑会失去华尔街的工作，更好的机会将留给我这样的优秀人才。

① 作者想表达的意思是，小说中学院院长没有把“window”（窗户）这个单词拼对，而是拼成了“Winder”。——译者注

与黑兹尔结婚

我和黑兹尔很快就订了婚，我不记得具体是哪一天了，但我还记得当时的场景。我前往剧院接她回家，我们在 BMT 百老汇干线的某一站等了很长时间才换乘到前往本森赫斯特的班车。我首先告诉她我有多么在乎她。她说，她也非常在乎我，而且决心坚定地等着我求婚。我们一方面非常开心，另一方面又郑重其事。黑兹尔警告我，我们的共同誓言仍须对所有人绝对保密，因为她的母亲和叔叔马克斯一定会对这件事感到很震惊，他们眼中宝贝的黑兹尔竟然与一个刚大学毕业的小伙子私订终身。不过，她那长得像波普·米勒[①]的父亲倒不在意这些。黑兹尔向我保证，她能处理好由此引发的所有问题，而我也相信她能做到。

我们订婚的秘密大约保守了一年半，直到 1916 年夏天。推迟公布消息让黑兹尔牺牲了自己的真性情，也耗费了大量时间去应付很多追求她的爱慕者，其中包括一个热烈的追求者，一个名叫凯赛多的南美热血青年。她那极有主见的母亲也一直在帮她寻找好夫婿，这种热情还导致了各种插曲，其中一个多少有些令我感到蒙羞。黑兹尔的母亲似乎发现了一个非常适合黑兹尔的年轻人，他的名字叫内森·古特曼（Nathan Gutman）。他和他的父亲做女装毛衣生意，经营得非常成功。1915 年，黑兹尔计划与母亲一起去新泽西的莱克伍德过复活节周末。我问黑兹尔我是否也可以一起去过周末，她说，这会让她很为难。不过，如果我答应她以表亲的身份碰巧在莱克伍德与她碰面的话就没问题，并且到时还烦请我不要问她任何问题。我同意了，尽管我觉得自己很无辜。我到达莱克伍德时，发现古特曼正舒服地坐在黑兹尔所住酒店的大堂，而黑兹尔的母亲对他极为殷勤。当她母亲看到“表亲本尼”时，丝毫没有掩饰不悦的情绪。

当然，这件事也让我有些不悦，不过我充分意识到了黑兹尔的难处。这段隐瞒岁月对于两个彼此极度相爱的年轻人而言并不容易：他们几乎每天都要见面；要遵从当时的习俗，克服性欲本能；要磨合彼此性格上的差异。黑兹尔非常

---

① Pop Miller，美国 1946 年的电影 *Rolling Home* 中男主人公的名字。——译者注

温柔，但她也像钢铁一样顽固、坚定，占有欲也比一般女性更强。表面上我是个很好相处、很随和的人，但骨子里厌恶各种形式的占有欲和控制欲。此外，我有时会走神，不太会在生活小事上关心人，并且还有某种英国式的含蓄。

我们在一些或大或小的事情上有很多误会。我们不止一次提出分手，然而这些冲突只是短暂的冲动。不过，有一件不同寻常的事情，我带黑兹尔去湖上划船，她突然说知道我没那么爱她，我们的爱情注定会以失败告终，她已生无可恋，决心溺水自尽，然后她没脱衣服就跳进了湖里。她游泳游得很好，浮出水面完全没问题，而我则划着船尽可能地靠近她，恳求她保持理智，要对我有更多信心，等等。在说了几分钟安慰她的话之后，黑兹尔爬上了船，宣布她决定再给我们的爱情一次机会。

那年夏末，我正式向黑兹尔求婚，然后把这件事告诉了黑兹尔的父亲、母亲和叔叔马克斯。当时黑兹尔遵照维多利亚时期的习俗，假装回到自己房间，但实际上她坐在楼梯顶上专注地听我们对话。我简要陈述了我们的共同承诺，然后花了更多时间阐明了我的经济前景，而在那个时候我的经济状况是相当不错的。她的母亲承认，她期待这一刻已经有些时日了，虽然她不太能接受我年龄太小这一事实。实际上，她还真的问过我是否经常刮胡子。她对我的回答表示满意，之后就再没提出其他反对意见了。我们把雪藏的用来应景的一瓶香槟酒打开，庆祝了这一时刻。那年 11 月，我们举办了一个常规的订婚派对，第二年 6 月我们正式结婚。之后不久，美国参战，而这也给我带来了一个痛苦的个人问题。

价值投资的启蒙

在华尔街的职业生涯中，我曾见过很多人和机构所发生的变化，而我从中学到的一点是，公司的命运与掌管公司的人的命运有着巨大差异。两者都会变老，失去上升势头，但很多摇摇欲坠的公司能够获得新鲜血液，重新绽放光彩，而曾经的公司老板只会越来越老，通常难回当年之勇。

BENJAMIN GRAHAM

THE MEMOIRS OF THE DEAN OF WALL STREET

第 7 章 作为证券分析师启航

在举行毕业典礼前夕，凯佩尔教务长为我引荐了一份在华尔街做债券销售的工作。面试官对我说，华尔街拥有巨大的商机。我有种迫不及待的感觉，想要亲历华尔街的神秘氛围和重大事件。我接受了聘用，我一辈子的职业路径就此确定。

满载荣誉的毕业时光

我在大学的最后一个月忙得不可开交。首先是哲学系主任伍德布里奇教授邀请我在教师俱乐部跟他共进午餐。他建议我留在哥伦比亚大学，成为哲学系的老师。之后不久，霍克斯教授代表数学系邀请我加入他们的团队。然后，令我意外的是，知名的厄斯金教授也邀请我去他办公室聊聊。他觉得我能为英语系做出有价值的贡献，并且我还将发现在大学工作是最惬意的。诚然，大学老师起薪有点低，晋升速度也比较慢，但它带来的强烈满足感足以抵消这些不足。更能说服我的是，他向我讲述了他的有趣经历，他是从当大学辅导员开始学术生涯的，而且很早就结了婚，后来也没有遇到过财务困境。

当然，对这些邀请，我既有成就感又很困惑。然而，当我把这些情况告诉凯佩尔教务长时，他建议我不要马上做决定。他有一种强烈的倾向，那就是希望把聪明的大学毕业生送到商业世界，而不是把他们关在学术生活的象牙塔里。也许，他能够给我的人生道路上带来一些有趣的东西。

几天后，我们在校园里偶遇，凯佩尔告诉我："昨天我设法用电话联系你，但没联系上，真是太遗憾了。我本来想提供给你一个有趣的机会。"

“什么机会，先生？”

“诺曼·安吉尔爵士[①]，你知道吧？《大幻觉》（*The Great Illusion*）的作者。他昨天在我办公室，今早离开了，去参加一场新组织的和平游行，这类游行已经在全欧洲铺开了。他想找一个年轻的助理，我推荐了你。不过，因为没联系上你，最后他未能如愿。”

错过这个机会让我特别沮丧，我本来可以陪同这位杰出的作家和演说家参加一次非同寻常的游行。事后回想起来，那时我的电话坏了，不过事实上这让我阴差阳错地走了运。大约两个月后，第一次世界大战爆发，如果没错过那个机会，我很有可能已经跟安吉尔去了英国。作为一个英国人[②]，我要服从军队征召，可能不久之后就会发现自己已经在法国弗兰德斯乡村打仗了，如果那样的话，这对参加和平游行的我来说将是一个多么具有讽刺性的结局。

我的一个朋友弗雷迪·斯韦德（Freddy Sweyd）经营着一家小广告公司。他认为我也许能成为一个成功的广告文案写手，于是建议我去他的公司试试，只拿基本工资。我已经结束了课程，离毕业尚有一段时日，因此很乐意去尝试一下。他的主要客户是卡博纳公司（Carbona），一家著名的生产不易燃清洗剂的公司。我开始努力去想广告文案和其他广告创意。我一开始的想法是：“卡博纳——消除一切污渍。”在用同样的思路写了另一些文案后，我拿出了自己的杰作：一首五行打油诗。这首诗我记得非常清楚：

有一个女孩，来自威诺纳
从来没听说过卡博纳，
她开始清洗
用了带苯的液体，

---

① Sir Norman Angell，英国演讲家、作家、英国工党国会议员，于1934年获得1933年度的诺贝尔和平奖。——译者注

② 当时作者还没有加入美国籍。——译者注

现在她可怜的父母正为她的健康惋惜。

当我把这篇文案拿给斯韦德看时，他惊呆了，认为只有广告人才写得出这样的东西。他拍了拍头上的帽子，冲到卡博纳公司的办公室，把我的杰作呈现给公司总裁温斯坦先生。我焦虑不安地等待结果，半个小时后，他带着沮丧的神情回来了。

“怎么了，弗雷迪？温斯坦不喜欢打油诗吗？”

“他喜欢打油诗，他几乎笑死了。然后他告诉我，这篇文案不能用。”

“可是为什么呢？”

“因为他说这个文案的整个策略是通过恐吓来让消费者购买卡博纳公司的产品。这篇文案会让消费者发笑，但也会使得文字中传递的其他信息无法给他们留下印象。本，这真是太糟糕了。但在我看来，这绝对是很棒的文案。”

我不知道温斯坦的评价是否比斯韦德的评价更公允，但我的确知道这件事让我相当沮丧，导致我开始考虑寻找比撰写广告文案更适合我的工作。

我之前参与了哥伦比亚大学数学奖的选拔，奖金是 150 美元，这在当时可不是一笔小数目。我记得一共有 5 名竞争者。路易斯堂哥在他毕业那年已经拿到了这个奖项，家里人想当然地认为我也应该可以获奖。对此，我印象十分深刻。我记得路易斯的哥哥威尔弗雷德出了 100 美元现金跟我打赌，说我一定能获奖。我告诉他，他高估了我的能力，低估了竞争对手的实力。那一年的毕业生中的确有一些真正的数学奇才。正如我所料，我的朋友 J. J. 坦左拉（J. J. Tanzola）赢得了奖项，他学习数学真是废寝忘食，后来成了数学教授。事实上，我排名第二，虽然我感到有些失望，但也并没有觉得这一结果特别出人意料。

毕业典礼那天我才得知，我大学期间的平均成绩在我那一届中也排名第二，而排名第一的同学将获得一笔奖金。唯一令我感到安慰的是，主持人在宣布第一名的名字后，也提到了我的名字，作为鼓励。

尽管遭遇了这些挫折，但我还是很高兴能入选美国大学优等生荣誉学会[①]。这是一个相当有分量的荣誉，也会在随后的人生中以这样或那样的方式给我带来好处。然而，由于偶然或这样那样的原因，我又错过了另一个荣誉，尽管我对于这种事情早已习以为常。事情是这样的：数学系打算提名我加入 Sigma Xi 科学研究学会[②]，这是一个在技术尤其是工程领域的荣誉学会，相当于美国大学优等生荣誉学会在人文领域的地位。我本来可以在提名后顺利入选，然而该学会不知道我已经在哥伦比亚大学读了几年书，即将毕业，就把我的提名延至第二年来处理。由于学会的规则是禁止大学毕业后的学生入会，所以我就错过了入选机会。我是后来才从霍克斯教授那里听说这件事的。

初入债券公司

在举行毕业典礼前夕，凯佩尔教务长让我去他办公室一趟。大致情况是，纽约证券交易所的一个会员机构的老板塞缪尔·纽伯格（Samuel Newburger）到他办公室拜访，先是聊到自己的儿子学习成绩太糟糕，然后又让凯佩尔推荐一个他最优秀的学生去这家公司做债券销售工作。凯佩尔就向这位塞缪尔先生大力推荐了我。他相信华尔街能够为大学生提供很好的机会，也认为我应该认真考虑这一职业方向，而不是留在学校教书。我同意去见纽伯格，我们约好了第二天下午 3 点 15 分见面，他会在那个时候从纽交所返回公司。公司的名字叫“纽伯格－亨德森－洛布”（Newburger, Henderson, and Loeb），办公地点在百老汇 100 号。

我记得很清楚，我到早了，只好在圣三一教堂的时钟前面徘徊，等着时针指向 3 点 10 分。之后，我穿过大街，走进美国舒蒂大厦一层一个相当偏僻的区

---

① Phi Beta Kappa，美国最古老的学术荣誉学会，在美国 200 多所大学设置分支机构，几乎每一个本科生都以能进入这个学会为荣。——译者注

② 美国非营利性质的科学家和工程师荣誉学会，由一名初级教员和一些研究生于 1886 年在康奈尔大学创立的，拥有一定影响力的研究成果的人或者发展潜力较大的人士可申请入会。——译者注

域。我被带进了塞缪尔先生的办公室，门上贴着“Mr. S. N.’s”的字样。我发现他长相英俊，但身材臃肿，满头白发。在我看来，他显得过于苍老，虽然他的实际年龄只有50岁出头。一番简单的寒暄之后，塞缪尔把我介绍给了坐在他旁边的兄弟——阿尔弗雷德·纽伯格先生，阿尔弗雷德才是真正的面试官。

我很快发现，阿尔弗雷德才是这家公司的高管和精神领袖。他个子高大，像他的哥哥一样英俊，但头发是灰色的，而不是白色的。他说话很坦率，也很严肃。他问了我关于经济学课程的学习情况，我必须承认，我完全错过了这门课，而很大一部分原因是我当时休学，在美国快递公司工作。然而，他还是对我感到满意，因为我知道股票和债券的区别。他说虽然我缺乏专业训练，但他会录用我，因为有凯佩尔教务长的举荐。他询问我的财务状况如何？我回答说，经济条件不好，必须依靠薪水过活。“好，”他说，“我们一直都是给新来的年轻员工每周10美元薪水，但考虑到你的实际情况，我们会增加一点，每周支付12美元。你得知道，这只是在你与我们一起通过销售债券赚到大钱以前的薪酬水平。”他谈到，如果胜任的话，华尔街拥有巨大的商机。关于华尔街的情况，我只是凭道听途说，也知道它在小说中是一个充满戏剧性和让人兴奋的地方。我有种迫不及待的感觉，想要亲历华尔街的神秘氛围和重大事件。我接受了聘用，同意从下周开始工作。当我正要起身离开时，艾尔弗雷德带着郑重的表情，举起一只手，伸出一根手指，对我说：“给你最后一个忠告，年轻人。一旦你参与投机，你就会把你的钱输光。时刻牢记这句话。”说完这些多少有点令人生畏的话之后，面试结束了，“交易”达成，我一辈子的职业路径就此确定。

我们的安排是这样的：我会在后台部门待几周，以跑腿者和普通助手的身份从头开始了解这个行当。之后，我会去到债券部门，学习如何销售债券。那个年代的华尔街与今日不同，尚未实现流水化的分工作业，每天要完成比今天多得多的买单和卖单撮合，也就是“配对”交易，还要做证券交收、支票认证和相关的跑腿工作。我学到了很多东西，首先是在证券交收部门，然后是在交易部门，接着是在财务部门。

上班第一周，作为跑腿者，我们的出纳给了我一张支票，要我去国家城市银行保兑。“你知道这家银行在哪里吧？”我看到支票上写有“华尔街55号”，于是回答：“当然。”然后我就出了门。在走过华尔街49号之后，我来到一栋大楼前面，显然它肯定是我要去的那家银行，但为了确认没弄错，我开始在大楼的墙上寻找银行名称或者地址号码。我绕着大楼走了两圈，每一圈的距离类似一个方形街区，最终我放弃了，开始询问路人。当然，这里的确是国家城市银行，银行里的员工都认为他们的银行如此有名，所以根本没必要在入口处挂个公司的牌子。

金融行业处理大额资金的简便方式令我震惊。当柜员将一张支票完成保兑，准备归还给跑腿者时，就会在柜台呼叫“纽伯格”或者其他什么称谓。跑腿者就会走到窗前说“这是纽伯格的支票”。然后柜员就把一张也许能兑取50万美元的纸交给了他，完全不确认跑腿者的身份。更让人惊讶的是，他们对待股票凭证的随意方式。正当我准备走进电梯把支票送回去时，另一个跑腿者对我说：“你是要去赛多利斯公司[①]的方向吗？”“是的。”“那帮我送一下吧，谢谢。”说着他把一沓股票凭证塞进我手里就跑了。但奇怪的是，在当时那种显然很不可思议的运行系统下，竟然很少有支票或证券丢失的情况。但我知道，与我那个年代相比，如今的递送方式已经发生了巨大变化。

从小养成的消费观

尽管经纪业务偶尔会处理大额资金，但我惊讶地发现，有钱人是多么地节俭。有时候，当我来到艾尔弗雷德·纽伯格的办公室，我会看到他正准备寄送支票，用以支付个人账单。他用的是贴着邮票、写有寄信人地址的信封，而这些信封是从上市公司寄来的，里面有出席年度股东大会的代理人资料。艾尔弗雷德会擦掉信封上的公司地址，写上新的地址，然后寄出去，同时还能节省2美分的邮

---

① 赛多利斯公司的全名叫“Sartorius,Smith & Loewi”，是纽交所的一家会员证券经纪商，位于百老汇大街20号。——译者注

票。他带着满意的口吻说道，没有必要浪费这些信封和邮票。这位非常富有的人竟然如此抠门儿，这让我既震惊又生气，尤其是因为我一直都非常欣赏艾尔弗雷德的智识和敏锐。我问我自己，“一个在 100 万美元支票上签名的人，怎么会去节省那 2 美分的邮票呢”？其实，我可能也会做这种事情，因为粒粒皆辛苦。不过，我会非常小心翼翼，不让任何人知道我这么抠门儿。

距离这些事情的发生转眼已经过去了将近 50 年。在经历了几次严重的金融危机后，我积累了可观的财富，事实上，远比我的华尔街雇主更有钱。时间的流逝让我更好地理解了富人的金钱心理学。这是一个少有人写过的主题。一个基本的事实是，我们对金钱的态度取决于人生早期阶段的先天性情、经济条件和某些关键经历。一个出生于喜欢挥霍的家庭的人，有可能会一直保持这种习惯，只有各种不可抗拒的力量才能让他的开销有所节制。如果这种人从穷人变成了富人，他会很容易摆脱先前的束缚，成为一个花钱大手大脚的人。他会完全随性地支配自己的财富。

然而，大多数来到这个世界的孩子对于金钱并没有强烈的倾向性。他们的态度和未来的行为很大程度上取决于早期的生活环境。即便他们的家境很好，他们也可能通过榜样、教诲和纪律而养成节约甚至吝啬的花钱习惯。年轻时，他们通常通过使用每周的小额零花钱来养成这些习惯。当后来继承了巨额财富，他们的金钱观就变得失衡了。他们倾向于对小钱斤斤计较，对大钱则不当回事，慷慨大方，甚至挥霍无度。当然，那些出生在富人家庭并在自由环境中长大的人，做出与他们的身份相匹配的优雅举止并非难事。

将真正的守财奴、喜欢买便宜货的人以及习惯性节约的人进行区分是很有用的。真正的守财奴总是很贪婪，他们渴望获取大量超出生活必需的财富，但是不愿意花哪怕一分钱。第二种人包括很多成功商人，他们疯狂地持续努力工作，通过积少成多的储蓄习惯积累了额外的财富。他们倾向于将自己在商业领域寻求“最佳交易”和喜欢拼命砍价的做法带入私人开销领域。这类人不是守财奴，因为他们喜欢过高品质的生活，能从拥有一辆劳斯莱斯、一艘大型游艇或者品相极好的珠宝中获得成功的喜悦。但不管买小东西还是劳斯莱斯这样的大物件，他们都会在意价格。

最有意思的是第三种人，因为它代表了最大的复杂性和令人困惑的矛盾。这类人要么出生在贫困家庭，要么就像我一样，很小的时候就懂得了贫穷意味着什么。家境迫使他们在意每一分钱。我至今仍记得，我曾有一个圆筒，是梵豪登巧克力棒的包装盒。我的美分硬币刚好能放进筒口里，我会经常数硬币，看看我已经积累了多少“财富”。在后来的人生中，这些带着鲜明印记的习惯成了我下意识的行为，它们以诸多非理性和十分羞耻的方式影响着我的言行举止。不过我总是在花小钱的时候才会有这种行为，涉及大额开销或者送别人礼物时我不会这样。童年时期的经济条件会让这类人在意不足 1 美元，或者最多几美元的东西的价格，同时，因为他们完全没有购买价值上千或者上百美元的物品的经验，所以没能培养出处理大笔资金的习惯。

因此，像我这种典型的穷苦出身的富人在开销方面就变得特别矛盾。我们会在所有大额开销上随性，甚至挥霍浪费，与此同时又会在很多本来就很便宜的小东西上锱铢必较。就我的情况而言，有两个因素抵消掉了我吝啬的驱动力。一是我已经逐渐意识到了我的问题，并决心用我的智慧和意志尽可能地克服它。二是我非常在意别人对我的看法，至少在日常生活中是如此。我不知道从总体上讲这是不是一个糟糕的品格，但就它带给我的细微改变而言，结果是好的。如果我觉得有人在盯着我，我就会因为担心别人嘲笑我而尽力克服我吝啬的本能。

我只有在独自一人时才会偶尔放飞自我，在童年习惯的推动下干出一些愚蠢而吝啬的事情。当然我做这些事情也是有理由的。比如在纽约，当我与别人在一起时，我总是会打出租车；而我独自一人时，我通常会乘坐地铁。对于这种做法，我为自己找到了两个辩护理由。首先，街道太拥堵，乘地铁比坐出租车快得多。其次，我可以在地铁上阅读，在出租车上却做不到。不管你相信与否，我甚至不会在大街上买报纸，因为带着它太麻烦了。也许正是因为不愿花小钱，我才从不抽烟喝酒。

投身于债券销售工作

像所有初来乍到的华尔街人一样，我对场外交易市场充满了好奇。那个时候，它已在百老汇大街存在了很多年，整个区域用绳子圈了起来，占地大约20平方米。场外经纪人每天都会聚集在这里从事交易。如果下大雨，他们会穿上油布外衣；而在寒冷的冬天，他们就会戴上耳暖。很多经纪人会戴着色彩亮丽的帽子，以方便订单登记员看见他们，这些订单登记员通常待在室内，他们一边观察市场走势，一边通过简单的手势跟外面的场外经纪人进行交流。尽管场外交易市场远不如纽交所重要，但还是有很多优质公司在该市场交易，当然也包括很多垃圾公司。场外交易市场每天的交易量很大，单日可达数百万美元。尽管这种交易方式稍显笨拙，但场外经纪人的工作效率非常高。过了大约10年，场外交易市场搬进了室内，占据了位于圣三一教堂西侧的一栋新大楼。又过了20年，这些保守的经纪人才同意更名，把过于低调的“纽约场外交易市场”更名为相当高调的“美国证券交易所”。但老一辈经纪人还是会把它称为“场外交易市场”，并多少有些眷恋地回想起他们戴着有趣的红色帽子在百老汇大街做交易的日子。

在做了4周的跑腿者之后，我换到了债券部门，办公地点是一个独立的透明隔间，一条狭窄的过道将它与客户室和行情板分隔开来。在我到来之前，债券部有两位非常年轻但经验丰富的债券销售员，他们刚大学毕业没几年。一位叫丹尼尔·洛布（Daniel Loeb），是公司合伙人杰克·洛布（Jake Loeb）的侄子。他皮肤黝黑、肩膀驼偻、工作努力，神情总是很严肃。另一位叫哈罗德·劳斯（Harold Rouse），他与丹尼尔的风格完全相反。他个子高大、体格健美、长相英俊、金发碧眼，还是一名训练有素的游泳健将，也是一个贪玩的公子哥。没过多久，他毫不脸红地告诉我，他的座右铭就是“能让别人为你做的事情，绝对不要亲自去做”，并且他还可以很成功地把这一原则应用在与工作有关的几乎每件事上，总能让别人为他干活。然而造化弄人，两个年轻人的未来命运截然不同。努力工作的丹尼尔娶了公司的爱尔兰裔前台姑娘，后来又在20世纪20年代的投机中输光了所有。劳斯则总是泰然自若，同事也从不知道他在忙些什么，后来他继承了父亲的财富，成为纽交所一家重要的会员机构的合伙人。他的命运让那些习字帖上的人生箴言显得毫无价值。

我有两项任务，第一是要尽我所能地了解债券，第二是要尽我所能地为债券部门做贡献。我的主要工作是对推荐单上的所有债券提供简要描述，洛布和劳斯几乎每天都会把这些债券推送给他们的潜在客户。哪怕是在闲暇时间，我也在很认真地自学债券知识。我有一个很小的活页笔记本，我会在每一页上用方便好记的方式记下某只债券的主要信息。过了这么多年，我仍能记得那个黑色笔记本的样子和里面记录的一些内容。第一页是："艾奇逊－托皮卡－圣塔菲铁路公司，一般义务债券，4% 票息，1995 年到期，发行规模 1.5 亿美元。"[①] 笔记本上肯定还有 100 条不同的债券信息，我能记得它们的规模、票息、到期日和偿还优先顺序。这些信息很容易从债券募集说明书或者我的笔记本上获得，为什么我还要去记它们呢，对此我也很难解释。但毫无疑问，我的虚荣心肯定在其中扮演了角色。在我认为我对债券知识的学习已经取得重大进步后，我发现所有不同的债券在我脑海中无可救药地乱作一团，于是我放弃了记住债券信息这一糟糕的做法。然而，几个月后我还是惊讶地发现，这些信息会不自觉地多多少少浮现在我脑海里，我好像成了会走路的铁路债券说明书。

1914 年 6 月[②]，奥匈帝国皇位继承人在波黑的萨拉热窝遇刺，导致维也纳与塞尔维亚之间的关系骤然紧张起来。纽约股市没怎么在意欧洲的紧张局势，但它的影响很可能会"发酵"，就像几年前的阿加迪尔事件。就在这个时候，我收到了美国大学优等生荣誉学会寄来的纪念钥匙。我把它串在表链上，骄傲地挂在胸前。公司最年轻的合伙人、之前做烟草销售的莱斯特·纽伯格对公司里竟然有员工获得如此殊荣深感惊讶。1 小时之后，他对我说："本，我能请入选了美国大学优等生荣誉学会的人出门帮我买包烟吗？你知道买哪种。"我真的就出门买去了，而我的钥匙在胸前晃得啪啦啪啦响。

---

① 一般义务债券是美国市政债券的一种常见类型，由州或地方政府保证使用合法可用资源（包括税收）来偿还债券持有人。——译者注

② 原书中为 7 月，事实上萨拉热窝事件发生于 1914 年 6 月 28 日。——编者注

我做过的最蠢的一项工作是撰写市场简报。"红马甲"[①]塞缪尔每天收市后要就市场行情写一份简报，然后把它送到位于费城的办公室，那是我们公司起家的地方。这份简报的目的是想提醒当地客户，我们的市场分析师对于百老汇街和华尔街所发生的事情有着准确的判断。然而，塞缪尔已经厌倦了做这件事，就把它交给我来做。他建议我读读他之前写过的简报，然后用同样的方式来写。没过多久，那些让我们费城的客户深受启发的市场观察简报就有了一个新的专家了，而这位专家可以吹牛说，他只花了6周时间就熟悉了金融知识。

就在维多利亚时代即将于战火中宣告终结，事实上始于1815年的19世纪也即将接近迟来的尾声之际[②]，有那么一段宁静的岁月让我终生难忘。澳大利亚网球队正在与美国队争夺戴维斯杯冠军[③]。纽伯格的一个合伙人有两张第三个比赛日的球赛门票，他不想去看，就很热心地把它当作礼物送给了我。我邀请了真正的网球迷格林曼与我同去，我们去了那一周比赛的专用场馆森林山体育场。澳大利亚队暂时领先，他们赢得了第一个比赛日的单打和双打比赛。今天是澳大利亚的老将诺曼·布鲁克斯对阵年轻的美国选手诺里斯·威廉姆斯，后者刚从哈佛大学毕业，是格林曼的同学。正是这场跌宕起伏的比赛使得美国观众在看球时不再像以前那样漫不经心、态度温和、举止文雅，而是一下子进入了一个热情、兴奋和情绪高涨的新时代。刚刚回球出了边线的威廉姆斯丢掉了前两盘，我们夺冠的希望看上去很渺茫了。接下来，他找回了自己的状态，击球的力度和控制都做得很好，他掌控了比赛，赢下了第三盘和第四盘。观众完全疯狂了。这位纤瘦的美国人每赢下一分，似乎都能获得观众雷鸣般的掌声。每当威廉姆斯赢下一个长回合，观众的欢呼声就会特别大，布鲁克斯则气得把自己的球拍摔在地上，站在球场上用两只手的指尖紧紧塞住自己的耳朵。这一幕我永远不会忘记。球赛组织

---

① 指有资格在交易所内代客户买卖证券的人，他们通常身穿醒目的红色马甲，后来就以"红马甲"称呼他们。——译者注

② 作者之所以认为1815年是19世纪真正的开端，可能是因为英国在那一年从法国那里赢得了欧洲霸权，从而开启了维多利亚时代。既然作者认为1815年是19世纪的开端，那么1915年才应该是19世纪的终点，而第一次世界大战爆发是在1914年。——译者注

③ 戴维斯杯相当于足球中的世界杯，参赛国家会派出几名最好的球员，代表国家而非个人出战，其中既有单打，也有双打。——译者注

者恳请观众克制情绪，但收效甚微。然而，澳大利亚人还是充满信心，凭借智谋和老练的技巧最终赢下了第五盘。观众席发出一阵失望的悲叹声。当布鲁克斯走出赛场时，仍然戴着自己那样式古怪的海船帽。他路过放在展台上闪闪发光的银色戴维斯杯时，围着它转了一圈。这个时候，观众的体育精神和风范又回来了，对他的这一做法报以热烈掌声。

随后登场的美国选手名叫莫里·麦克劳克林（Maury MacLaughlin），是一位非常优秀的红头发球员，他击败了强劲的对手安东尼·怀尔丁（Anthony Wilding），这场五盘制的比赛赢得很漂亮，但对于夺冠已于事无补。没过多久，安东尼·怀尔丁就牺牲在了法国的战场上。

成为证券分析师

1914 年 8 月初，注定要发生的第一次世界大战终于爆发了。它会导致西方文明的消亡吗？它是欧洲诸国领袖缺乏优秀领导力或外交技巧造成的后果吗？或者说，它是否仅仅是国与国之间延绵不断的战争的延续，最终似乎不会在历史上留下重大印记，只会给参战者带来灾难，而对幸存者则像过眼云烟？我对这些问题的思考在这里就不再多说了，因为有其他人比我想得更深入、更透彻。我只会从一个年轻的纽约人的狭隘角度写一写，在战争早期阶段我与周围人共同体会到的困惑与亢奋。

1914 年 8 月 3 日的前几天，股市情绪已经显得很紧张，但还没有达到恐慌的程度。敌对情绪的爆发让纽约和欧洲的金融圈感到惊讶。我们的市场被汹涌的抛售潮淹没，很快，政府就决定关闭纽交所。随后，所有其他交易所也相继关闭了。在遥远的大洋另一端的人看来，这种抛售潮似乎是奇怪且极其不理性的，因为我们都知道，战争的爆发很快就会带来战时的经济繁荣。不过，我们可以从技术层面对抛售潮做出简单的解释。欧洲投资者持有大量美国证券，当战争爆发时，他们首先考虑的是如何把他们的资金撤回国内。他们本能地认为，在战争期间，资金牢牢掌握在自己手上比放在遥远的国家更安全，但事实证明，他们错了。那个时候，尽管我们可以从伦敦交易所的日常交易行为中看出他们的激动情绪，但外国投资者唐突而过激的反应还是给我们的市场带来了不可承受的压力，我们的股票经纪人开始快速抛售证券。也许，将这一次的市场表现与大约 25 年后第二次世界大战爆发时的市场反应进行对比是件很有意思的事情。在第二次世界大战爆发时，市场也出现了恐慌性抛盘，这属于投资者对新灾难的自然反应。但没过几天，美国民众就开始意识到大量的战时物资需求将给经济带来的前景，于是在战争爆发的同一个月，1939 年 9 月，市场大幅反弹。不过，事实证明，民众的预期还是过于乐观了，因为随着 1940 年法国沦陷，市场信心再遭打击，股市又开始大幅下跌。

至今我还记得那些触目惊心的新闻标题：奥地利对塞尔维亚宣战；苏联对奥地利宣战；德国对苏联宣战；法国对德国宣战；英国对德国宣战。这些新闻令人难以置信，然而它们的确真实发生了。不过，我们很快就适应了这一世界性灾难，把我们的关注重心转移到了战争对我们的影响上来。当交易所关闭时，我不知道我们的业务和我的工作将会受到怎样的影响。事实上，华尔街没受到什么冲击，只是所有公司以降薪方式留住了员工。我很高兴还能保有一份工作，哪怕每周的薪水只有 10 美元。

几个月后，交易得到有限度的恢复。按照规定，交易价格不能低于市场关闭时的价格。没过多久，战时物资订单开始从法国和英国涌来，经济前景迅速从悲观转为乐观。交易限制也被取消，而股市在战争期间就开始了上涨。面对突如其来的逆转，我们最大的难题在于人手不足，因为有很多员工已经离职。于是我一个人承担了多项工作。忙起来的时候，我要帮助我们负责报价板更新的小伙子张贴股票报价。为此，我要系上厚重的皮带，皮带上的每一个小格包含了分数部分从 1/8 到 7/8 的报价区间。在其他时候，我还要接听电话总机，或者帮助各个后台部门的员工，甚至时不时跑出去递送证券凭证。那个时候，我的薪水恢复到了每周 12 美元。

不久，我回到债券部门，继续从事之前的工作。很快，我就迫不及待地给客户打电话了。比起之前销售打折照片优惠券和衬衣板广告，销售债券要愉快得多。接到债券销售员打来的电话似乎极大地满足了普通商人的虚荣心，并且他们拒绝的方式也很委婉。

我记得，曾经有一通电话被我客户的客户的登门拜访打断了，我的这位客户在话筒那头儿郑重地说道："稍等我一会儿，齐尔希先生[①]，我正在与我的银行家通话。"我居然是银行家！然而，事实是那个时候的华尔街从业人员都把自己称为"银行家和经纪人"，每个人都在信纸抬头和支票上印着这一头衔。我一直都很喜欢这样一个故事：一个刚进入股票和债券行业的人，让广告牌制作人帮他制作一个写着"约翰·史密斯，经纪人"的标牌挂在门上，并问对方需要花多少钱。制作人说需要 5 美元，但又补充道，如果他愿意给 7 美元，就可以把标牌写成"约翰·史密斯，银行家和经纪人"。史密斯回复道："那就这么做吧，谁不愿意为了当上银行家多掏 2 美元呢？"几年后，州法律规定"银行家"不能再作为头衔出现在书面资料上。

回到债券部门的头几个月，我结识了纽交所的一个"红马甲"，理查德·威尔斯泰特先生。他在我们债券部租了一个座位，每天下午收市后，他会从纽交所来到我们这里，在他的座位待上一段时间。他很快就注意到了我。他是个独身主义者，近视眼，一头红发，留着范戴克式的胡须，说话带有德语口音。事实上，他是获得诺贝尔奖的著名德国化学家[②]的兄弟。不过，他在情感上是支持同盟国的。他带我去"共和党人俱乐部"[③]吃过几次午餐，那里经常有名人发表演讲。有一次，德国大使冯伯恩斯托夫试图为德国的行径辩护，但没能获得成功；还有一次，日本大使讲述了为什么他的国家会加入同盟国。但对我而言，最大的收获是听了当时纽约市市长约翰·珀罗伊·米切尔（John Purroy Mitchell）的演讲。他很年轻，瘦高个子，他讲述了自己如何成功地击败了坦慕尼协会。遗憾的

① Zilch，意指无关要紧的人，所以，这里只是客户婉拒的托词。——编者注

② 此处指 1915 年诺贝尔化学奖获得者理查德·马丁·威尔斯泰特（Richard Martin Willstatter）。——编者注

③ 俱乐部全名为"大都会共和党人俱乐部"，成立于 1902 年，位于纽约，是所有派别的保守主义者举行聚会、发表演讲、交流思想的场所。——译者注

是，大约 3 年后他就去世了，而我则成了他葬礼仪仗队中的一员。

为了做好与债券相关的工作，我开始研究铁路债券报告的细节。我花了大量时间阅读相关的标准教材，即由劳伦斯·张伯伦（Lawrence Chamberlain）撰写的《债券投资原则》（*The Principles of Bond Investment*），不过不管从哪个方面来讲，这都是一部沉闷的大部头著作。那时的我怎么也想不到，有一天我撰写的教材会在全国范围内取代张伯伦的书。在学习了一段时间后，我萌生了想写一份关于密苏里太平洋铁路公司的分析报告的想法。在读完该公司 1914 年 6 月之前的财年报告后，我认为该公司的经营和财务状况都处于危险状态，投资者不应该再持有它的债券。分析报告写完后，我把它拿给我的朋友威尔斯泰特看。他很喜欢我的报告，随后又把它拿给了 J. S. 巴赫公司的一个合伙人看。这位合伙人告诉他，如果我对分析工作感兴趣，他们愿意招聘我去他们公司的统计部门。那个时候，我十分确定我更想成为一名证券分析师而不是债券销售员。于是，我去见了莫顿·斯特恩（Morton Stern）先生，他后来成了 J. S. 巴赫公司一位非常重要的合伙人。在简单交谈之后，斯特恩先生给我开出了每周 18 美元的薪水，我的主要工作职责是为他们写报告，回答客户的问题，但前提是我的公司不反对我离职。

这一切真是太棒了！我非常肯定老东家会很乐意放我走，因为我在债券销售上做出的佣金贡献完全不足以抵消我每周获得的 12 美元薪水。然而，当我把换工作的决定告诉塞缪尔先生时，结果与我想象的完全相反。他们对我那么好，我怎么可以如此不忠诚，竟然想要离开公司？其他公司怎么好意思挖走他们的员工？这违反了证券交易所的规定！“但我认为我在这里无法为公司做贡献。”“那要由我们来评判，而不是你。”“但我不适合做债券销售，我确信我能在统计工作上做得更好。”“很好，我们正想组建一个统计部门。你可以加入这个部门。”“好吧，纽伯格先生，如果你真的希望我留下，我当然很乐意这么做。”“很好，我们会商量一下你的薪酬问题，随后告诉你结果。”

公司开了一个办公会，决定把我的薪水涨到每周 15 美元。考虑到他们之前在我身上的投资没收到成效等原因，我完全没想到他们会给我涨工资。我对这一薪酬很满意，尤其考虑到我即将真正开启作为证券分析师的职业生涯。几个月后，在业务爆发式增长之际，塞缪尔叫我去他办公室，说我现在可以每周拿18美元的薪水，因此我不用再认为我留下来吃亏了。这标志着我彻底与J. S.巴赫公司无缘了。又过了几个月，我再次获得涨薪，塞缪尔得意地告诉我，如果我当时接受了J. S.巴赫公司的邀请，他的公司就不会再招聘任何一个大学毕业生了！

过了一段时间，我的良师益友威尔斯泰特搬走了，我们见面的次数少了很多。尽管他邀请我去他新的处所，但我太忙了，一直没能成行。每当我在街上远远地看到他，我都会因为觉得忽略了他而感到内疚，于是我只好绕着路走。有一次我们正好在街上碰见，他批评了我，说我之前好几次看到他却不跟他打招呼，很没礼貌。我由衷地感到羞愧，也坦率地承认了这一事实，好在他原谅了我。我想，这件小事教会了我一些东西。如果你没能尽到对某个人的责任，你会很自然地远离那个人，而这么做会对那个人造成进一步的伤害。公正而友好的相处之道要求你在第一时间就承认和改正你的错误。

价值投资的启蒙

为了做好与债券相关的工作，我开始研究铁路债券报告的细节。基于对财年报告的研究，我发现密苏里太平洋铁路公司的经营和财务都处于危险状态，投资者不应该再持有它的债券。这一分析报告得到了J. S.巴赫公司合伙人的认可，于是我从“债券销售员”转型为“证券分析师”的契机出现了，而这种“研究型”投资，恰恰是“价值投资的启蒙”。

BENJAMIN GRAHAM

THE MEMOIRS OF THE DEAN OF WALL STREET

第 8 章

检视真正有效的投资方法

我发现华尔街是一片处女地，可以在其中检视真正有效而普适的证券分析方法。如果说我足够幸运，能把我的才华施展在金融分析领域，那么我也同样足够幸运，能在一个好时代进入华尔街。

对证券分析方法的初检视

我注定要在华尔街度过全部 42 年的职业生涯，一开始是作为经纪商的跑腿者，最后成了一家大型投资基金的合伙人，同时担任着两家大型企业的主席。这些年来，我从他人的教导和示范中学到了很多，虽然我学到的东西从来没能让我避免犯或大或小的错误，也没能对我取得的成就做出太大贡献。这一判断可能反映了一种潜意识的虚荣心，使得哪怕是一个诚实而相当谦逊的自传作者也会很容易忘记他对别人的亏欠。

我带给华尔街的东西是一种根据实际情况进行自我调节的核心学术观点。我所接受的学校教育使我具备了查找信息、反思和批判的能力，但我要在这些能力的基础上再补充两种能力，而具有学术天赋的人通常是不具备这两种能力的。首先，要有找出问题的重点的良好能力，要具备避免在不重要的事情上浪费时间的能力；其次，要有解决实际问题、把事情做好、提出解决方案，尤其是发明新方法和新技巧的能力。

如果说我足够幸运，能把我的才华施展在金融分析领域，那么我也同样足够幸运，能在一个好时代进入华尔街。当我开始职业生涯时，市场投资范围几乎完全局限在债券上，普通股则主要被视为投机工具，除了极个别例外情况。不过，很多场外交易市场的经纪人开始交易普通股，这为之前还被视为几近于赌博筹码的普通股注入了一些正能量。上市公司开始提供详细的运营和财务信息，它们要么是自愿这么做的，要么是遵从了交易所的要求。金融服务机构开始以简便的方式在它们的手册和定期刊物上呈现上市公司的信息。此外，诸如州际商业委员会和各州的公共事业委员会之类的监管机构也开始搜集大量数据，涉及铁路、大然气和电力公司，而所有这些数据都是公开的，供查询和研究。

然而，1914 年，在股票分析领域，大量的财务信息被严重浪费了。投资者虽然没有完全忽视数据，但他们只做肤浅的研究，而且对研究几乎没什么兴趣。他们最看重的是各种内幕消息，其中有些与商业运营、新订单、盈利预测等数据有关，但更多的消息与市场操纵者的当前行为和计划有关。这些著名的"庄家"可以操控每只热门股票的价格，使其大幅上涨或下跌。华尔街老手认为，将精力放在分析枯燥的数据上是很愚蠢的做法，因为他们认为价格变化是由一系列完全不同的因素决定的，而所有这些因素都是人为的。

不过，出于各种原因，主要是因为第一次世界大战使得大型工业企业的财务状况有所改善，1914 年之后，在普通股的分析上越来越注重内在价值和投资优势。作为华尔街的新人，我没有受到扭曲的传统教条的影响，而是接受了已经开始进入金融领域的各种新力量。我学会了区分哪些东西重要和不重要、可靠和不可靠，甚至能辨别出诚实和不诚实，在这方面我的眼光和判断比我的很多前辈还要准确，因为他们受到了过往经验的束缚。因此，从很大程度上讲，我发现华尔街是一片处女地，可以在其中检视真正有效而普适的证券分析方法。自身能力和时代潮流的双重幸运因素使得我在华尔街的成功成了必然。不过，我的职业生涯绝不缺少挫折。

我先举一个小例子：纽伯格 - 亨德森 - 洛布公司有一个年纪较大的客户服务员沃纳先生。他自己的公司因经营不善被迫关闭，之后加入了我们公司。他有一头白发，颇具贵族气质，为人和蔼可亲。他有个儿子，名叫阿瑟，是个很聪明的小伙子，但酗酒，这让沃纳很是头疼。沃纳能准确地报出任何一只股票的最新价格，也熟知华尔街上大大小小的消息。他走路时一定会拄着拐杖，他曾经说服我也买了一根合适的拐杖用来在华尔街走路。我确实照做了，但只使用了很短一段时间。

1915 年，我正在客户室帮同事更新行情报价，之前我经常在那里与沃纳先生就经营进展、公司盈利等问题相互交流。那个时候，密苏里 - 堪萨斯 - 得克萨斯铁路公司的利润有了改善，但这只通常被称为“小猫”的股票似乎还在以每股 12 美元的低价出售。我一定是以某种方式帮过沃纳的忙，作为报答，他建议我们一起买 100 股“小猫”普通股，他出一半的钱，我出一半的钱。① 我高兴地接受了他的建议。过了一段时间，明察秋毫的阿尔弗雷德 · 纽伯格先生听说了这件事，把我叫到了他的办公室，训斥了我一顿。他提醒我，他曾经对我说过不要投机，然后又以格外严厉的语气补充道：“本，如果你想投机某只股票，至少你应该选择其他标的，而不是像‘小猫’这样处于下跌趋势、质地不好的铁路股。”当然，为了了结此事，我很快就卖掉了我的仓位，还赚了点小钱。我能想象阿尔弗雷德一定也训斥了软弱的沃纳先生。

不过后来情况又反过来了，公司采纳了我提出的建议。具有讽刺意味的是，这一次涉及的对象同样是密苏里 - 堪萨斯 - 得克萨斯铁路公司，它陷入了巨大的财务困境，这时我说服我的公司购买它的股票，这一操作证明了我擅长类似的计算。“小猫”铁路如今处于破产状态，印证了之前阿尔弗雷德对我的批评，认为我这个新手对这类股票的操作过于莽撞了。公司的重整计划公布了，赋予了普通股持有人购买重整后的新公司股票的权利。市场认为现有的股票一文不值，股价大约只有每股 50 美分。我向公司合伙人指出，重整计划执行完毕至少需要一年时间，在此期间，“小猫”老股的股价相对于同样数量的新股过于便宜了。换句话说，如果新股在现有的价格基础上只上涨 1 美元，老股的价值也会提升 1 美元，这意味着投资老股会获取两倍的回报。事实上，在铁路股牛市期间，人们很

① 作者之所以说是沃纳在报答他，可能是因为作者看好这只股票，但自己的资金不足以买 100 股，所以沃纳提出合买的建议，其实就是帮了作者。——译者注

容易赚3到4个百分点，而最大损失可能只有0.5个百分点。公司合伙人原则上反对公司从事任何与投机类似的行为，虽然他们很乐意看到客户沉迷甚至过度沉迷于投机。然而，就这件事而言，我的逻辑分析打消了他们的顾虑。我们买入5 000股，第二年，我们赚了差不多6倍的利润。

我的第一笔套利操作

我真正成为华尔街与众不同的交易员还要追溯到1915年，古根海姆勘探公司的分拆计划给我提供了绝佳的证明机会。这家公司持有几家大型铜矿公司的大量股权，包括内华达、奇诺、雷集团和犹他公司，所有这些公司都是纽交所的热门股。当古根海姆勘探公司提出分拆计划，要将它持有的各类股份按比例分派给它的股东时，我计算了各类股份的加总市值，它显著高于古根海姆勘探公司的股价。在这种情况下，买入古根海姆勘探公司的股票，同时做空奇诺、内华达、雷集团和犹他公司的股票就能实现确定性套利收益。可能有三个方面的风险，一是古根海姆勘探公司的股东不同意分拆计划；二是清算或其他麻烦导致计划执行被拖延；三是很难做到一直持有被做空的股票的空头仓位，直到这些股票被分派给古根海姆勘探公司的股东。

但在我看来，所有这些风险都不大。我向公司提出了这一操作建议，公司花了不少资金来进行这次套利。我还把这一操作方案推荐给了其他同事。我记得哈罗德·劳斯建议我帮他操作，赚取的利润分给我20%。就这样，我完成了我的第一笔套利操作，事实证明，这是我尤为擅长的研究和交易领域之一。分拆计划进行得很顺利，利润兑现就像我计算的那样精确，每个人都很开心，特别是我。

1915—1916年，我们见证了第一次世界大战期间的大牛市。美国虽然没有卷入战争，却从来自英国和法国的军火和战时物资订单中获得了巨大利益。战争爆发之初，股价暴跌，但很快又涨到了前所未有的高度。我们公司的业务持续增长。我发现我履行了很多不同的职责，统计人员、证券分析师以及市场简报撰写人，还在出纳忙得不可开交时，做他的助手。那个时候，在华尔街的公司，出纳是最重要的后台部门岗位，负责证券递送、短期拆借和长期借款，以及完成所有的簿记和记录工作。我们的出纳是赫德先生，所有人都认为他是个尖酸刻薄和独断专行的人。然而，我却能与他很好地共事，并且他似乎也很感激我对他工作的帮助。事实上，有一次，当公司接连把我的周薪上涨了5美元和10美元时，好像是从25美元上涨到30美元时，赫德先生把加薪后的工资递到我手上，然后用他一贯生硬的口气说："你早该加薪了。"

到了1916年，我的工资涨到了每周50美元。我迫不及待地正式向黑兹尔求婚，她不假思索就同意了。11月，我们举办了订婚派对，我们开了香槟庆祝，也收到了很多朋友发来的祝贺电报。然而，其中一封电报与庆祝无关，那是关于我要服兵役的信息。我必须一开始就诚实而坦率地承认，这件事给我带来了极大的困扰。

打了折扣的从军生涯

1917年4月，美国对德国宣战。与此同时，纽约的普拉茨堡成立了军官候选人训练营。目的是将征募的大量士兵培养成初级军官。我决定申请加入训练营，希望能成为少尉军官。为此，我争取了很多推荐信，包括总督岛上的伦纳德·伍德将军、米彻姆上校以及尤为积极的我的老教务长凯佩尔，老教务长现在已经担任战时助理秘书长了。有了他们的支持，我想我应该是可以加入训练营的，我还提前做了相应的准备，尽管母亲和黑兹尔都不太支持我的做法。结果还是让我失望了。我收到了一封简短的信件，说军队规定只有美国公民才能成为军官候选人，由于我是英国人，所以他们不会考虑我的申请，把我的推荐信也一并退还给了我。

这给我的家庭和我自己带来了严重的问题。那个时候我的两个哥哥挣的钱还不太多，我是家庭经济的主要支柱。如果能当上军官，我的薪水就足以继续维持母亲的生活，但如果只是一名士兵，薪水就不够用了。最理想的情况是，到时候由我的两个哥哥去服兵役，而我则以母亲需要照顾为由申请豁免服兵役，继续从事我现有的工作。我极不情愿地接受了这一方案，因为我有着强烈的爱国心，它驱使着年轻人为国家而战。事实上，那时我已经把美国当成了我 3/4 的故乡，剩余 1/4 属于英国，这两个国家都需要我的帮助，我很不愿意成为逃兵。

我和黑兹尔早就打算在 6 月举办婚礼。那时我正在申请加入军官候选人训练营，我告诉她，婚礼可能会无限期推迟。不过，既然我没有被训练营录取，似乎也不可能去服兵役，我们就决定如期举行婚礼，尽管还面临着各种不确定因素。1917 年 6 月 3 日，我们在黑兹尔家里举行了婚礼。那天早上我还与赛・科恩（Sey Cohn）和阿奇・伦敦（Archie London）在亨特高级公寓的球场打了几场激烈的网球比赛。后来，我带着我的网球拍跟黑兹尔去了弗吉尼亚州旧康福特角（Old Point Comfort）度蜜月。我们出门时，我的岳母说我看起来完全没有新郎的样子，身材矮小，细皮嫩肉，腋下还夹着网球拍。她的观察有些许预言的意味。周日一大早，只要阳光明媚，我多半会出现在网球场，而不是继续躺在家里的床上。

在我举办婚礼的前几天，我的哥哥莱昂娶了内莉。因为新娘家人的观念非常传统，他们认为，哥哥没结婚之前弟弟先结婚是不妥当的做法。婚后不久，莱昂参军了。由于他这些年参加了国民卫队的训练，所以被送到军官候选人训练营，成了军需公司的少尉，而他不是美国人这个问题也用简单的办法解决了。他没上过战场，多数时间待在位于印第安纳波利斯[①]的聋哑人避难所，当时该所已被征用为军事基地。维克托也如期参军了，但直到战争结束，他也没有离开过美国。

大约在 1917 年末，我因为申请豁免服兵役，要去征兵委员会答辩。那时我和黑兹尔正期待着我们的第一个孩子出生。委员会官员询问了我的婚姻情况，他们对前一年 11 月我们在订婚派对上收到服兵役的电报一事留下了深刻印象。虽然他们对我都很友善，但我还是为自己感到羞愧。我有些激动地说道，我对家庭

① 美国印第安纳州首府。——译者注

的义务使得我提出了豁免申请，但如果委员会认为我应该立即或者稍后服役，我会接受安排，以缓解我的愧疚感。然而，我的豁免还是得到了批准。

在此期间，我还是有过一段打了折扣的从军生涯。由于国民卫队的士兵全部去参战了。当时成立了一个名叫“纽约州卫队”的新机构以取代国民卫队的分支机构。我成了第 22 工程兵 M 连的成员。我们在靠近百老汇第 168 号街的军工厂进行演习，而那里是真正的第 22 工程兵所在地。我们每周都会演习，每月进行兵团检阅，完成不同的特定任务，包括作为仪仗队为米切尔市长的葬礼服务。我们的上校是科尼利厄斯·范德比尔特（Cornelius Vanderbilt）[①]，我们的荣誉乐队指挥是著名的维克托·赫伯特（Victor Herbert）。我至今还记得我们连第一次接受检阅的那天晚上，当我们经过兵团演习大看台时，我听到了震耳欲聋的声响。乐队使尽全力演奏，而浮夸的指挥员则用力地挥舞着他的手臂。我们的上校高大纤瘦，留着范戴克式的胡须，他犀利的眼神会看向每一个经过他的方阵，也算是对指挥员发出的“向右看”命令的回应。

我们连的领导是莱森林中尉，只要我们连的人数能达到 40 人的最低要求，他就能马上晋升为上尉。这一目标很难实现，但莱森林还是尽力不停地招募新成员，并给那些已经加入的成员打气。我们都非常喜欢他，最终我们实现了目标，成了兵团里满员的一个连。几周后，莱森林患肺炎去世了。一个新的负责人从其他兵团调了过来。他缺少莱森林的激情，于是，我们的士气很快就消退了。当第一次世界大战停战协议于 1918 年 11 月签订时，我们的士气彻底消失了，我们也没有了再继续过军旅生活的实际理由。然而，作为一位名义上的下士，我还是在兵团里又待了大约一年的时间，负责一个小分队的操练。之所以说是名义上的，是因为我急于在事业上出人头地，所以我不愿意每周抽一个晚上的时间以非正式的军官身份召集大家在军工厂演习。我两年的征召期在 1919 年结束了，我很高兴能光荣退伍。

---

① 美国最富有的家族之一，因经营铁路和水上运输致富。在 19 世纪末 20 世纪初的镀金时代，起家于航运和铁路业的范德比尔特家族是一个起源于荷兰的有名望的美国大家族。——译者注

这就是我不太光荣的战时经历。我没能加入真正的军队，没能与数百万其他年轻人一道在前线出生入死，遗憾和不安贯穿了我的一生。当我写到这里时，一个很不和谐的场景浮现在我脑海。那是1918年的某个时候，由于我稍后将会提到的财务问题，我的母亲不再单独住她的公寓，而是搬过来跟我们一起住。黑兹尔跟母亲完全合不来。母亲习惯于完全独立的生活，并且也不对任何人负责。而我的妻子则是一个精力旺盛、认真尽责和有控制欲的人。她们之间关系总是很紧张，并且时不时爆发言语冲突，然后都来寻求我的支持。我记得有一次，她们正在争吵时，我严肃地宣布，我打算离家去参军。她们马上就安静了下来，我也收回了我的威胁之辞。今天，我的理性告诉我，我没有在法国战场上战死，这对于我以及对于我的国家都是一件好事。然而，我还是会有羞愧感，因为我在第一次世界大战时的做法显得不够忠诚。

1916年是伍德罗·威尔逊和查尔斯·埃文斯·休斯竞选总统的一年，两人的民意支持率差不多是美国政治史上最接近的一次。在那个时期，华尔街本身就是选举的赌博中心。几乎所有交易股票的人都坦率地称自己为“投机者”，而在今天，每个人都把自己称为“投资者”。他们也并不认为股票交易和赛马或其他赌博方式有什么本质区别。如果读者知道纽交所经纪商所提供的其中一项服务就是为客户保管选举赌注的话，可能会感到很吃惊。几年后，交易所为了提高社会声誉而禁止了这项业务。1916年我被推选为公司总统竞选赌博部门的负责人，这一事实在某种程度上也证明了我在公司的确扮演着多面手的角色。几乎所有选举的赌注金额都是一样的。我有一个保险箱，里面装满了现金和签过名的备忘录。选举投票结束的第二天，大家都很兴奋，没人知道究竟谁会获胜。事实上，直到第三天，威尔逊获得连任的官方结果才传到华尔街，而我也开始为那些赌民主党获胜的人分发他们赢得的赌金。

投资生涯中的两次挫败经历

我的投资生涯经历过两次重大挫败，现在我要讲述第一次经历。我的好友阿尔杰农是哥伦比亚大学的英语教授，他是一个坚定的独身主义者，也是一个极为节约的人，他攒了不少闲钱，大部分用来投资了美国照明和有轨电车公司价格很高的公共事业股票。我在古根海姆勘探公司分拆项目上获得的初次成功让我对套利、对冲等特殊交易，以及其他被低估的证券产生了浓厚的兴趣，而这些独特领域正是我享誉华尔街的原因所在。此外，我还得出结论，买进被低估的股票，或者批售的股票，投资者或多或少都能赚到钱。

当我把我的想法告诉阿尔杰农，并把我在其他案例上的成功经验分享给他时，他非常感兴趣。我们签了委托理财协议，他的账户里有 25 股美国照明和有轨电车公司的股票，每股市场价格为 400 美元，这价值 1 万美元的资产就是我的保证金[①]，然后由我来操作账户，利润和损失由我和他均摊。

大约在第一年，我们的账户就赚了不少钱，我从其中分得了几千美元的利润。我用这笔钱买下了位于百老汇第 98 号街的百老汇留声机店。我的哥哥莱昂早就想从沃纳梅克百货公司辞职了，这些年来他对音乐，主要是歌剧以及留声机一直很感兴趣。他不知从哪里得知了欧文·齐恩（Irving Zion）准备以合理的价格出售留声机店的消息。莱昂认为这是一个绝佳的机会，尤其是这家店拿到了艾奥利安 Vocalion 留声机的独家销售权，而这种留声机当时刚推向市场。想到几年前我们在投资电影院上的惨败经历，我没有像我哥哥那样信心满满，但我还是很乐意帮他实现梦想。如果我没记错的话，我们为这家店支付了 3 500 美元，包括固定资产和商誉，然后又以批发价买下了所有商品，总共的投资额大约 7 000 美元。为了拟定法律协议，我们邀请了我们家的老朋友亚历山大·罗森塔尔律师，就是那个 13 年前在父亲墓碑揭牌仪式上致辞的人。当协议拟毕，亚历山大对面颊苍白而瘦削的齐恩说了如下一番话："齐恩先生，我希望你能为这两位年轻人做点特别的事情，因为他们显然热情有余，经验不足。不像其他久经沙场的生意人，他们没有讨价还价就接受了你的报价。你能让他们少付 500 美元，以作为他们急需的运营资本吗？"齐恩先生和蔼地笑了笑，并称赞了罗森塔尔先生尽力为他的年轻客户争取利益的做法。但他还是没有在价格上松口，并声称现在再来谈

① 作者用保证金来融资，从而进行更多的交易。——译者注

降价无异于让孩子把吃到嘴里的面包吐出来。亚历山大叹了一口气，交易还是按照之前约定的价格执行。

我们对留声机店的经营远谈不上成功，但在降价卖掉它之前，我们还是维持了好几年。接手的人是一位前歌剧导演，他比我们更懂行。就艾奥利安唱片公司（Aeolian Records）而言，我发现自己处在了一个啼笑皆非的位置，而这种情况在我职业生涯中反复出现过好几次。艾奥利安唱片公司在第42号街有栋办公楼，我们每次都带着谦卑的敬畏之心去拜访，要么是想去争取点优惠条件，要么是去为自己辩护，因为公司批评我们不重视推销他们的产品，而是更多地在销售其他品牌的产品。15年后，艾奥利安唱片公司陷入了经营困境。那时我的投资基金是艾奥利安唱片公司年息7%的优先股的最大持有人。我成了公司保全委员会主席，要为我们持有的证券拿出最佳重组方案。我们最终成功摆脱了困境，没遭受任何损失。那时我对艾奥利安唱片公司的经营管理提出了尖锐批评，这与1917年我对公司的欣赏简直判若云泥。

第一次世界大战显然对我们留声机店的生意造成了极大的负面影响。当莱昂去参军时，维克托替代了他的位置，成了经营者，后来维克托也被征召服役。我会在某些晚上和周六去店里帮忙。有时候客人会对我们提出一些可笑的要求。有个客人曾经问莱昂，店里有没有露西·盖茨的唱片，莱昂和善地回答说，“没有，但我们有露西·马什的唱片”。[①] 那一刻让我回想起了巴曼农场的两头奶牛，它们的名字都叫露西。还有一次，一个德国人来到店里，问我有没有关于《乡村骑士》（*Cavalleria Rusticana*）[②] 的游戏。我非常严肃地向他保证，演员不会在悲剧歌剧中玩游戏。他对我的回答有些生气，因为他想要问的其实是有没有“乡村骑士”唱片的珍藏版。

---

① 露西·盖茨是20世纪20年代美国著名的歌剧演唱家。露西·马什是一名社会名媛、业余艺术家，她在1928年的某期《纽约时报》上发表过一幅插画，并将稿费捐给了慈善机构。

② 《乡村骑士》是意大利作曲家皮埃特罗·马斯卡尼作曲的一部独幕歌剧，其间奏曲最为大众所熟悉，经常被当作交响乐独立演奏曲目，并作为一些著名电影的场景配乐，如《教父》和《阳光灿烂的日子》。——译者注

当维克托也要离开店铺的时候，我们最好的一个朋友的哥哥接替了他。我对这位年轻人了解不多，但我经常听到有人称他为“王子”。他的确长得很英俊，和蔼可亲，不过也像大多数王子一样，不太聪明。可气的是，他当上店铺经理没几个月，就盗窃了店里的大量存货卖给其他商店，然后把钱装进了自己的腰包。当事情败露时，他带着一个年轻女孩和她的父亲出现在了我们面前。那个女孩把我叫到一边，悄悄说道：“不要为那区区几千美元担心，我已经决心要嫁给他，我会让我的父亲尽一切努力让他免遭牢狱之灾。”我不记得我们追回了多少损失，但我敢肯定，那位“王子”轻易就逃脱了他应该受到的惩罚。

除了留声机店铺的生意起起伏伏之外，我在华尔街的工作也陷入了困境。始于 1916 年秋天的所谓“平静的有惊无险时期”持续了一年，直到 1917 年美国参战，股票价格遭遇了持续下跌。阿尔杰农账户里持有的基本都是面临极大麻烦的证券，比如，我熟悉的密苏里 – 堪萨斯 – 得克萨斯铁路公司的债券。我曾经计算过，它的重组价值远比市场价格高。然而，在熊市中，它的报价跟我持有的其他证券的报价一样，不断走低。更糟糕的是，几乎要跌停了。阿尔杰农的账户需要追加更多的保证金，但我的钱已经投在了留声机店铺上，变成了留声机、唱片和固定资产，无法变现。最终，我只好卖掉一部分教授最钟爱的美国照明和有轨电车公司的股票，也因此蒙受了很大的损失。然而账户资产仍然低于保证金，处于冻结状态。我欠下了我无法偿还的债务，更糟糕的是，我管理的阿尔杰农账户亏得一塌糊涂。

我记得有一天吃午饭的时间，我极为绝望地在金融区闲逛，有那么一瞬间，我多多少少想过自杀这件事。但我还是决定把真实情况告诉我的老朋友，尽我最大努力摆脱困境。不用说，对我极为信任的阿尔杰农知道情况后大吃一惊，但他还是对我报以最大的理解和同情。他提议说我可以每月向账户偿还我能够负担的金额，直到亏损完全得到弥补。我同意每月固定偿还 60 美元，这一过程持续了两年，直到市场开始转好，同时阿尔杰农的账户也不再需要额外补充资金。幸运的是，阿尔杰农一直信任我，尽管我似乎并不值得他信任。不过，在后来的岁月里，我为他赚了很多钱。

就在我的财务状况相对紧张的时候，跟我们住在一起的母亲与黑兹尔争吵不断。不过，我的经济状况开始以极快的速度改善，甚至在还清阿尔杰农的债务之前就出现了这种趋势，因此没过多久我就有条件再次让母亲搬出去单独居住。从此，她一直独居，超过了 25 年，直到以悲剧般的方式去世。亲朋好友出于对她的心理健康的考虑，建议她与别人多来往，但都无法说服她。究竟是因为与儿媳同住的几个月给她留下了难以释怀的糟糕印象，还是她的性格使她做出了这样的选择呢？

跟以前一样，在我婚姻的早期阶段，除了每周的薪水，我还有其他的收入来源。我从公司领到了每年圣诞节发放的奖金。1914 年 12 月，因为第一次世界大战关闭了很长时间的交易所重新开张。没人会对圣诞节奖金抱有多大期待，有些公司只是象征性地发了一点，有些则一分钱都没发。平安夜那天，正当我要离开办公室的时候，我们公司的一位老员工指着百老汇 100 号附近几乎门可罗雀的酒吧悲伤地说："你可以想象去年和以往的圣诞节那里的景象，我们会在那个人山人海、拥挤得几乎无法呼吸的酒吧里花掉我们得到的大多数奖金。"我忍住没告诉我的朋友一件事，而阿尔弗雷德·纽伯格也严禁我把它透露给其他人。他给了我一个信封，里面装有 100 美元，作为我在公司承担各种职责的一种特殊奖励。

我之所以对这 100 美元印象深刻，是因为我用了其中 20 美元为母亲买了一个通用牌的小电烤架，这是她一直想要的东西。这件礼物让她喜出望外。她几乎每天都用它来烤羊排或者鱼类，一直用了 30 年，直到去世那天。从那以后，我每年的奖金都会大幅上涨，一直涨到了上千美元。但我觉得，之后越来越多的奖金都没有我第一次打开信封时那样兴奋。

结识重要的朋友威科夫夫妇

1915 年，我结束了在夜校教书的工作，但我还在时不时给总督岛上军官的儿子们当家教。此外，我还在其他教学领域取得了一些成就，比如，我教会了库斯女士如何使用标点符号。通过库斯，我认识了她在 *Vogue* 杂志做编辑的姐姐，因此得到了一个撰文发表的机会，让我误以为从此我将为该杂志撰写专栏。她让我写一篇短文，内容与文学或人文相关，文章将发表在杂志的评论版面上。我很认真地写了一篇名为“圣人和罪人”（“Saints and Sinners”）的文章，其中再次提出了这样一个问题：为什么坏人在生活中总是更热衷于书籍，而不是行善？我在文中施展了自己曾得到过称赞的旁征博引的才华，提到了高乃依[①]在《熙德》（*Le Cid*）中提出的“亲爱的罪恶”这一概念。我想当然地认为，*Vogue* 杂志的读者应该不难明白这一概念的含义和出处。文章发表后我收到了 15 美元的稿费。我马上又写了两三篇类似的文章，但我热切的希望之火很快就被浇灭了，我后来得知杂志社已经安排了另一个文学编辑来写这个月度专栏。出于某些原因，我没有把这些文章发表到其他刊物，就此放弃了我的文学梦想，直到多年后我又尝试了戏剧创作。

也许我放弃的一个原因在于，我开始为其他的媒体撰文。带着些许忐忑，我给《华尔街杂志》投稿了一篇名为“挑选廉价债券”（“Bargains in Bonds”）的文章，其中展现了我对全部债券的相当全面的研究，希望读者能留意到不同债券之间的价格差异。杂志编辑巴纳德·鲍尔斯（Barnard Powers）迅即发表了此文，并让我继续投稿，而我记得这篇文章让我收到了 25 美元的稿费。从那时起，我成了《华尔街杂志》的日常撰稿人。我结识了杂志的创始人理查德·D. 威科夫和杂志的出版人、威科夫的妻子：令人敬畏的卡丽·G. 威科夫（Carrie G Wyckoff）。威科夫夫人的商业生涯颇为传奇。刚开始她是威科夫先生的秘书，后来成了威科夫的妻子、商务助理，然后接替威科夫担任杂志社总经理，最终成了杂志社唯一的所有人。这最终的结果是由他们离婚造成的，同时还伴随着大量的法律纠纷和恩恩怨怨。

---

① 17 世纪上半叶法国古典主义悲剧的代表作家，被称为法国古典主义戏剧的奠基人。1636 年，高乃依推出了轰动整个巴黎的悲剧《熙德》。该剧取材于西班牙历史，并参考了作家卡斯特罗的剧本《熙德的青年时代》，将男女主人公投入责任与爱情的剧烈冲突之中。剧中人物都表现出了刚毅的美德和百折不挠的精神，为了完成自己的义务，不惜牺牲一切。该剧创立了法兰西民族戏剧的光辉典范，但也在法国文坛引起了一场轩然大波，遭到了一些贵族文人的诋毁攻击。——译者注

我的"交友哲学"

在威科夫夫妇离婚纠纷的整个过程中，我与两人都相处得很好。每当我反思这类问题时，我都会发现，我天生适合做每个人的朋友，但无法成为知心朋友或密友。我之所以能得到每个人的喜爱，原因很简单，而且这也不是值得提倡的优点。我很少求人，但又不愿拒绝别人对我的请求。在任何交易或讨价还价中，我总是想让自己给予别人多过别人给予自己，我也希望别人能够明白我的想法。这可能听上去非常像一条利他原则，但真实情况是，我也因此受益匪浅。首先，我的生活只需要来自他人的最小程度的帮助。其次，我真的很享受帮助他人的感觉，至少愿意帮助那些潜力尚未得到发掘的人。最后，我非常幸运，从来没有因为想要得到的东西而不得不与他人进行艰苦卓绝的讨价还价。我很少从道德层面指摘他人的行为，我自己也并非完美，但我会经常反思自己的行为。我有最强大的选择性记忆能力，我会尽可能迅速而彻底地忘记所有不愉快的事情，尤其会忘掉他人对我不友善的行为。

正因为我的这种性格特点，和蔼可亲也好，优柔寡断也罢，我很容易结交朋友，而且友情都很长久。不管是在工作上产生过分歧的男性朋友，还是我曾交往过的女性朋友，我们都能保持友谊。不知何故，甚至通常以分手告终的恋爱关系也没让我和当事人彻底疏远，即便不再有爱情关系，我们也会恢复朋友关系。比如，就在几天前，我的妻子埃斯特尔[①]提到我一个前女友的故事，然后让我猜一猜那个人是谁。为了搜寻线索，我试探性地问道："她跟我还保持着朋友关系吗?"埃斯特尔大笑，说道："我是不是应该换个问法？你跟哪个前女友没有保持朋友关系?"

容易交朋友的另一面在于，我缺乏大多数人所说的"深度"关系，而我喜欢把这种关系称为"完全投入"。我想我可能对吉卜林[②]的一句忠告印象太深了：

---

① 这里是指作者写回忆录的时候，那时他已经处于第三段婚姻中，他那时的妻子叫埃斯特尔・梅辛。——译者注

② 19—20世纪英国著名小说家、诗人，1907年凭借作品《基姆》获诺贝尔文学奖，当年他年仅42岁，是迄今为止该奖项最年轻的得主。——译者注

“让所有人都依赖你，但又不要过分依赖你。”显然，有些朋友会比其他朋友更亲密。但自从上高中以来，我就没有结交过一个真正的密友，一个能让我毫无防备地分享我的想法的朋友，一个他的敌人就是我的敌人的朋友，一个他的朋友也会成为我的半个朋友和半个对手的朋友。在人际关系问题上，我内心有种东西让我抗拒独占或垄断的观念。这使得我既难交上糟糕的朋友，也难交上知心的朋友，此外，我还必须补充一点，这种性情也使我不会对任何一个女友完全不满。

在威科夫夫妇离婚后，我发现自己既要为威科夫夫人的杂志供稿，还要为威科夫先生的投资咨询机构提供服务。对于后一种情况，我每个月要写一篇关于“特殊状况”或“廉价证券”的建议文章。威科夫夫人两次劝说我离开我的公司，加入她的团队。第一次收到邀请时，我没有太多犹豫就回绝了。然而，第二次邀请给了我《华尔街杂志》主编的头衔，薪水丰厚，还有相当不错的盈利分红。我颇为心动，想要接受这一盛情邀请，但阿尔弗雷德·塞缪尔劝我留下来。我记得就是在那个时候，他承诺让我成为公司的初级合伙人，1920 年他兑现了承诺。

我与威科夫夫妇的关系还对我哥哥维克托的事业产生了重大影响。到 1920 年的时候，他已经有很长一段时间都无所事事了。虽然维克托天生是一名优秀的销售员，但他所在的公司总是以倒闭告终。我请威科夫夫人帮忙给他安排点事情做。威科夫夫人叫他到公司见习一段时间，工作职责是将印有杂志广告的股息计算器销售给经纪商。他把这项极为困难的工作干得十分出色，最后正式加入了公司广告部门。此后，他的工作一直做得很好。很快，维克托就成了广告部负责人，而他的前任领导则成了他的助手。在 20 世纪 20 年代的牛市，《华尔街杂志》的发行量增长了好几倍，广告收入也在维克托聪明有力地领导下实现了快速增长，部门的营业收入达到了一个令人难以置信的高度，他也为自己赚了不少钱。遗憾的是，麻烦接踵而至。我认为威科夫夫人要么是她自己爱上了我哥哥，要么是想让我哥哥娶她的妹妹，或者两者兼有。但那时的维克托在风流了一段时间之后，疯狂地爱上了一个美丽活泼的 18 岁女孩西尔维娅·古德曼，而且他们很快就结婚了。那是 1928 年发生的事情，但威科夫夫人似乎从没原谅维克托的

“一意孤行”。他不得不离开薪水丰厚而且职位也不错的杂志社，进入了投资银行业。但他进入行业的时机再糟糕不过，并且这项工作也完全发挥不了他在销售方面的特殊天赋。维克托带着极大的沮丧和悲伤熬了 20 年才重回正轨。他最后 10 年的工作虽然不如他在 20 世纪 20 年代那样赚钱，但给了他所需要的挑战性和安全感。

“最糟糕的司机”上路

我的收入来源包括特定的套利交易和阿尔杰农账户的分红。直到 1918 年那个糟糕的秋天，我一直认为我对阿尔杰农账户的操作是相当成功的，也品尝到了成功的喜悦。早在 1915 年，我就与我的堂哥路易斯共同出钱买了一辆汽车，那是福特的新款车，名叫福特 A 型汽车，是福特畅销的老款 T 型车的升级版本。刚买车的最初几个月，大家都对我们羡慕不已，赞叹新车漂亮的造型。这让身为车主的我得到了极大的满足。具有工程师思维的路易斯在我们正式买车之前就买了一套指导工具，它解释了发动机、变速箱等部件的机械原理，另外还附赠了一辆零部件可以拆卸的硬纸板车模。因此，在把手放到油门上之前，我们就已经成了汽车专家。是的，那时的汽车是用像铁路机车那样的手动油门加速的，而不是用我们今天的脚踏板。

在 1915 年的纽约学开车与今天学开车完全不是一码事，福特会给买了车的客户免费提供驾驶指导。所以，我径直走到百老汇 55 号街的汽车销售店，付了 395 美元，买下了一辆锃亮的新款旅行车，然后由销售员开着它来到百老汇西区，教我如何开车。我必须先学会如何用曲柄启动汽车，这对初学者而言可不是件容易的事。接着，销售员向我演示了如何同时操控三个踏板，包括离合器、刹车和紧急刹车；还演示了如何操作变速器、提前点火器、靠近驾驶杆的减速器，以及手动油门。我还学会了通过挤压小喇叭背后的橡皮球让汽车发出鸣笛声。当我第一次上手开车时，出现过大概 6 次汽车停滞不前的情况，每次销售员都会不耐烦地说：“把你的双脚从踏板上松开。”然后我会再次尝试。我开着车在西街来回经过了 10 个街区，那时西街上方还没有引以为傲的西城高速公路，路面上也没有多少车辆。半小时后，销售员说我已经学会了。于是，我载着他回到了汽车销售店，然后一点不紧张地独自把车开走了。我经过了曼哈顿中心的危险地段，到达了位于布朗克斯的亨特高级公寓，而我全然不记得自己是如何把车安全开回家的。

你可能会问："你是如何通过驾照资格考试的？"不管你信不信，那个时候，只要你有车，就会让你有驾照。法律假定一旦你有了一辆车，你当然就应该懂得如何驾驶。因此，只有没买车的人才需要获取驾驶资格，参加相关考试。

我与堂哥路易斯共同拥有这辆车，这一事实并没有给我们带来任何不快，虽然他多次警告我开车不要太鲁莽。我们对如何使用这辆车的安排是很简单的：每天轮换着开，所有与车辆有关的开销均摊，但不包括昂贵的保险费。我们有时会交换用车时间，但在我印象中，我们从来没有因为用车发生过争执。

在我们家，我一直是那个最糟糕的司机。问题出在我无可救药的走神上，而不是因为我欠缺开车的能力。然而，我的辩护是有道理的，因为在我 45 年的驾龄里，我从来没对任何人造成哪怕最轻微的伤害；除了剐蹭过挡泥板，我从来没撞坏过其他车辆；也没有对我自己的车造成比损坏风挡玻璃更大的破坏，而在那个遥远的、更快乐的年代，换个风挡玻璃只需要 8 美元。

但你们这些批评我的人呢，你们这些因着血缘或姻缘与我如此亲近的人，又是如何对待我的汽车的呢？莱昂和维克托，你们是否记得，有一天你们把车开到我公司，其中一人还提着一个小行李箱，郁闷地告诉我，我的车不小心撞上了电线杆，而你们俩竟然奇迹般地毫发无损，我的车却被撞得稀烂？我记得，我唯一的回应是，问你们是否把撞坏的零部件装进了你们的行李箱。埃斯特尔，你这位优秀的司机，我最严厉的批评者，难道不是你兴冲冲地把车开到公园大道，却开错了方向，撞上了一辆送一个孕妇去医院的出租车吗？我们的政府员工保险公司进行了全额赔付，所以我不知道这场车祸到底花费了多少钱。还有黑兹尔，我记得 1919 年在长岛休利特那恐怖的一天。当时你将我们的福特车撞上了一辆麦克斯韦汽车，母亲好不容易才把车门推开，而她的手上还抱着我们的宝宝牛顿。不过最幸运的是，没有人受伤。麦克斯韦的车主寄给我一张 150 美元的赔偿账单，用于修理汽车。你坚持认为他的要求太过分了，你只不过是撞坏了他的脚踏板，而且那辆车已经非常老旧。我给车主回信说，赔偿 75 美元足够了。在某个下雨的夜晚，他来到了我们在休利特的度假地，带着怒火拒绝接受我们的报价，坚持要 150 美元，1 美元都不能少。为了平息事态，我把价格提高到了 100 美元。他冲进暴雨中，挥舞着他的雨伞，叫嚣着让我们跟他的律师去谈。但我们再没见过他或听到他的消息。就我们所知，他不知所踪了，而我们也从未想过要去揭开他的底细。

我们的汽车的前轴坏了，虽然不知道是怎么坏的，但肯定与撞上麦克斯韦汽车有关。我们很想买一辆新的雪佛兰轿车，然而，由于第一次世界大战后出现了通胀，该车的售价涨到了 720 美元，近乎天文数字。为了销售成功，当地销售员表示，只要我们能当场全款买下雪佛兰轿车，他愿意帮忙把我们的旧汽车修好，然后以 250 美元的价格卖掉它。我的商业经验告诉我，必须把口头承诺变成书面协议。他同意了，在协议上签了字。他修好了我们的汽车，但没有找到买家。就在我们返回纽约之前，我来到了他的销售店，将协议出示给他看，要求他要么把现金还给我，要么至少把我的车还给我。他无可奈何地让我把福特车开走了。当我们开到华盛顿高地时，很快发现有个邻居乐意以 300 美元的价格买下我们的车。于是，我们卖掉了这辆破车，也终于松了一口气。

然而，我讲述这个故事的真正原因在于，我们嫌弃这辆汽车，而它的买家却非常爱惜它。像那个年代的大多数车主一样，他把汽车停放在我们住家的街角。他是一名牙医，经常下楼，用麂皮布掸去车上的灰尘，把车擦得锃亮，同时还要清洗风挡玻璃和车里的储物格。每当看到这一动人场景，我们很难不让自己发出笑声，因为我们会回想起，不久之前他的这辆“爱车”还破破烂烂地停在休利特的车库里。

价值投资的启蒙

我所接受的学校教育使我具备了查找信息、反思和批判的能力，但我要在这些能力的基础上再补充两种能力，而具有学术天赋的人通常是不具备这两种能力的。首先，要有找出问题的重点的良好能力，要具备避免在不重要的事情上浪费时间的能力；其次，要有解决实际问题、把事情做好、提出解决方案，尤其是发明新方法和新技巧的能力。

本的父亲艾萨克·格罗斯鲍姆（1986 年）

本的母亲多拉·格罗斯鲍姆（后改名为多萝西·格雷厄姆）和 3 个儿子——维克托、莱昂和本（约 1896 年）

本 2 岁，与哥哥莱昂和维克托（1898 年）

本 20 多岁，在纽约科尼艾兰的木板路上（约 1916 年）

本和首任妻子黑兹尔（20 世纪 20 年代中期）

本和长子牛顿以及女儿玛乔丽、伊莱恩，在纽约阿斯伯里公园（1925 年夏）

本和首任妻子黑兹尔（1934 年）

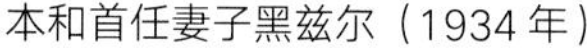

本和母亲在纽约港的甲板上，为要去加州度假的妻子和儿女送行（1936 年）

本和女儿伊莱恩（左上）、大女儿玛乔丽（最右）以及玛乔丽的女儿凯西（中间），在纽约（1945 年）

本和长子牛顿，抱着小儿子
小本杰明（1945 年）

本和第三任妻子埃斯特尔以及小本杰明（布兹），在纽约中央公园（1947 年）

牛顿参军前的告别晚宴，纽约市华尔道夫酒店帝国厅（1953 年）

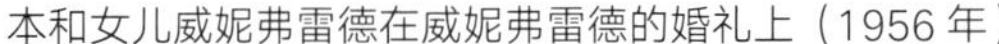

本和女儿威妮弗雷德在威妮弗雷德的婚礼上（1956 年）

本和妻子埃斯特尔在希腊雅典卫城（1960 年）

本和小本杰明在英格兰斯特拉特福（1960 年）

为纪念母亲，格雷厄姆兄弟捐资建造了多萝西·格雷厄姆纪念堂。在康涅狄格州布里奇波特市的西奈山教堂，本和哥哥维克托以及牧师夫妇为该纪念堂的落成献辞（1965 年）

本和女儿玛乔丽的丈夫欧文・贾尼斯在法国普罗旺斯地区艾克斯的塞尚画室（1969 年）

本在位于加利福尼亚拉霍亚的办公室里（1976 年）

本 80 岁的肖像

BENJAMIN GRAHAM

THE MEMOIRS OF THE DEAN OF WALL STREET

第 9 章

提出价值投资理念，真正成功的开始

1919—1929 年，我在华尔街的事业蒸蒸日上，甚至可以说是如日中天。那是一段令人振奋的时期，我在投资上取得了巨大成功，我的生活水准持续提高，我对生活中物质和精神享受的理解得到了拓展和深化，我对自己在金融圈的地位以及同事对我的尊重感到极为满意。然而，生活也并非尽如人意。

1919—1929 年，我在华尔街的事业蒸蒸日上，甚至可以说是如日中天。那是一段令人振奋的时期，我在投资上取得了巨大成功，我的生活水准持续提高，我对生活中物质和精神享受的理解得到了拓展和深化，我对自己在金融圈的地位以及同事对我的尊重感到极为满意。然而，生活也并非尽如人意。我的第一个儿子在 1927 年去世给了我沉重的打击，也许是因为我的事业正处于令人艳羡的鼎盛期，这一突如其来的不幸令我尤为震惊。我的婚姻也出现了危机，尽管我和黑兹尔都认为自己非常聪慧，但我们都没有足够的智慧在婚姻中及时反省和改进自己。我过于追求物质利益上的成功，因此忘记了精神层面上的人生意义。

从日本债券中大赚一笔

1920 年初，我成了纽交所会员纽伯格－亨德森－洛布公司的初级合伙人。这一任命及时公布在了报纸的广告版面。新的职位除了给我带来了涨薪，还让我可以额外分得 2.5% 的公司年度利润，且无须对公司的任何损失承担责任。丹尼尔·洛布和哈罗德·劳斯也得到了晋升，但他们比我早两年进公司，资历更老。阿尔弗雷德·纽伯格先生告诉我，我的分红比例比洛布和劳斯高了 0.5 个百分点，但又嘱咐我不要把这件事告诉他们。最初 4 年，我每年能分得 5 000 美元的年度分红，对此我很满意。

那一年，我开始购买日本债券，这让我在华尔街有了十分特殊的地位。我有一个名叫卢·贝拉尔（Lou Berall）的年轻朋友为了金融事业放弃了在学校教书，去了一家著名的债券经纪商邦莱特公司工作。我们有时会一起吃午餐。有一次，他带了一个特别年轻的名叫润吉三木（Junkichi Miki）的日本人来。这个精力旺盛的小伙子是日本一家大型投行的美国代表，该公司想把美国的债券卖到日本市场。邦莱特公司承担起了培训任务，教他学会美国式投资方法，然后通过他为公司的某些金融产品开拓日本市场。

不过，事情的进展与我们的设想完全相反。三木和他的上司很快发现，收购1906年日俄战争期间散落在各个国家的由日本政府发行的债券，然后卖给日本投资者，是一桩能赚大钱的生意。这类债券对于日本投资者的吸引力一方面在于战后的汇率差，另一方面在于投资者有权收回以日元计价的本金和固定利息。这家日本投行希望邦莱特公司与他们合作，收购大量的这类债券，并寄送到日本。但邦莱特公司忙于自己的承销业务，对他们的想法没有兴趣。

在跟贝拉尔和三木吃午饭时，这位年轻的日本人问我，我们公司是否有欧洲或其他组织的金融资源一起来把这项回购业务做大。庆幸的是，我可以代表公司答复他，我们有能力也愿意为他提供全方位的服务。在我们完成了一两笔尝试性交易后，三木很满意，于是我们开始进行深度合作。他同意让我们提供独家服务，从事大规模的收购，而我们也同意只为他们公司进行收购业务，该公司名叫大阪藤本证券经纪银行。我们将附有汇票的债券运往日本并承担电报和船运费用，扣除所有成本后，我们每笔交易可获得2美分佣金。

这项业务做到了百万美元的规模。我们与伦敦、巴黎和阿姆斯特丹的经纪商建立了良好关系，而这些机构手中持有大量我们想要的债券。由于法郎对日元汇率出现了贴水，在巴黎交易的债券价格相比票面价值有很大的溢价，与此同时，日本投资者购买类似债券则可获得很大的折扣，即便扣除不菲的经纪商费用之后，仍有很大的价差。

从某个方面来讲，开展这项业务让我在后台部门变得极不受欢迎。出于某种我已经忘记的理由，这些债券的很大部分首先以100美元的面额在美国出售，而当时一张美国债券的面额通常是1 000美元，或者不低于500美元。巴黎和伦敦发行的债券面额跟美国是一样的。在西方国家市场，小面额债券不受投资者待见，价格会打很大的折扣。但在日本，投资者没有这种偏见。能以便宜的价格搜集到这些债券，三木感到非常开心。于是，我们的后台部门同事就不得不将这些小面额债券一捆捆打包。通常，我们会一次性购买总计面额为10万美元的债券，这意味着里面有1 000张小面额债券。后台人员不仅要清点数量，而且要逐一核对票息是否准确。

由于我们手上经常握有大量等待被打包的这类债券，我们需要为它们准备一个特殊的保险箱。我们的跑腿者不得不每天将这台很重的保险箱从保险仓库搬进搬出，而他们都知道这是本杰明·格雷厄姆的保险箱，因此对我颇有怨言。然而，这项业务的规模达到了百万美元，而且证明它为公司创造了很大的利润，我们收取的佣金肯定超过了10万美元。大约两年后，三木创立了自己的办公室，开始自己收购这些债券。我们知道这种事情是无法避免的，因此对他没有任何怨恨。与此同时，我们公司也在日本金融圈声名大噪。有两家日本证券交易所派出代表团来学习我们的经纪业务方法和技术，想把它们复制到东京和大阪。三木带他们来见我，我们交流了很长时间，他们临走的时候还带走了我们公司一整套内容丰富的文字材料。没过多久，他们就用日语发表了一篇关于纽约股市的长篇报告，然后寄了一份复印件给我。当我看到报告上每隔几页就标注了资料来源，并且还印有我们公司的设计标识时，我感到既惊讶又欣喜。

随着我们全力推进与藤本银行的业务合作，我们放松了排他性条款，双方都能与其他经纪商合作。我们通过电报指令从其他两家日本经纪商那里购买债券，这些电报使用5个字母的编码，这样可以很大程度上节约电报费。这种编码信息可能存在很多模糊和错误之处，尤其其中一方发电报用的是日本人的思维方式，但这项持续了两年的业务进展得相当顺利。虽然我们确实遇到过一件麻烦的事情，但它展现了日本人为了建立诚实可靠的商业信誉所做出的努力。

东京一家经纪商向我们下了一个价值数 10 万美元的债券购买订单，这可是一笔大买卖，我们及时向对方确认了订单。但随后对方又回了一封电报，上面写着："订单取消，确认。"我们取消了尚未完成的订单，然后用电报回复对方："订单已取消。"接着，我们将已买到的债券寄送过去。那个年代还没有航空邮件，所以当一个月后债券抵达东京时，我们的东京朋友极为惊讶和生气。他们坚称购买诉求已经取消了，他们不会为此担责。当然，我们也声称，在华尔街"订单取消"仅仅指取消尚未完成交易的订单，他们应该告诉我们"交易取消"，尽管这么做也为时已晚。这都怪我太蠢，没有在电报上把这件事表达清楚。

在寄送债券期间，市场出现下跌，债券总计亏损了好几千美元。我们与在纽约的横滨铸币银行交涉，该银行属于日本的政府机构，也是金融圈的官方代表。没过多久，他们就向我们全额支付了债券的购买金额，尽管他们可以有理有据地坚称，在多少有些争议的情况下，双方应该各自承担一半的损失。

与润吉三木交好

我和三木成了好友。他时不时会到我家来，似乎很喜欢吃我们的犹太餐。出于礼尚往来，他邀请我去哥伦比亚大学附近的日本俱乐部的奢华餐厅，我在那里第一次吃到了日本菜。让我感到惊讶的是，我发现我喜欢蘸着各种调味酱，吃各种生鲜鱼类。不过，在地板上坐两个钟头确实算不上是一种舒适的体验。

三木会时不时把我介绍给各种日本富豪，他们多数是金融圈人士。有一天，他问我是否可以把他的朋友川相先生带来一起吃午饭。川相先生是个英俊、健壮、平易近人的年轻人。席间，我们聊到了华尔街以及各种其他话题。当我们离开时，三木用他标志性的笑容说道："格雷厄姆先生，也许你会期待在下周的某一天去森林山看川相先生打网球。如果你愿意，我很乐意为你提供一张门票。"直到那时我才意识到，我是在跟著名的日本网球运动员共进午餐，而他差点赢得了美国网球公开赛男子单打冠军。我怎么可能拒绝看网球比赛，这可是我最喜欢的运动项目！我怎么会如此愚蠢，浪费掉吃午饭时与他交流网球的机会！

35 年后，我到访日本，再次见到了我的老朋友润吉三木。回到日本后，他成了大阪证券交易所的一名官员，同时也当上了神户大学的金融学教授。他带我参观了大阪交易所，把我介绍给了他的同事。他把我带到交易所理事长的办公室，那里坐着一大群人。介绍完毕后，三木殷勤地对我说："好吧，格雷厄姆先生，你愿意好心地花 45 分钟为这群人讲讲证券分析的原理吗？我很乐意为你做翻译。"这一安排完全出乎我的预料，但在那种情况下我还是尽我所能满足了大家的要求。每说完一两句话，三木都会非常流利地把我极具专业性的语言翻译成日语，而我看到屋子里的听众频频点头，想必是理解了我说的话。

在与三木重逢期间，我去了大阪最好的餐厅，体验了日本独有的艺伎文化。考虑到艺伎馆里有很多美国客人，有的餐厅会在低矮的桌子下面开个凹槽，这样客人就可以坐在地板上，双腿放在凹槽里，这对于西方人而言真是太贴心的设计了。艺伎都很漂亮，衣着华丽，非常擅长歌舞和弹奏弦琴，并且会在漫长的宴席期间一直殷勤地对待客人。她们对美国舞蹈了解有限，而我则不然，因此我可以教她们跳一两步美国舞。我们玩了一些无伤大雅的游戏，共度了一段愉快的时光。这种完全没有道德问题的文化能让疲惫或不那么疲惫的生意人和享受生活的人放松身心，实际上也有助于婚姻的幸福。我们能说服疑心很重的妻子，将其引入美国吗？

回到 1920 年。有一天晚上三木来到我家，让我教他打扑克。我根据纸牌游戏的规则指导他，他认真地把不同要诀的含义记在了小本子上。我们打了几轮，其间他不停地将他的出牌方式与他记录在笔记本上的要诀进行对照，然后他说自己表现得还不错，已经可以与他的朋友玩牌了。几天后，我问他战果如何。"哎，格雷厄姆先生，"他难过地摇着头，"你不是一个很好的教练，我输了很多钱给我朋友。""我的天，"我回应道，"我有哪些地方教错了吗？""你没教错任何东西，你只是忘了教我该如何运用心理战术。他们整个晚上都在'诈唬'我，当牌局结束时，他们一直在拿这件事嘲笑我。"我对自己不可原谅的疏漏感到非常抱歉，我甚至提出他输掉的钱由我来出，但他以真正的日本人精神拒绝了我的好意。

统领投资研究部

我开始全权负责公司的“统计”部门，如今它有了一个更专业的称谓，叫作“研究”或“投资研究”部门。我的助手是小我两届的大学师弟，名叫利奥·斯特恩（Leo Stern）。当我离开公司时，利奥接替了我大部分的工作，后来他也成了公司的初级合伙人、全面合伙人，并最终成为公司两个高级合伙人之一；另一个是莱斯特·纽伯格，他是我曾经效劳过的公司的 4 个合伙人中年龄最小的一个。我和利奥要处理所有关于证券列表或单一证券的客户咨询，无论是当面咨询还是邮件咨询。我们会时不时发表文章，非常详尽地分析一只或多只证券。这些文章的内容通常包括推荐优质证券，或者建议将不那么优质的证券换成更具吸引力的证券。比如，美国胜利公司债券的票息率为 4.75%，还有两年到期，市场价格为 97.75 美元。我们建议持有该债券的投资者把它换成美国长期国债，票息率虽然只有 4.25%，但市场价格更低，大约为 87.5 美元。事实证明我们的判断是正确的，当时的高利率将逐渐走低，因此政府长期债券会上涨到票面价值，甚至更高的水平，而短期债券的上涨空间则非常有限。我们的文章刊登在了报纸上，题目叫“给胜利公司债券持有人的建议”。见报后，纽交所很快就索要了一份复印件。那个时候有一条不成文的严格规定，禁止交易所会员机构建议客户将其他证券换成政府债券。不过，纽交所没有批评我们的做法，这不仅是因为从爱国的角度来讲斥责购买政府债券的行为是站不住脚的，还因为事实证明采纳了我们建议的投资者都赚取了可观的利润。

而另一篇文章就没那么明智了，它属于一种常规分析，对所有上市的轮胎和橡胶公司股票做了详尽比较。基于统计数据，我们注意到，阿贾克斯轮胎公司（Aiax Tire Company）的股票似乎最有吸引力。几天后，一位高大英俊的绅士走进了我们的办公室，说自己叫霍勒斯·德利瑟（Horace de Lisser），是阿贾克斯轮胎公司的主席，想来见见这篇文章的作者。他的外表很出众，因为他在寒冬里戴着一顶草帽，这也算是他的标志性特征之一。后来我的秘书米里娅姆表妹会经常拿当时发生的事情打趣。德利瑟径直走向了我们部门，看到我在办公室外面处理其他事情，就用一种傲慢的腔调命令道：“小伙子，带我去见格雷厄姆先生。”

他误把我当成了办公室职员，可能他是近视眼，也可能是因为我年纪轻轻就当上了高级管理者，而我的长相又比实际年龄看起来更显小。他对我的这一印象持续了多年，并由此引发了各种事件。我不知道我俩碰面时谁更惊讶：他了解到对他的行业做出分析的竟然是一个年轻人，而我则见到了一个戴着草帽的怪人。我们的交谈显得非常拘谨。若干年后，我有些后悔当时没有在发表文章之前拜访一下德利瑟先生。阿贾克斯轮胎公司的好日子没有持续多长时间，然后就逐渐陷入了破产境地。

人生中最重要的一段友情

我人生中最重要、最有收获的一段友情就与我发表的分析文章有关，而且是以相当意外的方式发生的。1919 年，我正在详尽比较芝加哥－密尔沃基－圣保罗铁路公司和圣路易斯西南铁路公司这两家公司。不过，现在我要暂时放下这个话题，聊一聊命名术。在金融圈，我们都会为铁路公司取个别名。当我开始研究这两家公司时，我听到我们的高级交易员墨菲提到了“空头停靠”（shortshop），我以为他说的是“空头股票”（short stock）①，我很想知道怎么会有人去买 100 股“空头股票”。但实际上，他说的是圣路易斯西南铁路公司，而它在行情显示系统上的缩写是“SS”。至于芝加哥－密尔沃基－圣保罗铁路公司，人们一般称它为“密尔沃基”，但在交易所之外，别名就不是基于行情显示系统的缩写来取了。最有趣的一个例子是艾奇逊－托皮卡－圣塔菲铁路公司。所有铁路人或客户只会把它叫作“圣塔菲”，而不会叫作别的什么公司。但很多年来，它的行情显示缩写字母是“ATCH”，所以在华尔街，它一直被叫作“艾奇逊”或者“艾奇”。不知何故，荷兰证券交易所对它的缩写是“托皮卡”。所以，人们都知道这家铁路巨头在三个城市的三个不同市场②有着不同的叫法。

① 在翻译这两个词时，译者有意使用了韵脚，以表明两者很容易听错，尽管“shortshop”并没有“空头停靠”的意思，但“short stcok”确实是指“空头股票”，意思是被市场看跌的股票。前者的含义对于下文不那么重要，而后者则更为重要。——译者注

② 这里说的“三个城市”还包括圣塔菲总部所在地芝加哥，“三个市场”不仅指证券交易所，还指铁路运输市场。——译者注

在我进入华尔街之前，北太平洋铁路公司既有优先股也有普通股。它们在金融圈很有名，分别被称为“大钳子”和“小钳子”。在1901年出现著名的“北太平洋”困境和恐慌之后，它的优先股就退市了。但13年后，我仍然经常听到人们把它的普通股称为“小钳子”。不过，对命名术的迷恋在大北方铁路公司身上体现出了更加负面的影响。出于财务策略上的考虑，它的普通股退市了，而它原来的优先股则取代了普通股的地位，变成了与其他普通股无异的新普通股。然而，多年来，它的官方和非官方名字都叫“大北方优先股”，而华尔街经纪商也把它的普通股当成了可投资的铁路优先股。对于多数华尔街的业余投资者来说，他们很自然地会误以为该普通股拥有优先股的特别保护权。直到几年后，这一不可饶恕的错误命名才被纽交所纠正过来。

那个时候对“大钢铁”一词的使用也出现了颠倒的情况。当美国钢铁公司于1901年在交易所上市时，价格更高的优先股很快就被称为“大钢铁”，而交投极为活跃的普通股则被称为“小钢铁”，就跟“大钳子”和“小钳子”的情况一样。最终，普通股的价格超过了优先股，而在1901年，很少有华尔街投资者能预见到这种情况以及老别名也有失宠的时候。有一天，我惊讶地听到有个分析师用了“大钢铁”这个词，但我发现，他指的是美国钢铁的普通股。因为公司已经成为最大的钢铁企业，所以人们都叫它“大钢铁”。毫无疑问，关于华尔街上市公司别名的曲折故事，我完全可以写篇长文。

言归正传，在对芝加哥－密尔沃基－圣保罗铁路公司和圣路易斯西南铁路公司做了对比分析后，我十分确信圣路易斯西南铁路公司的普通股和优先股的投资价值比对应的芝加哥－密尔沃基－圣保罗铁路公司股票更有吸引力。事实上，市场似乎已经不太看好芝加哥－密尔沃基－圣保罗铁路公司，所以我在发表我的文章之前把它提交给公司高管看一看，以示公平和慎重。我去见了公司分管财务的副主席罗伯特·J. 马罗尼先生（Robert J. Marony），他的办公室在百老汇42号。作为一家铁路公司的副主席，他非常年轻，大概只有40岁，是个身材矮小的爱尔兰人，看上去很精神，也很聪明。我带着些许尴尬告诉了他我来这里的意图。他快速浏览了我的文章，然后把它交还给我，说道：“对于你提到的事实或得出的结论，没什么可争论的。我希望我们公司是表现得更好的那一家，但的确不是，这是事实。”然后，他问了我一些关于我工作方面的问题。很快，我们就谈到了套利，这是我擅长的领域，而他对此也相当了解。我向他提到了一个新的有趣的机会，他仔细听了我的解释，然后委托我帮他买 1 000 股。这一结果是我在拜访他之前绝没有想到的。

这一奇特经历成了我与他在商业关系和个人友谊上的开端，这种良好关系一直持续到今天——1960 年 6 月。马罗尼成了本杰明·格雷厄姆共同账户的所有者，然后又从一开始就成了格雷厄姆-纽曼公司的大股东和主席，直到公司解散。他还是我们组织成立的各种保护委员会的成员，并最终与我一起成了极为成功的政府雇员保险公司的主席。无论是在美好的岁月，还是在艰难的时日，我们一直都是很好的朋友。有一次，在完成了一笔成功的交易之后，他给了我一部分提成，因为他认为我需要钱来帮助自己摆脱财务困境。几年前，我邀请过他和他的妻子比阿特丽斯以及女儿玛乔丽乘坐游艇出行，这艘名叫“雷波索”的游艇是从医生转行成为投资人的和善的赫尔曼·巴鲁克（Herman Baruch）先生借给我的。这次愉快的旅途之后没过多久，马罗尼和比阿特丽斯以特别悲惨的方式失去了他们唯一的孩子。而在几年前，看上去永远那么年轻的马罗尼在我们的办公室突发中风，之后再也没能完全恢复自己的表达能力。

在这 38 年的亲密关系中，我和马罗尼从来没有在任何事情上产生过分歧。考虑到我们一起经历过经济环境的起起伏伏；我们一起在很多重要问题上做出过艰难抉择，我们对诸如利润分配和其他赔偿方式等忌讳问题达成了共识；以及他时不时会下意识地对别人而不会对我发发爱尔兰式的脾气，这可真是一个难得的纪录。然而，我必须诚实而又懊悔地承认，哪怕是马罗尼，我对他的喜爱程度也与其他任何人一样，我从来没把他当成知心朋友或密友。也许我可以把这一事实总结成一句话：我俩从未一起出去玩过。对有些人而言，这是一件多么简单的事情啊，但我总是想不起要这么做。

给投资者的教训

我以公司的名义写过 3 本小册子，题目叫“投资者的教训”。在 25 岁那个轻狂的年纪，我根本没有意识到这个题目的自大和我的无知，我竟然试图指导平均年龄至少比我大一倍的投资者。然而，我相信我写的内容是有价值的。我尤其感到骄傲的地方在于，我提出了以合理价格买入优质普通股的观点，并对此做出了有力的论证。我认为“如果一只普通股算是一笔好的投资，那它也是一种有吸引力的投机行为”。这在当时是极具创新性的观点。我的理由是，如果这笔投资是物有所值的，如果市场价格显著低于股票的内在价值，那么股票价格就应该会有巨大的上涨空间。只要大量的散户还没有追捧这样的股票，前述结论的确就是成立的。几年后，20 世纪 20 年代的大牛市到来，散户开始追捧低估的股票，完全忘记了股价的安全边际，于是将之前稳健的投资行为变成了最为疯狂和危险的投机行为。

作为初级合伙人，我从事的大部分工作都不在证券分析上。我要管理公司的自营账户，但交易类别仅限于套利和对冲；我还是一名税务专家；我要从事柜台交易，包括日本债券交易；我要负责保障公司的行政服务效率；当然，我还要服务越来越多的各类客户，他们会为公司带来大量的佣金收入。

第一次世界大战结束后，美国税法和监管逐渐从以前极为简单的模式变得复杂而又烦琐。由于新的法规政策会影响我所分析的公司的盈利，我对它们进行了全面研究。就是我比别人多懂的这么一点点让我很快成了一名专家。通过为我的一些客户申请税收返还，我还赚了一些钱。到了 1920 年末，我的这些客户有很多在证券投资上遭受了账面损失，与此同时，他们还要为日常收入缴纳大额税金。与任何其他地方的投资者一样，这些人不愿意卖出自己的证券，因为相信它们会涨回来。但我援引收入税法的章节和条款指出，可以卖掉这些股票，确认损失，然后马上以变现的资金再买回来，而这一操作的总成本只涉及交易佣金和过户税。当我的话被传出去后，我们接到了这类能够创造丰厚佣金收入的“卖出又买入”的大量指令。令我感到自豪的是，我们是纽交所会员机构中第一家执行这类交易的公司。而到了年末，每个人都在进行这种操作了。在我的印象中，第二年国会通过法案，要求卖出和买入须间隔三天，于是这一“盛宴”宣告结束。

我对税法及其后果还做过一项最深入的研究，它与计算当时很受重视的公司资产负债表上的商誉或“水分”资产有关。1917 年的超额利润税允许税前抵扣一定比例的有形投资资本开支，外加少量的无形资产类别，包括商誉、专利权，等等。专利权几乎总是与有形资产密不可分，被算在“资产账户”上。通过一系列公式，我从纳税准备金或已付税金、税前收入和资产账户这三个已知项目倒推出了资产账户中有多少金额被放在了商誉中。我把我的研究成果整合成了一篇文章，发表在《华尔街杂志》上。编辑巴纳德·鲍尔斯告诉我：“本，我和这里的其他人都看不懂你的公式。不过，看上去你对整个课题做了深入研究。我完全相信你，我们会发表这篇文章。”考虑到当时的公开数据有可能存在诸多错误，事后证明我的计算结果还是相当准确的。直到多年后，上市公司才开始披露相关信息，然后对其资产组成中的“水分”部分计提减值。不过，到了那个时候，资产价值相对于盈利和盈利增长已经变得完全不重要了，披露资产价值不会对金融圈产生任何影响。

我还要补充一点。我的计算表明 5 亿美元面值的美国钢铁普通股和 3.6 亿美元面值的优先股一文不值，全是“水分”。在接下来的一篇文章中，我通过类似的计算表明，美国钢铁公司一定是在 1918 年多测算和多缴纳了税金。事实证明，我的这一推断是正确的，公司随后也从政府那里获得了巨额的税收返还。

尽管我从来没有付出过特别的努力来维护公司的股票和债券客户，但毫无疑问，维系与客户的良好关系需要时间的检验。当时我管理着一些客户账户，它们的交易范围被严格限定在我尤其擅长的套利和对冲领域。阿尔杰农的账户就是我长期管理的账户之一。我记得其他账户也没有产生损失，而且获得了 25% 的累计净利润。其中一个账户是我高中的老朋友悉尼·罗戈交给我打理的。我的标准操作方式是以相似面值买入可转债，同时卖出相关普通股的看多期权；或者换一种相反的说法：做空普通股，同时卖出看空期权，以规避空头仓位的风险。我操作了大量的看空期权和看多期权，事实证明，它确保我们的整个交易获得了令人满意的利润，无论股票价格是在上涨、下跌或者横盘。我不想在这里为读者解释这一复杂操作的技术细节，但它的确以巧妙的方式取得了成功。

1919 年，我们在皮尔斯石油公司（Pierce Oil）债券上也完成了一次类似的操作：卖出看空期权，以规避我们的空头仓位风险。当时市场持续走跌，我们轧平了部分卖出看空期权，但还有200股价值大约400美元的卖出看空期权到期了，却没有出现在账户上，但第二天它又出现了。被我们戏称为“博士”的多尔蒂从后台部门来到我办公室，说其他公司出现了差错，问我的客户现在是否要接受这笔卖出看空期权。我问“博士”出现这种情况一般会怎么办。“哦，”他说，“如果不是必须这么做，没人会傻到去接受看空或看涨期权。”我不想被视为傻瓜，于是代表客户拒绝接受。当我把这个小小的意外之财[①]报告给罗戈时，他建议我们应该在周末带着自家妻子去大西洋城潇洒一下，花掉这笔钱。我们确实这么做了，我们住了一家最好的酒店，以平时不太常见的方式大手大脚地花钱，度过了一个愉快的周末。我讲这个故事意在指出，在我人生中，我经常见到这种极其奢侈的消费方式。生意人在做生意时通常会遵守一系列价值观，然而在私人消费问题上，他们给自己设定的价值观就要宽松得多。对于一天的经营收入而言，100美元是个小数，但对家庭而言，则可能是笔大数目，会导致夫妻产生矛盾。这两种区别在心理学上是很好理解的，可能也有利于避免让家庭陷入不理智的财务困境。不过，它的确让生意人在对待金钱的态度上具有了一种双重人格。就大西洋城的例子而言，这次特殊的奢华之旅正好显示出，我们能够将从商业经营中赚得的一笔钱直接用于我们的私人生活，虽说这笔钱算不上太多。

莫里斯舅舅于 1918 年在我这里开了个账户，这对我而言注定是一个重大时刻。刚开始账户里只有几千美元，收益也相当令人满意。然后到了 1920 年，他向我提出了一个令我惊讶的建议。作为一名效率专家，他刚从通用汽车退休，领到了 2 万美元退休金。他想把这笔钱投入他的账户，并通过这笔钱赚取的利润过

---

① 这里的“意外之财”是指，由于其他公司出现差错，导致罗戈账户上少了 200 股的卖出看空期权，而作者决定不接受后来返还回来的该期权，于是就因为别人犯的错误而白捡了 400 美元。——译者注

退休生活。他相信，既然我现在已经在操作大量资金了，我也一定能操作更大规模的资金。我敢保证，我从来没鼓励过我的舅舅做出这种在我看来似乎有些冒险的举动，但我还是接受了他的信任。从那时起，他经常到我公司来，查看市场行情。他从来没有自己操作过交易，我也不记得他有过干预我操作的情况。如果我的记忆是准确的，对于他这种天生就特别喜欢管闲事的人而言，这种克制绝对是难能可贵的。

接下来的 10 年似乎也证明了他的决定是完全正确的。虽然他每个月都会取走一些资金用于生活开销，但他的账户资产还是增长到了一个很大的数额。1929 年之后的故事则有所不同，并且令人极为沮丧。他于 20 世纪 30 年代去世，那时我们缩水的财富正在恢复增长的路上。然而，他留下了一套房产，导致他的寡妻和他第一段婚姻所生的孩子们之间产生了巨大纷争和情感伤害。作为调解人，我可以解决纷争，却无法修补情感伤害。

另一个客户是我的校友道格拉斯·纽曼（Douglas Newman）。他的账户投机性很重，我没有负责为他提供操作建议。他似乎是从一个大交易员那里获取市场建议，后来这位交易员开始来我们这里做交易，而我见识了什么是真正的投机。他钟爱两只股票，一只是墨西哥石油公司，另一只是泛美石油公司。它们都是纽交所交投最活跃、波动最大的股票。他交易的规模很大，既做多又做空。他总是一会儿赚大钱，一会儿又亏大钱，并且对此毫无畏惧。他是一个天生的赌徒，具有一个赌徒该有的性情的所有显著特征。在 1920—1921 年的市场下跌过程中，他破产了，后来我再也没有见过他。

一场由贪婪而起的内幕交易

1919 年，我们经历了一个相当典型的牛市，其间充满了内幕交易者的无耻操纵以及公众投资者贪婪、无知和天真狂热的常见结合。15 年后，在我撰写剧本的那个阶段，我决定写一部关于华尔街的戏剧。那时，1929 年至 1932 年的凄惨景象还在我脑海中留有鲜活印象，但我不想写那段经历，因为它过于极端，不符合艺术标准。相反，我想写 1919 年至 1921 年的故事。剧本中包括我在我们公司的行情报价厅里见过的一些人物，比如，一位名叫里德尔的偏执化学家，他唯一感兴趣的股票就是美国煤制品公司，这家公司让他成了百万富翁；还有鞋店老板弗里德曼兄弟，他们最早来我们公司时，只买风险最低的债券，然后谨慎地买了很多奇怪的所谓“最佳股票”，最后他们的生意破产了，狂热的投机也失败了。

当然，我在剧本中扮演了一个英雄角色，一个明智的从别人公然的操纵中获益却没有遭受任何投资风险的年轻人。我是通过构思情节来表现剧本主题的，其中有个情节，涉及一群匹兹堡的散户投资者把关注点转向了股价飞涨的洲际石油公司。我的这个剧本——《愤怒的洪水》(*Angry Flood*)，其灵感来自莎士比亚的剧本《尤利乌斯·恺撒》中的诗句：

> 你是谁，恺撒，现在
> 与我一同跳进这愤怒的洪水？

这个剧本从未搬上过舞台，我也不记得它的原稿目前在哪里。不过毫无疑问，忘掉它也毫不足惜。

事实上，我十分顺利地度过了 1919 年至 1921 年这一危险的时期。我已经从 1917 年操作阿尔杰农账户的糟糕表现中吸取了很多教训，我没有让“愤怒的洪水”吞没我。我的操作几乎总是围绕着套利和对冲，虽然利润有限，但尚能令人满意，同时我也让自己规避了严重的损失。一个典型的操作是：当时最受欢迎的投机品种是联合纺织公司，它是刚刚由一些次等纺织厂联合组建的一家新公司。考虑到有足够的安全边际，我买了一些它的可转债，票面利率为 7%。后来，随着其普通股价格的上涨，我把可转债转换成了普通股卖掉，赚了不少钱，而它后面的情况如何就与我无关了。丹尼尔·洛布十分看好这只股票，为他的客户买了数千股普通股。我记得我建议他把普通股换成有 7% 年息的可转债，并指出他获利的概率几乎是一样的，同时还会面临小得多的损失风险，而这种风险回报比是非常吸引人的。洛布的答复是他的客户不喜欢买可转债，他们总是喜欢看到账户里有股票，而且没有必要为了债券额外的安全性而付出额外的交易费，因为他确信这只股票一定会有巨大的上涨空间。不到一年时间，这只股票从 70 美元跌到了 20 美元，而年息 7% 的债券再次融了资，价格也涨到了面值之上。

毫不谦虚地说，我已经成了我所在专业领域的行家里手。然而，我还是在华尔街的其他领域做了一些蠢事。有一天，我与《华尔街杂志》编辑巴纳德·鲍尔斯聊到一篇文章，他告诉我，他正在考虑尽快退休，因为他在一只名叫“厄特尔石油”的股票上大赚了一笔。他的一个好友有一天在写字楼的一楼邀请他投资一家公司，那个朋友集合了一笔资金入股了一家刚成立的公司，买入价格为 3 美元。几天后，该股票就在场外交易市场上市了，开盘价为 10 美元。这位资金管理人在那个价位卖掉了所有参与人的股票，鲍尔斯收到了一张巨额支票，作为他按比例分得的利润。我被这个故事迷住了，也许我还说了一些嫉妒的话。鲍尔斯很好心地邀请我参与下一次类似的交易，如果到时候还能为我留出资金额度的话。

当然，下一次赚大钱的机会很快就来了。一家名叫“萨吾奥尔德轮胎”的新公司刚刚成立，它拥有修补汽车轮胎的工艺专利。修补轮胎在那时还是一项特别有吸引力的新生意，因为新轮胎的价格较高。公司的入股价格为 10 美元，投资者预测它在场外交易市场上市的开盘价要比这个数字高得多。我记得我拿出了 5 000 美元。一切就像奇迹，几天后开盘价是 35 美元，大家兴奋异常。在那一周结束前，我收到了 1.5 万美元，而我的投资本金只有 5 000 美元。

虽然我天生的保守倾向和常识告诉我，这类操作本质上就是欺诈，但贪婪还是主宰了我。我渴望继续寻求参与类似交易，也把这件让人开心的事情告诉了几个朋友。萨吾奥尔德轮胎公司的股价持续攀升，一块大幅的电子广告牌很快出现在哥伦布环形广场，先是显示“SAVE”，然后闪出“OLD”，接着巧妙地将两个词连成了“SAVOLD”（萨吾奥尔德）。很快，我就听到了一个令人高兴的新闻。萨吾奥尔德轮胎公司决定把它的工艺专利授权给各州的关联公司，而这些公司的股票也会在场外交易市场上市。鲍尔斯向我保证，会让我跟他一起参与。

公司行动迅速。在萨吾奥尔德轮胎公司上市 4 周后，第二家公司纽约萨吾奥尔德轮胎公司也成立了，我们联合投资了大约 2 万美元，入股价格是 15 美元或 20 美元，上市开盘价是 50 美元，而且市场只用了 9.6 万股就把股价迅速拉升到了 60 美元的高位。那是 1919 年 5 月 10 日那一周，我带着兴奋之情庆祝了自己的 25 岁生日。很快，我收到了一张巨额支票，金额是我的投资本金外加 150% 的回报。支票上没有科目明细，我们也没想过去索要明细。当我向每个朋友宣布他们的收益时，他们都告诉我，继续把钱放在我这里，并且都愿意参与下一次类似的交易，毕竟，还有 48 个州的公司没上市呢，难道不是吗？

我们的失望是注定的。第三家俄亥俄萨吾奥尔德轮胎公司的股票在 6 月如期发行，但它的发行额度相对较小。我们被告知没有那么多额度满足我们所有资金的需求。6 月 28 日，公司在场外交易市场上市，到了 7 月，价格涨到了 34 美元，但股价表现没有前两家公司强劲。我们开始担心起来。难道我们的盛宴就要结束了吗？鲍尔斯让我们放心，说一项非常大的交易正在酝酿之中，我们可以大胆参与。然而，第四家公司宾夕法尼亚萨吾奥尔德轮胎公司成了这一系列公司中最后一家上市的。它在除了纽约和俄亥俄之外的所有州都有专利使用权。萨吾奥尔德轮胎公司管理层认为，上市子公司超过 4 家就会成为负担，也会让投资者感到困惑。我们既不能理解，也不能批准这一限制，但我们已准备好抓住最后的机会大赚一笔。当基金开始募集时，我投入了大约 6 万美元，其中一半来自海曼家富有的三兄弟。马克斯韦尔·海曼（Maxwell Hyman）曾经是我的师兄、朋友和客户。有一次，在雅各布四姐妹巨大的避暑别墅里举办的周末聚会上，我俩作为单身汉组队赢得了网球双打比赛冠军。

1919 年 8 月，德国经济的崩盘给世界带来了一系列麻烦。但华尔街股市仍在持续走强，尤其是行情最差和交投最活跃的股票。萨吾奥尔德轮胎公司的表现也很活跃和强势，事实上，8 月的第一个交易日，它就上涨了 77.75%，但也是在同一周，价格很快又跌回到 53 美元。我们迫不及待地期待着宾夕法尼亚萨吾奥尔德轮胎公司上市后的表现，幻想着发大财。

预定上市的那一天到来了，但交易却没有启动，投资者被告知交易稍有延迟，但具体是什么原因，我们至今都不知情。突然，所有萨吾奥尔德上市公司的股票价格开始暴跌，我们很想知道究竟发生了什么。到了 9 月，我们的股票还是没有启动交易。突然，一个巨大的灾难发生在了萨吾奥尔德这几家公司身上。最早上市的母公司的股价跌到了 12.5 美元，在又完成了一些交易之后，市场出乎意料地宣布："所有的萨吾奥尔德股票都没有交易订单了。"10 月 4 日后，三家萨吾奥尔德上市公司从报价系统中彻底消失，就好像它们从来没存在过似的。

对此，我与鲍尔斯商讨过多次，他已把自己的大部分资金和朋友的资金投进了萨吾奥尔德轮胎公司。他告诉我，负责所有这些发行事宜的主要推销人员已经把我们的资金挪用了。我们本可以把他送进监狱，但那样做对我们没有任何好处。我和鲍尔斯成立了一个委员会，代表受害者来处理这件事。我们拜访了那个推销人员的紧邻场外交易市场的办公室。我至今仍记得，在与我们会面时，那个人穿着漂亮的蓝衬衣，戴着昂贵的袖扣。一直是鲍尔斯在负责和他沟通，除了一个例外。那位推销员问我是否想为我的汽车要一个数字很小的车牌号，他可以帮我搞到一个，因为他有个好友叫雨果，是纽约州政府秘书。我冷冷地拒绝了他的好意。

最终的谈判结果是，这位推销人员返还了我们大约 10% 的现金和他所推销的公司的股票凭证。我们想方设法卖掉了一部分股票，最后返还了大约 33% 的资金给参与其中的客户或朋友。

萨吾奥尔德轮胎公司本身的情况又如何呢？我从未知晓过。如果它们还存在的话，估计也已经破产了吧。第二年的投资年鉴中没有出现它们的任何信息。作为所谓的"内幕信息人"，我们只知道萨吾奥尔德轮胎公司可能具有的业务性质和据称发行在外的股票数量。这一信息也基本属于道听途说的自圆其说。然而，我们是多么容易上当受骗啊，居然觉得能把我们的钱投到这类欺诈项目是一种极大的特权，然后寄希望于广大投机者表现得更贪婪、更愚蠢，从而让我们赚取高额利润。1919 年 4 月至 9 月的这 6 个月期间，这 3 家公司数以千计的股票在场外交易市场交易，涉及数百万美元的真金白银。但据我所知，关于萨吾奥尔德轮胎公司，唯一真实的东西就是哥伦布环形广场电子牌上显示的公司名字。另外，据我所知，没有人向地方法院起诉推销人员对公众资金赤裸裸的挪用行为。

显然，与如今相比，1919年的华尔街是一个完全不同的概念。在那个年代，它反映了人们能够想象到的最为宽泛的伦理谱系。就其本身而言，交易所会员和经纪商的行为是无可指摘的。它们在执行客户指令和处理账户上的现金和资产方面也是极为可靠的。不过，它们大多对股价操纵行为是宽容的，而且自己也参与其中；它们还鼓励客户投机，尽管明知道几乎所有投机者最终都将损失惨重。它们在诸如萨吾奥尔德轮胎公司之类的欺诈事件中几乎没有做任何事情来保护公众利益。

不光是很多华尔街经纪商，纽交所自身也要为这些丑恶的行为负责。纽交所允许虚假经纪商展业，从而导致了最不能承受风险的一群公众投资者遭受了巨大损失。虚假经纪商建立了空头仓位，用于抵消客户买入股票后因为可能下跌带来的损失，并且它们还想方设法把客户的保证金装进自己的腰包。为了遵守法律规定，真实的交易必须既要通过经纪商又要经由交易所。而虚假经纪商以高佣金为诱饵，找到了一些正规经纪商帮助他们进行虚假交易。这些正规经纪商不可能不知道虚假经纪商所作所为的性质和后果。我无法理解纽交所怎么可能不知道虚假经纪商的性质，以及它的某些会员机构助纣为虐的行为。

我们公司完全清楚虚假经纪商的运作模式，好几次义正词严地拒绝接受它们提出的优厚合作条件。但我承认，除了基于道义上的拒绝，对于这种行为，我们没有法律上的民事义务或者职业责任；与所有其他经纪商一样，我们只是商人，而不是负责改革的监管部门。

价值投资的启蒙

我以公司的名义写过 3 本小册子，题目叫“投资者的教训”，我相信我写的内容是有价值的。我尤其感到骄傲的地方在于，我提出了以合理价格买入优质普通股的观点，并对此做出了有力的论证。我认为“如果一只普通股算是一笔好的投资，那它也是一种有吸引力的投机行为”。这在当时是极具创新性的观点。我的理由是，如果市场价格显著低于股票的内在价值，那么股票价格就应该会有巨大的上涨空间。

BENJAMIN GRAHAM

THE MEMOIRS OF THE DEAN OF WALL STREET

第 10 章 我成了准百万富翁

本杰明・格雷厄姆共同账户的初始本金为 40 万美元，3 年后，我们的资产达到了大约 250 万美元，大多数来自赚取的利润。由于口口相传，每年都有新的朋友想加入基金账户。吸收新资金对我而言是件毫不费力的事情。

还在学校读书时，我在多个行业做了 12 份不同的兼职工作。但我在华尔街的全职工作只有两份：第一份是在一家经纪公司从员工做到了初级合伙人，第二份是成为我自己公司的老板。在我自己创业之前，我认真考虑过离开经纪行业，成为《华尔街杂志》的专职撰稿人。我从小就喜欢写作，这是一个把“文学”和投资结合起来的机会。但当我把我想要离开的决定告诉公司合伙人时，他们设法挽留了我。

1920 年，在我的大女儿玛乔丽出生后，我决定过一过郊外生活。我们搬到了位于弗农山庄有两层楼的房子的顶层。我们家离弗农山庄乡村俱乐部只有半个街区的距离，我很快就加入了俱乐部，成了网球会员。我在那里结识了很多朋友，加入了一个极端排外的弗农山庄居民圈子。很快，我们就发现大家经常朝夕相处。圈子里有一对夫妇名叫阿伦・霍维茨（Aaron Horvitzes）和格特鲁德・霍维茨（Gertrude Horvitzes）。前者是格林曼在哈佛大学的同学，他读的是法律专业，但从未进入律师行业。相反，他成了另一个同学卢・哈里斯（Lou Harris）的得力助手，而卢与他的兄弟把一家名叫“哈里斯雨衣”的公司经营得相当成功。

阿伦・霍维茨逐渐理解了我的很多投资理念和具体操作方法。哈里斯兄弟提出了一个重大建议：我应该离开现在的公司，为他们管理大额资金，他们会为我提供薪水和盈利提成。他们将为账户注入 25 万美元，并承诺如果我的账户管理得好，收益不错，他们还会追加资金，且上不封顶。我还可以把我管理的其他账户作为初始资本金的一部分。他们开给我的工资是每年 1 万美元，在每年获得 6% 的资本回报之后，我有权从多余的累计盈利中提取 1/15。1923 年初，这一提议正式实施。

我预料到公司不会轻易放我走。不过，我运气不错。纽交所限制了允许会员机构使用的自有资本，因为这些资本中的一部分要用于弥补客户融资交易造成的亏损。这类交易在公司发展得极为迅猛，因此公司已没有额外资本让我来从事套利交易，哪怕我曾经通过套利为公司赚了不少钱。因此，公司只好被迫拒绝我提出的一些很好的操作建议。他们最终还是意识到，我很擅长套利，如果让我留在公司，才华施展将会受到极大限制，这对我来说是极不公平的。毫无疑问，他们还有其他的心思，如果我把新管理的大资金账户开在公司的话，他们也将受益匪浅，此外他们还能留下我手上的大多数客户，而无须支付额外的属于客户经理的交易佣金提成。所以，公司很讲道义地解除了我的合同，这一过程比我预计的要顺利。我们达成了共识，我会把我所有或者几乎所有的交易都放在公司完成；作为回报，他们让我免费使用办公室，外加提供一套私用的股票行情报价系统和各种其他服务。那个时候，所有这些特权都是得到认可的，不过后来受到了纽交所规则的严格限制。

格雷厄姆公司成立

新业务被整合到了格雷厄姆公司（Graham Corporation）名下。为了节省部分公司所得税，除了发行一些用于投票和其他目的的普通股，我们还发行了“参与债券”（Participating Bonds）[①] 作为公司的主要资本金。1923 年 7 月 1 日，在我以周薪 12 美元加入公司 9 年之后，过往的交易宣告结束，新的交易开始了。

---

① 也指分红债券，债权人除了可得到债券的利息收入外，当公司盈余超过应付利息时，还可以参与公司的红利分配，而债券利息可以在税前扣除，因此可以起到避税效果。——译者注

我对这次职业转变毫不后悔。很长时间以来，我都觉得自己不适合从事经纪业务，并对它深恶痛绝，因为至少在那时我觉得它只会以牺牲客户的利益的方式来为公司赚钱。

几年前，我第一次读到了伯纳德·巴鲁克的回忆录的第一卷，而我曾在1927年见过他。在讲述了自己在投资领域取得巨大成功并成为百万富翁的故事后，巴鲁克做出了深刻的自我反省，并写道，既然他已经功成名就，实现了财富自由，他该如何度过余生呢？在用了几个段落探讨这个问题之后，他在书中做出了一个重大决定：他选择退出经纪业务，不再与公众客户保持联系，或者对他们的交易负责，他只为自己的账户做股票交易。我记得当我读到这一在我看来没有说服力的以自我为中心的决定时，我脸上泛出了多少有些轻蔑的笑容。我心想，这样做可真丢脸。一个极具天赋、非常富有的年轻人对待人生的方式居然是正式决定致力于赚大钱，并且仅仅为自己赚钱。此外，他还把这一点写进了自己的回忆录，完全没有一丁点儿悔意或自我批评。

可是，我的决定就比巴鲁克更高尚吗？我也离开了证券经纪行业，开启了以赚钱为目的的事业，而在做证券经纪时，至少我还能为广大投资者提供有帮助的建议。但以华尔街的标准来衡量，我离成为一个富豪还差得远，我只不过是为需要钱的朋友和亲戚赚过不少钱。我说服了极不情愿的哈里斯集团，允许我继续管理我的老客户账户，并将它们的资金作为我公司资本金的一部分。

格雷厄姆公司运营了两年半，直到1925年解散。它运作得很成功，为投资者创造了很高的回报。我只将投资范围限定在我擅长的套利和对冲操作上，外加我认为价值被严重低估的证券。我做的第一笔交易是买入了杜邦公司（Du Pont）的一些股票，同时做空7倍于杜邦公司股票买入数量的通用汽车股票，以对冲风险。那个时候，杜邦公司普通股的市值低于其持有的通用汽车的市值，因此市场完全没有对其整个化学业务和资产赋予任何价值。所以，相比通用汽车的市值，杜邦公司的市值被严重低估了。很快，随着杜邦公司股价上涨，通用汽车股价下跌，我了结了整个交易，赚到了预期中的利润。

另一笔操作则以有些搞笑的方式让我遭受了不小的损失。我一直为自己能同时发现被严重高估和严重低估的股票感到自豪。我通常会对这两类证券进行配对交易，买入便宜股票的同时做空高估的股票，以对冲风险。有一只我认为被高估的股票是沙夫特连锁餐厅的大股东沙特克公司（Shattuck Corporation）。该公司经营状况良好，但投机者把股价炒到了我认为高得离谱的程度。所以我买了一只被低估的股票，而它只是我持续挖掘出来的众多便宜股票当中的一只，然后我做空了几百股沙特克股票，作为对冲。

从新公司经营一开始，我就安排了每周一次的午餐，与卢·哈里斯讨论公司的业务进展。碰巧的是，我们的午餐都被安排在了哈里斯喜欢的沙夫特连锁餐厅。当谈到要做空沙特克公司股票时，我们都觉得用我们的钱来支持“敌人”的生意有违我们的利益，于是我们就换了一家餐厅。随着时间的推移，沙特克公司股价持续攀升。这是受到市场追捧的股票的一个恼人的特征，它们总是被高估，而且有时会受到持续追捧，导致股价涨得越来越离谱，直到随后跌回正常的合理价格。当沙特克公司的股价从我们买入的 70 美元涨到令人心烦的最高价 100 美元时，我们开了一个紧急会议，认为再“负隅顽抗”是不明智的。不管怎么说，我们从未奢望过每一笔交易都能成功，但我们的平均赢率是足够高的，我们应该遵守交易纪律，时不时接受亏损。所以，我们了结了这次交易，损失了几千美元。哈里斯的评价是“好吧，接受这次损失的一大好处在于，我又可以回到沙夫特连锁餐厅吃午饭了”。那个时候，我们真是需要哈里斯这样的笑话。

然而，这些午餐最终导致了我们商业合作关系的终结。哈里斯充满了各种想法和主意，甚至从不同经纪商那里获取各种投资建议，但很少有建议被我们审慎的投资框架所采纳。他会忘掉所有不成功的投资建议，然后绝口不提；却能清楚记住那些事实证明可以赚钱却没被我采纳的投资建议，并且每次都会在午餐时表示对此耿耿于怀。随着时间推移，我发现自己厌倦了这种事后诸葛亮和越俎代庖的行为，难以与有权给出各种建议而又无须为自己说出的话负责的人长期相处。

到了 1925 年，大牛市正如火如荼，越来越多的人进入市场。那个时候，大多数客户经理都可以自由操作客户的账户，而客户也给了他们无须特别授权或指令进行自由买卖的权力。这些账户都是以五五开的方式操作，客户与客户经理均分交易盈利，同时客户经理还无须承担任何交易损失。我在华尔街的很多朋友告诉我，我采用 20% 提成模式的做法太愚蠢了，他们可以把他们能够募集到的所有资金交给我打理，只要我有能力管理大资金，而盈利分成比例则是 50%，同时再把我分得的一部分给他们，作为对他们募集资金的奖励。

我开始觉得哈里斯兄弟占了我的便宜。在 31 岁的年纪，我相信我已经懂得了一切。至少我掌握了在股市和债市赚钱的方法，了解了华尔街是怎么回事，明白了我的未来就像我的野心一样是不可限量的，知道了我注定将获得巨大的财富以及财富能买来所有的物质享乐。我想在纽波特[①]拥有一辆快艇、一栋别墅，拥有赛马场，也许甚至还想雇一些用人，尽管我觉得把所有这些东西都放进我的梦想清单有点过于幼稚。另外，我当时还是太年轻，没有意识到我犯下了自大的严重错误。

1925 年，我对卢・哈里斯提出了新的利益分配机制。我将放弃自己的年薪，然后在取得超过 6% 的投资回报率之后，如果收益率为 20%，我要拿 20% 的提成；如果收益率在 20% ～ 30%，我要拿 30% 的提成；如果收益率在 50% 以上，我要拿 50% 的提成。这种机制在我看来似乎是相当合理的安排，但卢・哈里斯被这个方案吓到了，因为我竟然想在盈利超过 50% 之后平分利润。我们很快就达成了共识，终止现有的合作协议，在年底解散公司。但凡哈里斯兄弟能做一些妥协，我相信我一定不会对某些具体的条款固执己见。但后来我才知道，他们其实已经想与我分开了，哪怕我为他们赚了不少钱。原因何在呢？跟我密切交流了两年的操作心得之后，他们听到了我支持和反对每笔买卖的完整阐释，觉得自己已经具备了专业知识和能力，可以单干了。如果他们自己就可以干得更好，又何必给我高于 20% 的提成呢？所以，我在 1926 年有了自己的安排，而他们则有

---

① Newport，位于美国罗得岛的避暑胜地。——译者注

了他们的安排。既然我们都对新的安排感到十分满意，所以，虽然我们和平分手了，但仍是好友。

在为格雷厄姆公司的剧本写大结局之前，我必须提到一个名叫“科恩 & 格雷厄姆”的关联账户。账户合伙人中的科恩是个瘦高的戴着眼镜的律师，年龄大约 35 岁，也是哈里斯和阿伦·霍维茨的哈佛大学同学兼好友。他看起来更像学者，而不像从事法律实务的律师。我想他应该有 10 万美元的本金，而卢·哈里斯好心地为他做了特殊安排，将他的账户独立于格雷厄姆公司，但运作模式又是相似的。事实证明，该账户运作得也很成功，但也在 1925 年底与格雷厄姆公司一样解散了。为什么我要提及这一不太重要的细节呢？因为“科恩 & 格雷厄姆”中的科恩就是本杰明·科恩（Benjamin V. Cohen），他注定要与汤米·科科伦（Tommy Corcoran）结伴，组成著名的“科科伦 & 科恩”团队，而该团队是极为重要的“罗斯福新政”中涉及证券行业监管法规的设计者，并辅助罗斯福总统推动该法规在当时持不同意见的国会中得到了批准。

又过了几年，到了 1934 年，本杰明·科恩送了一份《证券交易法》（*Securities Exchange Act*）草案给我，该法案属于系列法案当中的第二个，第一个法案促成了美国证监会的成立，从此彻底改变了金融圈的很多规则。本杰明·科恩向我征求意见。我只注意到了一个条款，即上市公司要将年度股东大会的委托代理人声明文件连同其他信息寄送给每个股东，并且要列出“该声明需要被送达的股东名册”。这一无伤大雅的正当规定意味着，像美国电话电报公司之类的上市公司要列出数十万个股东名字。科恩感谢我发现了这个小瑕疵，把它从法案中删掉了。随后，法案很快就通过执行了。

格雷厄姆公司落幕，本杰明·格雷厄姆共同账户成立

1926 年 1 月，我把我的客户和我自己的基金转到了本杰明·格雷厄姆共同账户中。其中大多数本金来自我的老友，包括格林曼、马罗尼和海曼兄弟。分配机制与我向哈里斯兄弟提出来的机制一模一样：没有薪水，但提成比例是浮动

的，最高可达 50%。那时的我的确过于自信，几乎没想到 6 年后我会恳请投资人采用修改后的前格雷厄姆公司的条款，在市场不好时，为我支付适当的薪水。投资人每个季度可以收到年化 5% 的可分配收益。

本杰明・格雷厄姆共同账户的初始本金为 40 万美元，3 年后，我们的资产达到了大约 250 万美元，大多数来自赚取的利润，其中有不小的部分来自我提成收入的再投资，外加我自己的本金赚取的利润。由于口口相传，每年都有新的朋友想加入基金账户。吸收新资金对我而言是件毫不费力的事情，事实上，我拒绝了很多资金，因为我不认识那些资金提供人。不过，我所结识的熟人数量还是在持续增长。

我的聪明合伙人杰里・纽曼

早期投资人里面有道格拉斯・纽曼，他是我在男子高中和哥伦比亚大学的校友，一位成功的律师。几年前，他把我介绍给了他的弟弟杰里・纽曼（Jerry Newman），后者比我们晚 3 年入读了同一所高中，然后入读了哥伦比亚大学法学院。杰里娶了一个富有的制棉机厂老板赖斯的女儿，埃斯特尔・赖斯（Eestelle Reiss）。杰里没有从事法律工作，而是帮他岳父打理生意，很快他就成了工厂的 2 号人物。我为赖斯打理资金，也为资金量较小的杰里管理投资账户。

到了 1926 年底，杰里来拜访我。他说他不想再打理赖斯的生意，想到我这里来工作。显然，赖斯不是那种容易相处的老板。杰里希望无薪为我打工，直到证明他是有价值的。他还会为公司投入一大笔资金，而这些钱是他经营棉花生意赚来的。我对这个想法感兴趣，但我坚持要求他接受每年 5 000 美元的基本薪水。这是我俩合作的开始，却一直延续到我随后的职业生涯，直到我退休搬到加州，同时解散了格雷厄姆-纽曼和纽曼 & 格雷厄姆两家公司[①]，而这两家公司的前身就是本杰明・格雷厄姆共同账户。

---

① 作者分别与道格拉斯・纽曼和杰里・纽曼各成立了一家公司。——译者注

从一开始，杰里就向我证明了他的巨大价值。他思维敏捷，在所有实操领域，他都有一颗敏锐的商业头脑，也远比我擅长评估企业运营的细节。在为各种交易进行谈判时，他精明而又高效，同时又特别诚实可靠，这些都是在华尔街取得持续成功的关键品格。然而，他不是一个理论家，尤其不擅长在投资领域做出创新。我必须承认，我们所有的操作策略和数量更多的个人交易策略都是由我设计出来的。他当然也有一些缺点，主要的一个就是缺乏亲和力。他是一个很难相处的管理者，就像他那个不好相处的岳父一样，急于求成、吹毛求疵，多少有些过于斤斤计较。不过，他还是足够理智，能够在重大事件上意识到其他人应该得到友善对待。

总体来讲，杰里即便在他众多的朋友中也远谈不上受欢迎。他几乎总会与他亲密的助手就工作问题发生无数的争吵。他对批评他的人显得颇有怨气，然而，令我惊讶的是，最终他都能与每个人和好如初。几乎所有人都会问我，我怎么可能与杰里相处这么多年。事实上，在我们相处期间，几乎没有发生过任何争执。我记得的唯一一次还是发生在我们合作快结束的时候，杰里认为我不公平地独贪了我们事业成功的功劳，因为《财富》文章中的某些表述似乎让他产生了误解。

两年后，杰里成了跟我平起平坐的合伙人，这一身份一直持续到公司解散。我们一起分享了很多类型的收入：薪水、管理费、交易利润提成等。我们草拟了一份简短的协议，各执一份，一致同意均分所有收入。然而，多年以后，杰里创造的利润远比我多，这一事实再次证明了他是一个企业估值专家。后来，我们把为每个投资人额外创造的收益的提成比例降为了 25%，因为我们觉得这么做似乎是合适的。

在我与杰里相处的过程中，我孤僻的弱点再次体现了出来，导致我与杰里从未成为知己或密友。我们的关系一直很好，但事实上我们几乎不会在工作之余彼此往来。他的妻子埃斯特尔总是对我很友善，我去过他们位于纽约至康涅狄格州州际线路上的乡间别墅好几次，但我不记得他们是否来过我家。我们两家人也从未一起出去旅行过。我和杰里很少谈及个人生活。事实上，谈论这些话题通常会在远不如我与杰里关系亲密的男性朋友间建立信任感。

至少从表面上看，杰里过着远比我成功的生活。他在打理自己的个人财务方面也比我更精明，这使得他能在 1929 年之后的艰难岁月里没有遭遇真正的尴尬。当我们在上升期重新开始时，他的经济状况要比我好得多，正因如此，他最终比我积累了更多的财富。但这并不重要，更为重要的是，他在各种场合对我都很慷慨。然而，在他看来是庆幸但在我看来也许不那么庆幸的是，我从来没有机会像他帮我一样帮到他。

杰里妻子的名字跟我妻子的名字一样，都叫埃斯特尔。同样的名字导致这些年来时不时会闹出一些笑话，但也不像人们想象的那样会经常把彼此搞混，因为我们的社交关系一直都不太亲密。

埃斯特尔·赖斯比杰里大 3 岁，长相平平。显然，人们会说，杰里娶她是因为她父亲有钱。但杰里凭着自己想要取得成功的那种雄心壮志，一定会成为这个世界上最后一个“吃软饭”的人。与很多年轻时就当家庭主妇的女性一样，尽管年岁在增长，但埃斯特尔·赖斯的容颜一直保持着年轻状态，似乎从未变老，仍然保有她的黑发和灵动的眼神。显然，她充分利用了美容术来对抗衰老。她的性情有些孤僻，往好了说，人们会认为她有贵族气派；往坏了说，更多的人会觉得她很势利或者傲慢。但她绝对是一个很棒的女主人，总是能特别殷勤周到地为她所喜欢的人服务。埃斯特尔·赖斯继承了她父亲的很多商业嗅觉和实践能力。当我那时成为纽约犹太人盲人协会主席时，我成功地让她对我们的工作产生了兴趣。她创建了犹太女性分支协会，并通过各种社会活动筹集了大量资金。很快她成了这项逐渐变得重要的慈善事业的中坚力量之一。她和杰里一起捐助了大笔资金，用于在我们协会所在地修建一所医院，而医院就以他们夫妇的名字命名。

每当反省自己一路走来的人生时，我总会被突发状况以及尤其被地理位置在人生中扮演的重要角色所震惊。人们之所以成为密友，是因为他们住得很近。

我从来没有成为杰里夫妇的社交密友的主要原因也许在于，我们一直住在纽约大都会的不同区域。在差不多 25 年的时间里，纽曼夫妇住在长岛劳伦斯的大别墅里，它是新娘父亲经过精心挑选送给女儿和女婿的结婚礼物。而在此期间，我一直住在曼哈顿岛，与他们相距甚远。当杰里夫妇最终买下了第五大道的一所公寓时，我们又搬到了斯卡斯代尔（Scarsdale），在那里结识了一帮朋友，随后我们又移居到了加州。

不过，虽然距离妨碍了我们一家与杰里夫妇建立真正的亲密关系，但他们因为与我哥哥维克托住得近，关系倒是很亲密。维克托在 1927 年娶了美丽活泼的西尔维娅·古德曼之后，在劳伦斯买了一栋漂亮的新别墅。这使得他们一家成了作为西达赫斯特高尔夫俱乐部正式会员的杰里夫妇的邻居，并很快与杰里夫妇成了好友。后来，维克托生意失败，不得不卖掉房子，离开了劳伦斯。

即使是十分亲近的人，也有不为人知的生活

1927 年，我们公司的员工只有两个，一个是速记员，一个是会计。而公司会计是我 10 多年前在位于布朗克斯的亨特高级公寓的网球场上遇到的。完全出于对网球的兴趣，我们建立了良好的友谊，但除了网球，我们其他的兴趣毫无交集。我俩的单打水平旗鼓相当，多年下来基本上各有输赢。

当我第一次跟会计员打网球时，我还是住在凯利街的一个穷小子，而他父亲把鞋子生意经营得很成功，他们一家住的是亨特高级公寓中最好的寓所之一。然而几年后，他父亲突然去世，家道中落，就跟当年我的父亲去世后一样。他在斯塔特勒酒店从事一份卑微的工作，他很高兴能为我们公司效劳，而且薪水还更高一些。

除了 1929 年至 1933 年期间，每年我们都会给会计员发年终奖，并且在大多数年份，我们都会给他涨工资。由于这个原因，他曾经制作过一张详尽的历史对比图，比较了他的收入与公司利润的关系。后来，我们每年 1 月召开合伙人会

议时，他的薪水和奖金都会成为讨论的话题。最终我们给到了他高达 1.6 万美元的年薪，在那个年代，对于他所从事的这样一份重复性工作，这一薪水已经相当不错了。他和他的妻子过着自由自在的生活，因为他们没有小孩。他自己也做点投资，虽然做得并不成功。在 25 年间，我们觉得他非常忠诚，并且在其能力范围内做事非常可靠。

某天晚上，他突然死于心脏病发作。我们查看了他的账户，发现他贪污了少量公款，总计有几千美元。我和杰里从来没对任何人说起过这事。若干年后，当我读到龚古尔兄弟的《日记》(*Journals*)时，又想起了这件事，以及我当时对它的反应。书中有一篇日记描写了他们的女佣之死，这位妇人从龚古尔兄弟小时候就开始照顾他们，做出了无私的奉献。接下来的一篇日记讲述了另一个故事，他们很快发现这位多年来非常顾家、非常自律的好用人也有自己的隐秘生活。她曾经花掉她所有的工资去交换各种年轻男人的性服务。龚古尔兄弟反思道，即便是与我们十分亲近的人，他们为人所见的生活与不为人知的生活也存在着差异。

价值投资的启蒙

我只将投资范围限定在我擅长的套利和对冲操作上，外加我认为价值被严重低估的证券。我做的第一笔交易是买入了杜邦公司的一些股票，同时做空 7 倍于杜邦公司股票买入数量的通用汽车股票。我一直为自己能同时发现被严重高估和严重低估的股票感到自豪。我通常会对这两类证券进行配对交易，买入便宜股票的同时做空高估的股票，以对冲风险。

BENJAMIN GRAHAM

THE MEMOIRS OF THE DEAN OF WALL STREET

第 11 章

与北方管道公司展开较量

我突然意识到，它们的年度报告可能包含没有向投资者公布的信息，而这些信息也许非常有意思、有价值。现在时机似乎已经成熟，我应该说服北方管道公司管理层做明显正确的事情：将相当大一部分不必要的资本金返还给投资者。

在本杰明·格雷厄姆共同账户所做的诸多交易中，有两笔交易给我留下了尤其深刻的印象。第一笔涉及标准石油管道公司，第二笔涉及美国最大的烟花和爆竹制造商卓越烟花公司。第一笔交易是成功的代表，第二笔则遇到了诸多麻烦，最终也没能赚到钱。

在年报中发现宝藏

1911 年，美国最高法院做出裁决，标准石油管道公司因为垄断被强制拆分。公司旗下 31 家子公司，有 8 家属于规模很小的管道运营商，它们需要从各种渠道获取原油，再进行精加工。这些受到社会关注的子公司的财务状况几乎不为人知。它们每年只发布一行“损益表”信息，表明当年赚了多少净利润，同时还会发布尽可能简化的资产负债表。华尔街只有两家经纪商分析过标准石油管道公司所有子公司的经营状况。它们每月发布一份公告，包括每个子公司的新项目和数据，但这些公告没有提供这 8 家管道公司的财务数据，而是把这些公司已经发布的极不充分的收入和资产负债表信息又公告了一次。

有一天，我正在查阅州际商业委员会的年度报告，想获取铁路公司的某些详细数据，在报告结尾处，我发现了 8 家管道公司的某些统计数据表格上写着：“摘自公司递交给委员会的年度报告。”我突然意识到，它们的年度报告可能包含没有向投资者公布的信息，而这些信息也许非常有意思、有价值。我给州际商业委员会写了封信，如果可能的话，请求他们寄给我 8 家管道公司年度报告的复印件。一个厚厚的信封寄来了，里面装有一份 50 多页的报告，报告中有很多表格，披露了公司运营和财务状况的每个细节。让我尤其感兴趣的是公司披露的对外投资成本和市场价格的相关表格。所有的管道公司都在年报上列出了大量的投资，但没有提供相关细节，投资者不可能知道这些投资的具体构成。

第二天，我乘坐火车赶到华盛顿特区，急匆匆来到州际商业委员会大厦，进入档案室，请求查阅 8 家管道公司 1925 年的年报。他们很快给了我，而我很快意识到，我已手握至宝。让我惊讶的是，我发现所有这些公司都持有大量的优质铁路债券；在某些情况下，单是这些债券的价值就已经超过了公司在股市上的市值！此外，我发现这些管道公司的经营规模相对较小，利润率很高且没有存货，因此没必要投资这些债券。以北方管道公司为例，它的股价是 65 美元，每年支付每股 6 美元股息，而它每股隐含了 95 美元的现金资产，这些资产几乎可以在不影响其经营的情况下全部分配给投资者。这就是所谓的廉价证券！

你可以想象，我此刻的心情就像矮壮的科尔特斯和巴尔博厄[①]以敏锐的眼光发现了太平洋一般兴奋。卡尔·福兹海默（Carl Pforzheimer）和其他经纪商已经研究标准石油管道公司旗下的这些公司多年，但他们显然不知道我现在掌握的信息。要是他们看到了这些债券组合，他们绝不会让这些公司的股票以如此低的价格卖掉。让我百思不得其解的是，这么多年来，竟然没有一家经纪商想到来州际商业委员会查阅相关数据。即便不考虑大把现金和债券资产，只考虑北方管道公司每年要支付每股 6 美元股息之后还能创造净利润，就应该想到它的股价怎么可能只有 65 美元？答案就在于，管道公司的股票完全不受市场欢迎。它们以前赚的利润更多，分配的股息也更丰厚，但拆分后新组建的巨头带走了它们以前的很多业务。华尔街的做法通常是忽视公司细节，只关注股价趋势，于是投资者就认为这些公司的前景十分暗淡。投资者能从北方管道公司那里获取高达 9% 的股

① 这两个人是 15—16 世纪征服墨西哥和巴拿马的西班牙人。——译者注

息，这一事实只不过预示着公司面临麻烦，而未被华尔街视为买入的理由。

我复印了这些公司好几年的年报，极为兴奋地回到了纽约。由于北方管道公司持有与其股价有关的大量债券，我开始专注于买入它的股票。通过审慎而持续地买入，我已经持有其 4 万总股本中的 2 000 股，这使我成了除洛克菲勒基金会之外公司最大的股东，后者持有其 23% 的股份。现在时机似乎已经成熟，我应该说服北方管道公司管理层做明显正确的事情：将相当大一部分不必要的资本金返还给投资者。我本以为这是件很容易做到的事情，然而，我的想法还是太天真了。

初次较量以失败告终

我与北方管道公司主席 D. S. 布什内尔（D. S. Bushnell）约好在其办公室见面，该公司位于百老汇 26 号标准石油管道公司那栋标志性建筑内。那是我第一次走进那些传奇公司的办公楼。两位长相酷似的老人正等着见我，一位是公司主席布什内尔，另一位是他的兄弟，公司的总顾问。当时有个惯例，凡是涉及复杂的金融交易，在与访客面谈时公司都要派出额外的证人，以免以后出现说不清道不明的问题。

我说出了自己的想法并提出了建议。我指出，公司目前的年经营规模只有大概 30 万美元，因此，公司持有高达 360 万美元与其经营范围无关的债券是很荒谬的。我表明，加上多余的现金资产，公司的股价应该值 90 美元，但股价完全没有把这一因素合理地反映出来，使得市场长期认为公司的业务在持续萎缩，并没有考虑到公司持有大量铁路债券，而后者又是一个不容置疑的事实。显然，投资者的诉求在于，这些资产应该分派给他们，只有让他们直接持有这些资产，才能体现其全部价值，而不是像现在这样，将其与公司的经营性资产混在一起，只体现了不到一半的公司价值。

“那是不可能的。”布什内尔马上说道。“为什么？”“因为我们没有额外的盈余，所以我们分配的股息不可能多过我们赚取的利润；事实上，我们的分配是相当慷慨的。”“哦，”我自信地说道，“方案很好设计，你们只需要把股票的面值从每股 100 美元降到比如说，每股 50 美元或 25 美元，然后你们就可以支付差额部分，比如，每股 50 美元或 75 美元，作为资本回报。”① 布什内尔又补充了一句：“公司没能力支付差额，这需要支出公司全部的资本。”“但为什么不能呢？公司不需要几百万美元的资本金来做 30 万美元的生意，尤其考虑到这些资本金几乎都是现金资产。”事实证明，类似布什内尔这样的管理层，他们寻找理由侵占股东利益的办法总是比提升利润的办法更多。

“债券代表了我们的减值准备，它们最后必须用于更新公司管道。”

“那么具体什么时候更新管道呢？”

“我们可说不准。”布什内尔连做个预测都不愿意。事实上，那些地下管道可以永远使用下去。“你该不会是想告诉我你真的要使用属于股东的 360 万美元去更新只能产生 30 万美元收入的管道吧？那可真是疯狂的举动。”每当我提及公司的经营规模，布什内尔的表情都很不自在，因为这是他们非常不愿意让投资者知悉的信息。

招待我的主人还找了其他说辞，这让我想起了“狼和羊”的寓言故事。他们不会吃掉我，但决心让我一无所获地离开：“我们可能会在现有管道上增加新的管道，生意总是存在很多可能性，我们必须为任何一种可能性做好准备。”

“可是，布什内尔先生，你只有一条运输线路，从印第安纳州边界穿过宾夕法尼亚州边界，再到纽约州边界。你们只有前标准石油管道公司主干线上很短的一段，你有可能用什么样的合理方式延长你的线路呢？”

---

① 如果面值是从 100 美元降到了 50 美元，支付的差额就是 50 美元；如果是降到 25 美元，支付的差额就是 75 美元。在两种情况下，降低后的面值与支付的差额加起来都是 100 美元。——译者注

这是一个致命的问题，也是我最后一个问题。布什内尔已经不想跟我争辩了，于是他说道："你瞧，格雷厄姆先生，我们已经很有耐心地接待了你，给你的时间也超出了我们的安排。经营石油管道是一项复杂而特殊的业务，你对此了解得不多，而我们一辈子都在从事这项事业。你必须相信我们比你更懂得怎么做对公司和股东更有利。如果你不同意我们的政策，在这种情况下，我们建议你可以做成熟投资者应该做的事情，那就是卖掉你的股票。"

这就是故事的全部。在我的职业生涯中，我听到过无数类似的说辞，它们只有细微的区别。为什么这类事情如此频繁地发生在我身上呢？这里存在着一个特殊原因。我的交易大多是基于可靠的分析买入被严重低估的普通股。而大多数被严重低估的靠谱股票正好就有像北方管道公司那样的情况：利润很少，可变现的资产很大，但又不肯分配给股东。我的策略是首先要获取这类公司极高的债券利息，然后想方设法适当改变公司的市值或运营策略。然而，几乎所有管理层都使用了与布什内尔相同的策略，拒绝了我的想法。他们最喜欢使用的武器就是声称他们的业务非常特殊，我对此了解不多，他们比我更懂得公司需要运用什么样的政策。

当我在 1926 年第一次作为股东试图说服管理层改变做法时，老华尔街人都把我视为大战风车的堂吉诃德式的疯子。没有哪个有经验的人会浪费时间去试图从外部改变任何一家公司的政策，尤其不会在标准石油管道公司的大本营干这事儿。"如果你不喜欢管理层，或者不喜欢他们的做法，卖掉你手中的股票"，这一直是华尔街在这方面的"智慧"，至今仍是流行的教条。不仅如此，任何试图改变公司行为的外来者要么被视为疯子，要么被认为居心不良。多年前，有一个名叫克拉伦斯·文纳（Clarence Venner）的聪明人通过起诉管理层涉嫌各种徇私舞弊行为而赚了很多钱，也因此声名狼藉，而其中有些完全是技术性问题。所以如果你现在还想礼貌地要求公司做出改变，你仍然会被拒绝，但管理层或多或少会对你更客气一些。如果你坚持己见，并且表明你将诉诸法律或要求召开股东大会，管理层立刻就会抨击你的动机，给你扣上一顶"大帽子"，说公司将要成为"要挟艺术家，另一个文纳"的牺牲品。在大多数类似情况下，股东就给了自己一个不长期持有公司股票的借口。而不长期持有的原因很简单，如果投资者的股票之前是在高点买入的，那么他肯定既不够了解公司的经营情况，也没有足够精力去搞明白公司应该做出怎样的改变，并以股东身份去推动公司变革。唯一可能长期为自己和其他投资人持有这类公司股票的是那些新近以低价买入的专业投资者，他们的目标就是通过努力改变公司政策，获得合理合法的回报。

然而，管理层几乎总能成功找到借口，强调麻烦制造者是最近才买入的公司股票，这表明他们不是长期投资者，而只是寻求私利的人。我从来没在伦理上质疑或谴责过我的行为，因为我所做的努力不仅可以让我的投资人受益，也可以让所有其他新老股东受益，他们不过是得到了作为公司股东应得的东西。

在早期，华尔街的生意大多属于绅士游戏，他们会遵守一些复杂的规定。一条基本规则是："不要在他人的禁猎区打猎。"这意味着，我们如今称之为"华尔街建制派"的人不会采取任何举动去挑战类似"上市公司建制派"的既得利益。银行和经纪商总是把它们的股东大会表决权自动赋予了管理层，至今很多金融机构还在这么做。上市公司或投行从未想过在对外并购或收购时为股东提供要约收购选项，或者也没有考虑过要首先与管理层达成交易，同时为股东提供同样充分的保护条款。由于投资银行家希望与管理层保持良好关系，因此他们任何人都不想获得不遵守游戏规则的名声。当然，公司高管也绝不会支持任何会危及其他公司高管工作或利益的举动，因为他们期待其他公司高管也能以同样的方式对待他们。优待因为犯错而被"俘虏"的高管，会让"俘虏"了这些高管的人感到非常开心，因为他们也期待当自己公司的高管被其他公司的人"俘虏"时能得到同样的优待。

时代已经不同了。公司的并购方会直接地绕开高管，或者不先与高管协商，就给予股东要约收购权。投资银行家也会为了自身或客户利益而这么做。比如，在 1964 年成为弗朗哥-怀俄明州石油公司绝对大股东的交易中，股东就收到并接受了要约收购条款。类似的情况也发生在北方管道公司，公司管理层持有大量可交易的证券，而这些证券与公司经营没有任何关系。

在我失望而愤怒地离开布什内尔的办公室之前，我告诉布什内尔兄弟，我将在明年的股东大会上以口头方式向其他股东表达我的看法，并将其记录在案。他们似乎对我的提议感到惊讶，但很快就回复说，欢迎我参加股东大会。我说了句“祝你们今天好运”，然后就离开了办公室。

股东大会于 1927 年 1 月初在宾夕法尼亚州的石油城召开，那真是一个偏远的地方。人们得乘坐火车到匹兹堡，然后再经过一段崎岖的路程，才能到达石油城。我是一个人去的，先坐了一个晚上的卧铺，然后在一个十分寒冷的下雪天乘坐一列颠簸的当地火车到达了目的地。公司位于石油城的办公场地有点小，但足够召开股东大会。加上我和 5 名员工，一共有 6 人出席。我徒劳地发现，没有其他外部投资者参会。与此同时，布什内尔先生的助手仔细地打量了我，并审查了我的证件，就好像我是来自外星球的某种奇怪物种，事实上，在他们看来，我的确是奇怪“物种”。经过某些仪式后，一名员工宣读了一份事先写好的稿子，然后宣布 1926 年年度报告已经获准通过。很快，另一名员工开始宣读第二项议案，这时我站了起来，大家的目光向我投来。

“请问主席先生，年度报告在哪里？”现场一片尴尬的沉寂。

“抱歉，格雷厄姆先生，报告还有几周才能出来。”

“可是，布什内尔先生，”我有些困惑地问道，“如果报告还没准备好，无法提供给股东，那股东怎么可能批准该报告？”布什内尔与他兄弟耳语了几句。

“我们一直都是这么开股东大会的，而参会者总是会说‘通过’。”

除了我，所有股东代表都为议案投了票。又经过了一些流程后，主席宣布，股东大会圆满结束。我急不可耐地再次站起来，说道：“我们在纽约说好了的，我要宣读一份与公司财务状况有关的备忘录，并将其记录在案。”公司管理层又开始交头接耳。

“格雷厄姆先生，你希望把你的请求当作议案吗？”我当然希望。

“有其他人附议吗?”会场安静而沉默。我没有想到他们会来这一招，因此我没有叫上其他人跟我一起从纽约来这里支持我。

“我很抱歉，格雷厄姆先生，我没听到有人附议，它不能被当作议案。”

“可是，正如你已经看到的，我大老远赶到这里，只想把这份备忘录记录在案。你当时同意了我这么做的，布什内尔先生。我认为你欠我一份尊重，没能让我的议案得到附议并宣读。”他们又一阵交头接耳，然后说道：“我深感抱歉，但似乎没人愿意附议你的议案。我倒是听到了休会的提议。”很快，会议结束了。布什内尔的助手们带着不加掩饰的窃笑走出了会议厅。

我产生了一种被人玩弄的羞辱感，也自责于自己的无能，因他们对待我的方式而感到愤怒。我很好地控制了我的情绪，心平气和地对主席说，我认为他不允许我宣读备忘录是犯了一个巨大的错误。因为我明年会再来，到时我将带上一个甚至更多的支持者。

反败为胜，跃居北方管道公司董事

我说到做到，兑现了自己的威慑之辞。实际上，我在1927年1月遭遇的令人沮丧的失败反倒成了一件交易上的幸事。现在我有一整年的时间准备应对方案，并加大对公司的持股比例。随着我账户上又增加了可用资本，我买了更多的北方管道公司股票。我将合伙人的资金几乎都放在了北方管道公司的股票上。作为顾问，我为在公司法领域享有极高声望的格林曼所在的律所服务，律所名叫库克-内森-雷曼（Cook, Nathan, &Lehman）。阿尔弗雷德·A. 库克（Alfred A. Cook）是律所的高级合伙人，一个能力很强、声誉卓著的人，但我必须补充一点，他也是个极其自大和爱慕虚荣的人。

在我阅读投资领域的材料时，我知道了一个那时不太为人所知的事实。我发现，很多州已经通过法案，要求公司用累计投票数选出董事。通过将所有代理选票投给某个董事，只持有少量股票的股东就能选出自己中意的董事。宾夕法尼亚州正是这些州当中的一个，而北方管道公司就注册在该州。考虑到公司只有 5 名董事，只需要 1/6 的累计代理人票就可以选出一位董事，只需要 1/3 的累计代理人票就可以选出两位。我向各个股东发了消息，以期成为他们的代理人，让他们支持我提出的减少资本金的议案，为此我需要选出两位董事代表他们的利益。我们没有提议占据董事会多数席位，因为那样做会让我们承担起经营公司的责任，而我们知道对此我们无法胜任。

库克向公司索取股东名册，公司允许我们复印一份。显然，布什内尔兄弟认为我们不可能实现我们的目标，否则他们就会拿起昂贵的法律武器反对我们获取名册。我们写了一封信，提出了我们的方案。经过我、库克和格林曼的仔细打磨，我不得不说，这份方案简直太出色了。公司以其惯有的高傲态度回复了我们，回避了所有实质性问题，声称他们有极强的能力可以决定怎么做最符合公司和股东的利益，并用不太委婉的方式批评了我们这群“捣乱者”的动机。

公司没有很多持股比例较大的股东，我们准备逐一拜访所有持有 100 股以上的股东。公司员工和布什内尔兄弟也在做类似的努力。在股东大会召开之前的那些日子，很多公司都会搜集股东代理人票，哪怕股东大会上根本就不存在内部斗争，而这种做法至今仍在沿用。我们最重要的目标是拿到洛克菲勒基金会的代理人票，它持有 9 200 股，占总股本的比例为 23%。我安排了与基金会的财务顾问伯特伦·卡特勒（Bertram Cutler）会面。他很有礼貌地听我讲完，然后相当坚定地表示，基金会绝不干涉他们投资的任何公司的经营。这一声明在我后来的职业生涯中经常从投资经理那里听到，然而他们的确应该认真承担起他们真正的责任。我试图解释，我们想做的事情与北方管道公司的经营无关，这是一个由股东做出的简单决定，它与公司盈余资本的使用有关。但我还是无功而返。

我发现，这是我第二次与小约翰·D. 洛克菲勒（John D. Rockefeller, Jr）近在咫尺。第一次是我接受了上面印有他名字的一份邀请函，参加由他牵头的在

“休会俱乐部”[①] 举办的为美国大学优等生荣誉学会基金会募集资金的活动。我知道参加这场午宴可能花费不菲，但能与几十亿身价的富豪碰面可以满足我的虚荣心，也能让我改掉花钱节约的习惯。所以，我参加了这次活动。洛克菲勒让捐款金额大的一群人坐在他那一桌，对此我只能忍气吞声，因为我只捐了 500 美元。我认为能帮助洛克菲勒是一次非常独特的体验。美国大学优等生荣誉学会基金会很快建立起来了，此后还发行了《美国学者》这一优质刊物。

回到 1927 年北方管道公司代理人之争。我和格林曼在休会俱乐部与库克碰面商讨对策，尤其是如何争取洛克菲勒基金会的代理人票。我们运气很好，认出了洛克菲勒正好坐在我们旁边的餐桌，与一位身穿运动服的年轻人共进午餐，后来我们才知道这位年轻人就是小安德鲁・梅隆（Andrew Mellon），亿万金融富豪、艺术品收藏家和时任美国财政部部长的儿子。我们对这一偶遇很是兴奋，有那么一瞬间，库克认真考虑过要去结识洛克菲勒，让他与我们一起探讨代理人之争的问题，并得到他的基金会的支持。但很快，我们就觉得这个想法不太妥当。

然而，我们还是出乎意料地搜集到了我们需要的代理人票数。现在回想起来，我对我们的成功颇为感慨，因为更多的经验告诉我，当某个人诉诸搜集大量小股东的代理人票来绕开和反对固执的公司管理层时，这一可靠的、有逻辑的方案并不一定能走得很远。

1928 年 1 月，年度股东大会召开的那天到来了。我再次前往石油城，但这次我不再单独前往。我带上了库克邀请的 3 名律师、令人敬畏的库克本人，以及亨利・施耐德（Henry Schnader），费城一家知名律所的合伙人，还有我们在宾夕法尼亚州的顾问。施耐德之后很快当选了他所在州的司法部部长。我们还搜集了相当多的代理人票，足以实现我们想达到的目标。为了确保万无一失，我们提前一天抵达了石油城，住在最好的、也许是当地唯一的酒店。为了节省股东大会的时间，当天晚上我们与布什内尔兄弟举行了非正式会晤，他们同意仔细检查代理

① The Recess Club，为公司男性高管创建的社交俱乐部，位于底特律的费尔菲尔德大厦。——译者注

人票。看到有很多本来属于他们的代理人后来居然把投票权委托给了我们，公司管理层很是惊讶，也很不高兴。这次股东大会过去多年后，我仍然记得当老布什内尔知悉我们获得了某个持有 300 股的股东的代理人票时，无奈悲叹的痛苦表情。“他是我的一个老朋友，”他叹息道，“我为了让他把他的投票权给我，还请他吃了顿午饭。”

第二天早上会议开始前，管理层先开了个闭门会。我们的代理人票超过了 1.5 万股，足以让我们选出两位董事。这意味着，除了我们认为可能由管理层掌控的洛克菲勒基金会的投票权之外，我们获得了其余一半的投票权。布什内尔主席在会上显得很平静，他没有理由在会上与我们公开争执，这么做只会让所有参会者觉得尴尬。他本可以非常高兴地接受我方对两位董事的提名，将他们的名字写在白板上，然后一致投票通过。库克提名我和施耐德成为董事，然而布什内尔兄弟做了一些工作，试图让库克本人或者其他任何他显然不在意的人来取代我。库克没有跟我商量，直接答复说不行。他说，这是属于我的战斗，我有权赢得胜利。布什内尔兄弟做出了让步，两位新董事很快得到提名，并获得投票通过，整个会议顺利地结束了。

现在，我成了第一个与标准石油体系没有直接关系而当选其子公司董事的人。尽管北方管道公司的体量比多数子公司都小，我还是为我的抗争结果感到自豪。

在石油城的那次“休战会议”期间，D. S. 布什内尔主席说了一些调和矛盾的话。他说：“在适当的时机，我们双方完全有可能就公司的财务安排达成一致。”当时，我们认为这只不过是安抚之辞，并没有当真。然而，几周之后，他邀请我到他办公室磋商。这个老滑头以柔和的语气说：“你知道，格雷厄姆先生，我们从来没有真正反对过你提出的把资本金还给股东的想法；我们只是觉得时机尚未成熟。不过事到如今，我们已经做好准备，提出一个计划，我们认为，该计划能够得到你的完全赞同。”

他们的计划是将股票面值从 100 美元降到 10 美元；用 50 美元现金和 3 股新股交换 1 股老股，另将每股老股中包含的 20 美元作为资本公积。布什内尔补充道，这些资本公积中的一部分随后可能会再次分配给股东。但首先要提出恰当的方案，保证忠诚的员工能获得养老金。事实上，每股包含的全部 70 美元资本公积最终都分配给了股东。按每股老股计算，新北方管道公司股票的总价值加上现金返还，最终超过了每股 110 美元。

我们想知道，是什么原因导致我们先前固执的对手的态度来了个 180 度大转变。后来库克获悉，通过将他们的投票权赋予管理层，洛克菲勒基金会表示，他们希望尽可能多地将资本公积分配给股东，因为他们可以用这笔钱去发掘从事慈善事业的好机会。这一解释很有可能是真实的，因为几乎所有管道公司后来都效仿了北方管道公司的做法，将各自的资本公积分配给了他们的股东。

我第三次见到洛克菲勒是在多年以后了，当时我很自豪地代表自己单独发起了一次行动。那是 1945 年，我成了相当古板的纽约州商会的会员。我加入商会的部分原因在于它可以让我参与公共事务，但我认为，主要原因还是在于，我可以利用商会的午餐俱乐部建立人脉。国会的民主党人正在支持一项相当具有革命性的提议，如今我们已经知道这项提议就是《1946 年完全就业法案》（*Full Employment Act of 1946*），它承诺政府应该采取所有合理的措施维持高就业率。商界人士通常不信任和讨厌民主党人，而这一法案引发了他们本能的厌恶。纽约州商会提交了一份报告，严厉批评了这部法案，报告得到了在场会员的一致通过，但我那天不在场。然而，1945 年秋天，法案还是在美国众议院通过了。我们很多会员对此深感失望，委员会认为应该提交第二份报告，再次批评很快就将颁布实施的法案，以向公众表明，商界领袖并不赞同这部法案中的新提议。

当我从每月会刊中读到第二份报告时，我认为，纽约州商会应该有人站出来告诉其他会员，从 1929 年以来，政治和经济环境已经发生了显著变化。我给商会秘书长写了一封信，恳请他允许我在下次审议该报告的会员大会上发表不超过 3 分钟的演讲。理所当然地，我的请求得到了批准。

会上，大通银行总裁、洛克菲勒的女婿温思罗普·奥尔德里奇（Winthrop Aldrich）发表了会长致辞。巧合的是，洛克菲勒先生也参加了这次会议，而我发现自己就坐在他旁边。当主持人提到关于就业法案的报告时，作为唯一一个希望对该报告发表看法的人，我被叫上了台。可以理解，我当时有些紧张，然后在台上滔滔不绝地念了3分钟稿子。演讲结束时，我对我的会员们提出了一个不相干的忠告，希望他们不要让自己显得“像波旁皇族一样，什么都没学会，也什么都没忘记”①。我的话让所有会员鸦雀无声，包括洛克菲勒先生。走下台后，我正好从他身旁经过，回到了自己的座位上。当会员投出赞成票，压倒性地支持商会发布的这份谴责性报告时，我只听到旁边的洛克菲勒先生说出了一个“不”字。

成为奢华游艇“雷波索”的荣誉船长

我与洛克菲勒家族的另一场“战斗”与股东代理人争夺无关，而与国家运输公司的一项法律操作有关。该公司是标准石油管道公司的子公司，运营着两条管道，旗下还有一家泵业制造公司。公司管理层向州政府申请采取某个行动的权利，而我们代表股东拒绝公司的做法，因为管理层希望将公司的一大笔现金资产用到不合理的地方。不管怎么说，他们撤回了申请，随后，可能是在洛克菲勒基金会的干预下，他们将这一大笔现金分配给了股东，而我们是分得最多的股东之一。

我之所以提及国家运输公司这件事，有两个原因。一个原因是，多年后，我们联合纽交所的会员机构沃特海姆公司（Wertheim Company）控制了这家非常重要的公司。我稍后会介绍这笔交易的一些有趣的细节。另一个原因是，它与我早期投资成功带来的影响以及与“巴鲁克”这一神秘名字有关。随着事业的发展，我们放弃了在纽伯格-亨德森-洛布公司的小办公室，把总部搬到了位于比弗街60号的棉花交易大厦，而纽交所的老牌会员机构H. 亨茨公司（H.Hentz Co）的

① 据信，这句话是法国18—19世纪外交部部长、总理大臣塔列朗针对复辟后的波旁皇族说的话。——译者注

总部也在那里，它的两个高级合伙人分别是杰尔姆·卢因（Jerome Lewine）和赫尔曼·巴鲁克，他们都是我的熟人。还有一位更年轻的合伙人，名叫阿瑟·纽马克（Arthur Neumark）。早在我们一家还在英国时，他的家人就已经是我们的朋友。我教过纽马克几何学，那时我特别想赚钱。多年后我又帮助他在《华尔街杂志》的研究部门开启了他在华尔街的职业生涯。随后，他去了 H. 亨茨公司做分析师。事实证明，他干得非常不错，还晋升为合伙人。出于很多原因，我们发现有必要在最初的纽伯格-亨德森-洛布公司之外，再增加两个经纪商账户，这么做主要是为了丰富我们的借券渠道，而这些证券都与我们进行套利和对冲交易有关。纽马克说服我们成了 H. 亨茨公司的客户。此外，我们又通过别的渠道让古德博迪公司（Goodbody & Company）成了我们的经纪商。

赫尔曼是伯纳德·巴鲁克的兄弟中的一个，他们一共四兄弟，身高都超过了 1.8 米。赫尔曼追随了他那著名的父亲的步伐，在新泽西州海滨胜地朗布兰奇地区短暂地当过医生。随后，作为当时的一种糟糕传统，美国内战存活下来的当地人劝告他不要再从医[①]，于是他在职业上做出了重大改变，成了华尔街经纪圈中的一员。事实上，伯纳德·巴鲁克的兄弟们都成了经纪人，这一情况很容易理解。当我第一次遇到赫尔曼时，他刚满 50 岁。他高高的个子、温文尔雅的举止、茂密的白头发和整齐的白胡须，都给人留下了非常深刻的印象。在离长岛很远的地方，他买下了一处名叫“巴加泰勒”的房产，而它的第一次亮相是范德比尔特家族的某个成员将其赠送给了迷人的莉娜·卡瓦列里（Lina Cavalieri）[②]。在那里，赫尔曼开始将种植圣诞树作为一项爱好，并最终将这项爱好发展成了一门很大的赚钱的生意，而且似乎还享有很大的税收优惠。他还拥有一个大型而奢侈的手工制作品，那是一辆将近 30 米长名叫“雷波索”的兼具快艇和居住功能的游艇。

---

① 美国内战让人们对医生这个职业既有敬仰之情，又觉得十分辛苦和危险，而当时美国社会经济正在快速步入现代化，对物质和财富的追求是当时人们的普遍志向。——译者注

② 意大利歌剧演员，以优雅的魅力著称，也曾到美国主演了一些默片，但均已失传。她的人生颇为传奇，年幼时父母双亡，成长于孤儿院，却凭借着自己姣好的面容和出色的嗓音跻身巴黎上流社会。她的第一任丈夫就是俄国王子，之后她又结了几次婚，其中一任丈夫就是范德比尔特家族成员。1944 年她死于第二次世界大战空袭。——译者注

1929年春，赫尔曼告诉我，他已经跟随我的步伐买了很多国家运输公司的股票，并且已经赚了很多钱。他觉得亏欠我一些奖励，因为我为所有股东争取了利益，却没有从他们那里得到过任何回报。所以，他决定把“雷波索”借我使用一周。对此，我不会付出什么，唯一付出的是，我表达了对这位“船长”兼“船员”的感激之情。游艇可以睡6个人，我可以邀请任何我愿意邀请的人。

所以，我在国家运输公司上的付出和成功让我成了赫尔曼奢华游艇“雷波索”的荣誉船长，并给我带来了愉快的8天。

入股美国最大的烟花制造商

另一笔交易和所谓的妙招注定将给我带来很多麻烦和某种怪异的体验，并且我几乎没赚到钱。让大家感到惊讶的是，这笔交易的主要受益人是我的孩子们，因为我成了美国最大的烟花制造商的副主席。现在，我要讲述这件事是如何发生的。

我们在投资廉价证券上的成功让我们在大型柜台市场经纪商那里获得了名声。这些经纪商交易的是没有在纽交所上市的证券，而其中或许最著名的一家经纪商是J. K.莱斯公司，它的首席交易员和销售员是一个名叫比尔·柯里（Bill Currie）的男人。他总是在电话里称自己为“莱斯公司的柯里”。1928年末的一天，他来到我们的办公室，向我们详尽地介绍了一家名叫“卓越烟花公司”的烟花制造商。我当时认为，这家公司的账上有大笔现金，生意经营得也很好。有人想出售相当比例的公司股票，而股价只有9美元，比每股运营资本还低，它当前的每股收益为1.5美元，市盈率只有6倍。买下这些股票能确保把酒精重度上瘾者的老主席B.V.宾格尔（B. V. Bingle）赶下台，从而将公司控制权转移到一个新的群体手上，该群体的核心人物就是情绪稳定、能力突出的副主席汤姆·贾丁（Tom Jardine）。柯里已经向这一群体提出建议，让我在新组建的管理层中担任一名优秀的财务顾问。如果我买下那批股票，他们愿意让我担任公司副主席，并且还能因为担任兼职财务顾问而拿到一份很不错的薪水。

我对这件事很感兴趣，其中也包括被选举担任一家大公司高管的因素。我和杰里·纽曼决定为本杰明·格雷厄姆共同账户购买 1 万股，从而占据有利地位。但我们的地位受到了伯纳德·巴鲁克的挑战，他听说过我，并逐渐对我的交易风格产生了兴趣。

卓越烟花公司的年度股东大会于 1929 年 1 月召开。这是我第一次见到宾格尔，他年纪很大，身材矮壮，情绪乐观。奇怪的事情发生了。当即将进入宣读年度报告环节时，他看到我坐在前排，说道："你看上去是个优雅高贵的年轻人，上台来，为大家宣读报告。"然而这份报告没有提前公开披露，掌握在主席手里。我照主席的吩咐做了，尽管我意识到，我正是那个试图终结主席地位的阴谋的主角，而主席从来没伤害过我。我当时预感到了我将对我的做法后悔终身吗？如果答案是否定的，我在想要是我有那样的预感就好了。

会议圆满结束，我们以十分微弱的优势赢得了多数选票。宾格尔既惊讶又失望，愤怒地说道，他提拔了贾丁，现在他的盟友却背叛了他。他补充道，不管怎么说，贾丁没有一丁点儿胜任能力，将会使这家他运营了超过 25 年的伟大公司彻底衰败。他边说边走出会场。我得知，他后来喝得酩酊大醉，回到了他即将离开的办公室，并在那里大发雷霆。与此同时，我们召集了另一个会议，选举产生了新董事，贾丁担任董事会主席，我担任分管财务的副主席，每年薪水为 6 000 美元。

价值投资的启蒙

我的交易大多是基于可靠的分析买入被严重低估的普通股。而大多数被严重低估的靠谱股票正好就有像北方管道公司那样的情况：利润很少，可变现的资产很大，但又不肯分配给股东。我的策略是首先要获取这类公司极高的债券利息，然后想方设法适当改变公司的市值或运营策略。老华尔街人都把我视为堂吉诃德式的疯子，没有哪个有经验的人会浪费时间去试图从外部改变任何一家公司的政策，但我没有放弃。

BENJAMIN GRAHAM

THE MEMOIRS OF THE DEAN OF WALL STREET

第 12 章

结识戴维·多德，开启学术生涯

为了从家庭带来的伤痛中走出来，我又从事了一份新工作。我想过要写一本关于证券分析的书。我认为那时出版的相关书籍已经过时了，并且内容也不全面，尤其是那些书籍很少关注普通股的重要性或者公司财务的异常和陷阱。在把想法写成书之前，我先就这一主题在大学里开一门名叫“证券分析”的课程。

我小小的生命旅客们

我心爱的儿子艾萨克・牛顿出生于1918年5月。两年后，我们的第一个女儿出生。我们给她取名玛乔丽・伊夫琳，这个名字没有经过长时间讨论，也没有特别的寓意。巧合的是，1920年也是一首十分平庸的歌曲《玛吉》(*Margie*)诞生的一年，而这首歌竟然流行了多年。很快，我们就把玛乔丽称为“玛吉”，后来又叫她“玛雅”。她还有个小名叫“圆脸”，因为她圆圆的脸庞就像婴儿一样。我常常试图通过哼唱歌曲来安抚她：“玛吉，我总是想起你，玛吉。”然而，我唱歌总是跑调，安抚的努力没有多大成效。

在玛乔丽刚满5岁半时，我们的第二个女儿出生了。她有着蓝色的眼睛，金色的头发，我们给她取名为伊莱恩・多萝西。伊莱恩[①]这个名字的灵感来自丁尼生的浪漫主义诗集《国王的田园诗》(*Idylls of the King*)：美丽的伊莱恩，可爱的伊莱恩，阿斯托拉特[②]的百合花少女……而多萝西是我母亲的名字。

从婴孩到8岁时令人心碎地夭折之前，牛顿一直是个很出色的男孩。毫无

① 根据亚瑟王传奇，伊莱恩爱上了兰斯洛特爵士，但爵士并不爱她，后来她死于悲伤，尸体沿江漂流到了亚瑟王宫殿所在地卡米洛特。——译者注

② 阿斯托拉特是民间传说亚瑟王传奇中位于大不列颠的一个传奇地名，也是伊莱恩的家乡。——译者注

疑问，他去世后的这些年我夸大了他的优点。事实上，不可能有任何小孩能像我记忆中的他那样完美。他长得很英俊，充满魅力、智商很高、心思缜密、乐于助人。

我记得在他 3 岁时，我们带他去纽约竞技场，一座如今已不复存在的华丽剧院。剧院里面有个著名的大水槽，在游乐园中占据着显要位置。当水槽开启时，很多“美人鱼”会各就各位，然后优雅地跳入水中。观众正看得聚精会神，有人突然发出了非常稚嫩但又非常清晰的说话声：“妈妈，为什么她们要洗澡呢？她们很脏吗？”显然，那个声音来自我们的牛顿。

当祖母梅热来到我们家时，她睡在牛顿的房间。第二天早上，我们问牛顿，昨晚睡得如何。“很好，”他开心地说道，“但你们知道吗，我们的鼾声太响，可以撼动城堡。”他经常听到“我们的鼾声”这个词，在《杰克与豌豆》这则英国童话故事中，该词用于描述怪物睡觉时的情景。当牛顿说“我们的鼾声”时，他有意识地考虑到了祖母的感受，不过他的讲述还是让我们所有人开怀大笑。

在西奈山医院，在他生命的最后几周，我们告诉了他一条好消息，他的妹妹因为在班上表现最好，被授予了最高荣誉。牛顿马上活跃起来，然后严肃地说道：“你们没有公正地评价玛吉，她真的非常聪明。”

即使在他们很小的时候，牛顿和玛乔丽之间也能以我们无法做到的方式彼此理解对方说的话。尽管玛乔丽是在正常年龄开始说话的，但她的发音非常含混，或者说，她的发音非常独特。我们很难理解她说的话。但牛顿能毫无障碍地明白她想表达的意思，因为他总是与她一起玩。所以，经常出现的情况是，当玛乔丽没能让我们明白她说的话时，我们就会转而寻求比她大 4 岁的哥哥的帮助，让他告诉我们玛乔丽想说什么，而他总能毫不费力地做到这一点。

当玛乔丽还是个婴儿时，她的圆脸似乎让她显得不那么好看，但她注定会很快长成一个可爱的孩子，并且会是一个漂亮的年轻少女。我至今仍然认为她是我见过相貌最好看的女性，而她的品格也是我见过最棒的。她小时候的性情与牛顿大相径庭。牛顿总是随和而温顺，她则叛逆又淘气。当我们从弗农山庄回到纽约市时，玛乔丽大约有 3 岁，我们为两个小孩聘请了一个女家庭教师。她叫路易莎·戈尔（Louisa Gohl），来自斯图加特，行为举止极具德国风格。她很快就显示出对牛顿的偏爱，因为纠正玛乔丽的行为习惯让这位日耳曼人费尽了力气。显然，她并不适合教育我们的女儿，但我们那时没能意识到这一点。有一段时间，我们把玛乔丽视为顽童，而她可能真是这样的孩子。让她和我们庆幸的是，到了少年时期，她成了一个模范女儿，一个卓越的学生和一名优秀的运动员。从 13 岁左右开始，她带给我的只有快乐和自豪感。

玛乔丽不仅非常聪明，而且很有好胜心，她想要在她尝试的每件事上都出类拔萃。很小的时候，她就学会了倒立，而且可以倒立很久，每次我们都得求她停下来。我记得其中一个场景。那时的她也许只有 6 岁，从她靠近地板的嘴里提出了一个严肃的问题："爸爸，倒立的世界纪录是多长时间？"

不过，后来当她成为林肯学校游泳队的一员时，她的确利用了自己的绝技，经常在头手倒立向后跳水的比赛中拿到第一名。她还对音乐表现出了强烈的喜爱之情，尤其是古典音乐。玛乔丽和另外两位很有天赋的林肯学校校友撰写并出演了一出戏剧，《1 700 万个亡灵》。剧中回顾了第一次世界大战的屠杀场景，并反复主张和平。玛乔丽还为一部由她同学拍摄的、讲述洞穴人故事的电影谱写过主题曲《阿尔塔米拉的兄弟们》。[①] 她年轻的英语老师喜欢在各种教育工作者会议上播放这部影片，由于玛乔丽从未将曲谱写下来，老师只好把她带去参加各种会议，并让她在现场用钢琴为电影伴奏。

我记得她曾作过一首令人振奋的曲子——《内战狂想曲》。我建议她先模仿

---

① 阿尔塔米拉洞窟，位于西班牙坎塔布利亚自治区的桑蒂利亚纳·德耳马尔附近。这些岩洞在距今 11 000 ~ 17 000 年前已有人居住，一直延续至欧洲旧石器文化时期。1879 年该洞窟被发现，1985 年被列入世界遗产名录。——译者注

柴可夫斯基的《1812序曲》，然后将其与迪克西爵士乐和《扬基歌》[①]结合起来作为曲子的结尾。我记得她非常轻松地完成了这一任务。我曾经将沃尔特·罗利爵士[②]在狱中撰写的《世界史》(*History of the World*)中的著名段落改编成了诗歌，而玛乔丽则为我的诗歌谱写了曲子。罗利那段话的开头是："哦，永恒的、公正的和强大的死亡。"我改写的版本则以如下诗句开篇：

永恒的死亡，强大而公正，
你的确说服了没人能说服的人；
没人敢做的事情，你敢做；
全世界都崇拜的人，你可以蔑视。

将音乐和倒立结合起来并非易事，但玛乔丽做到了。有段时间，一位年轻老师在我们家里教她弹钢琴。通常每隔半小时，她就会花一分钟打个倒立，然后又精神焕发地回到钢琴前。

玛乔丽在 11 岁时说过一句极具洞察力的话。她有一个校友名叫菲菲·加巴特（Fifi Garbat），菲菲的父亲是一位以医术高和收费高而闻名的消化道外科医生，加巴特夫人则喜欢邀请各种音乐名人到家里来做客。菲菲邀请玛乔丽参加她的生日派对，而我和黑兹尔也在受邀之列。这真是一种荣幸，因为年轻的客人中包括了耶胡迪·梅纽因（Yehudi Menuhin）[③]和他颇有天赋的妹妹雅尔塔，以及另一位神童鲁杰罗·里奇（Ruggiero Ricci）[④]。这些身着短裤的名人在整个派对期间保持着严肃和高贵的仪态。就在那天晚上，一位伟大的俄罗斯男高音歌唱家来到我们家拜访，他名叫马克西姆·卡罗利克（Maxim Karolik），大概有 30 岁。他一贯喜欢插科打诨，带着夸张的表情讲了很多稀奇古怪的事情。第二天，当我们

---

① 美国独立战争时流行的一首歌曲。——译者注

② 英国伊丽莎白时代著名的冒险家，同时也是位作家、诗人、军人和政治家，更以艺术、文化及科学研究的保护者而闻名。——译者注

③ 梅纽因男爵，美国犹太裔小提琴家。他同时也是一位指挥家，其大部分的演奏生涯都在英国。他出生在纽约市，却成为瑞士以及英国公民。1999 年 3 月 12 日他在德国柏林逝世。——译者注

④ 美国小提琴家，以表演和录制帕格尼尼的作品而闻名。——译者注

评论起前一天的活动时，玛乔丽敏锐地观察道："艺术家都很有趣，是吧爸爸？当他们是小孩时，他们喜欢模仿大人的行为；当他们长大成人时，他们又像小孩那样可爱。"

我们早在 1923 年就通过音乐圈的朋友认识了马克西姆，他是俄罗斯人，也是一位男高音歌唱家，他的长相还酷似亚伯拉罕·林肯。当我们第一次见到他时，他几乎快要饿死了。我们当时住在曼哈顿河边大道 160 号的一楼，对我们来说，晚饭时间听到熟悉的敲窗户声并不奇怪。"那是马克西姆。"我们会说，然后邀请他与我们共进晚餐。

没过几年，马克西姆受邀在某人位于罗得岛纽波特的别墅中献唱。尽管他是专业歌唱家，但他的嗓音也只能说是不好不坏。在那里，他赢得了两位未婚姐妹的芳心，而她们是极为富有的贵族的后裔。只不过，科德曼姐妹至少比他大了 30 岁。他很快就娶了其中一位。我至今也不清楚他是如何在两位姐妹中选了其中一个成为自己的夫人的。就像一个男版的灰姑娘，如今马克西姆进入了纽波特、华盛顿和波士顿令人炫目的上流社会，与诸如法恩斯托克家族①之类的名流成了邻居，并且能接触到所有奢华之物。他甚至有能耐在卡内基大厅举办了两场独唱会，而这两场我们都去听了。不过，演唱会的宣传册对他的介绍既表达了对他的尊重，又把话说得模棱两可。他的夫人很少允许他到纽约来。一旦有机会，他就会到我们家来吃饭。他会说，他是来享受我们的美食的，而不是像以前那样来充饥的。他会与我们分享他在纽波特上流社会中的成功经历，那里的名流都把他视为天堂派来的救兵，期待他将他们从无聊中拯救出来。有一次，他充满激情地讲述了他是如何在纽波特发起了一项新的疯狂之举的。这项举动就是喂养鸽子。至今，在纽波特的宅邸里，人们仍在养鸽子，就像他曾在家乡比萨拉比亚的小村庄所做的那样。后来，他的夫人为波士顿博物馆赠送了一份豪礼，将她收藏的大部分美式家具捐给了博物馆。不像人们预想的那样，她没有将这些藏品冠以

---

① 家族成员威廉·法恩斯托克成立的公司是美国最早的纽交所会员，他是著名投资家、银行家和慈善家。——译者注

科德曼的姓氏让它流芳百世，而是难能可贵地把它们共同冠以马克西姆·卡罗利克先生和夫人的名字。波士顿博物馆专门开辟了几个展厅，用于摆放这些贴有他们名字的珍品。

在我漫长的人生中，我见过很多人命运的转变，但我们那位让人觉得不靠谱的年轻朋友马克西姆无疑是其中最离奇的一个。他为了参与改变命运的游戏而付出的代价是值得的吗？我不知道，但我倾向于认为“值得”。

我的第二个女儿将成为伊莱恩·格雷厄姆·贝尔博士，而后成为西里尔·索弗（Cynl Sofer）的夫人。伊莱恩出生于 1925 年我事业的腾飞期，她有着蓝色的眼睛，金色的头发，可爱的容貌和迷人的性情。她的哥哥和姐姐与我们一样都很喜欢她。哥哥姐姐分别比伊莱恩大 7 岁和 5 岁，他们完全没有显示出我们经常从心理学家那里听到的兄妹之间的嫉妒心。戈尔小姐很快把她专注的情感转移到了这位新生的小宝贝身上，同时对玛乔丽犯的小错误更加不能容忍。黑兹尔经常评价说，伊莱恩是她的 3 个孩子中行为最乖巧的一个。戈尔小姐很快就把她称为“贝斯蒂”[①]，而其他孩子竟然没有任何抱怨就接受了这一相当招人嫉恨的称谓，随后这个名字一直被我们叫了好些年。

我为伊莱恩的 1 岁生日写了一首诗，牛顿在她的小型派对上朗诵了它。遗憾的是，他没能活着见证她过 2 岁生日。我至今仍能记得他清晰而稚嫩的朗读声：

我们快乐地迎接这位小小的生命旅客，
在她人生长路的第一个里程碑；
愿每一天都如今日一般幸福，
良善、健康和爱时刻眷顾着她。
她来到世上时充满甜蜜，

① Besty，这个词意为“最好的人或物”。——译者注

她成长的日日月月将更加甜蜜；
爱之手将我们亲爱的贝斯蒂紧紧呵护，
警惕的目光看护着她，免于一切疾病。

贝斯蒂逐渐发展出了自己的个性，包括一些意想不到的特点。她自作主张，并采取行动，有时还在自己和其他人之间竖立起一道界限分明的墙。我不免觉得她的这一特点遗传自她的父亲，虽然带有一些属于她自己的不同印记。她最基本的独立性在很小的时候就体现出来了，当她还只是个小孩时，她就与警察打过多次交道了。6 岁那年，她决定早早起床去中央公园听鸟儿叫。某个周日早上，她起床，自己穿好衣服，大约 6 点钟就带着她的弟弟悄悄离开了家，那时弟弟只有 3 岁。警察在公园里发现了这两个小孩，由于那个时点中央公园并不是一个安全的地方，警察就把他们送回了家里，我们这才被警察叫醒，知道了这件事。这个迷人的小孩做出如此离奇的越轨行为，我们因此惩罚她了吗？我已记不得了。

第二次冒险更离奇，事态也更严重。12 岁那年，伊莱恩和林肯学校的密友心血来潮，想去某个地方。她们登上一辆大巴，坐了大约 250 公里，到达了宾夕法尼亚阿米什乡村的腹地兰卡斯特（Lancaster）。她们后来解释说，她们想去看看那些“真正的乡村风光”。她们在兰卡斯特外面的马路上艰难前行，在一个农场停了下来，想要点牛奶喝。那附近有个妇女，是一个州骑警的母亲，正好看到她们。她的儿子把这两个女孩当成了流浪者送进了镇监狱，等待进一步安置。那天深夜，身在纽约的我们正焦急万分，一个电话打来，告诉了我们失踪的女儿在哪里。第二天早上，她们被送上了前往纽约的大巴。我们在终点站迎接她们，她们显然很高兴能回家，却对她们具体经历了什么闭口不提。后来我们才知道，她们在监狱里与酗酒的女人和妓女共处一室待了一个晚上。我们可怜的小贝斯蒂啊！

玛乔丽和伊莱恩都很幸运，能在林肯学校读书。那是一所由洛克菲勒资助的卓越学校，并由哥伦比亚大学师范学院运营。它的教育宗旨是要在小学和中学推行诸多先进的教育理念。学校吸引了最优秀的老师，学生也是经过严格挑选的。不过哥伦比亚大学校友的孩子有优先录取权，而我正好是哥伦比亚大学校友。我的孩子们从林肯学校自由而富有挑战的教学环境中受益良多。当伊莱恩刚进小学时，老师提醒她说，她要取得她姐姐已经取得的成就是很困难的，因为她姐姐是她那一届的毕业演讲生。但伊莱恩并没有在学业上差姐姐太多，事实上，她的老师认为，她的天赋比玛乔丽更高，只不过她缺乏玛乔丽强烈的内驱力。跟她父亲一样，伊莱恩不会在课本上花太多时间，只用一半的时间就能完成她姐姐的功课。

在很小的时候，伊莱恩就在好几个场合让我们感到骄傲。不到 9 岁，她就登上了市政厅和卡内基大厅的舞台。孩子们加入了用新理念教授学生音乐的迪勒－奎尔音乐学校，这个学校的学生每年都有机会在市政厅表演。年龄在 7 岁以上、表现最好的一群学生通常会组成一支小型打击乐乐队，包括鼓手、三角铁手、铙钹手和架子手。经过试训之后，伊莱恩被选为乐队指挥。我们的小宝贝要让每样乐器相互配合，在她的指挥和团队的努力之下，他们将《坎贝尔一家来了》（*The Campbells Are Coming*）[①]演绎成了一个相当出彩的版本。当我观看她演出时，我激动得说不出话来，同时我悄悄看了看其他观众，想知道他们是否也像我一样被如此非凡的演出迷住。又过了一两年，伊莱恩在朋友的鼓励下，参加了“邻里儿童舞蹈剧学校”。学校想要演出颇有难度的舞台剧《魔法玩具店》（*La Boutique Fantasque*），而主角是迷人的、令人敬畏的专业独舞表演家亚历克西斯·科斯罗夫（Alexis Kosloff）。在其中一段舞蹈中，科斯罗夫身边各有一只小“贵宾犬”表演后空翻和其他把戏。你猜怎么着！其中一只“贵宾犬”就是伊莱恩。当她和科斯罗夫结束了他们的表演时，卡内基大厅爆发出了雷鸣般的掌声。

与我热爱的运动在一起

当我们从弗农山庄搬回纽约时，我们先是住在位于第 88 街河边大道 160 号的一楼，邻近著名的希纳西别墅，与士兵和水手纪念碑只有两个街区的距离。在

① 一首与苏格兰坎贝尔氏族有关的带有苏格兰风情的传统曲目。——译者注

我看来，我们那时的公寓似乎又大又奢华，并且我很骄傲能住在河边大道，因为它是金融人士成功的象征。我们还通过选择我们的避暑之地来彰显我的成功，或者至少体现我的自豪，该避暑胜地位于新泽西大西洋海岸独特的迪尔镇（Deal）。1925 年，我们第一次在那里避暑，住在哈撒韦旅馆。1926 年，我们在赌场附近租了一间漂亮的别墅，并且还成了该别墅的会员。

在纽约，我也加入了纽约运动员俱乐部。那个时候，该俱乐部的第一条规则是“俱乐部里不允许打牌”。不过，随着第一批会员年龄增大，参与运动的次数越来越少，该规则就被废除了。当我退出俱乐部多年后再重访俱乐部时，我惊讶地发现几乎每层楼都有人在打牌。在俱乐部里，有两项新运动让我屡屡受挫，分别是壁球和高尔夫球。我的壁球教练是一个年轻人，他是当时的职业壁球世界冠军。一个忠实的俱乐部会员在与我交谈时信誓旦旦地宣称，他是竞技体育界活着的最伟大的运动员。他会在与学生的每场训练赛中跟大多数学生打 5 美元的赌：在每局 21 分制胜的比赛中他让学生 19 分，学生只需要拿下 2 分，就能赢得赌注。即便如此，他也能很轻松地率先拿下 21 分。不过，这位年轻人后来因为精神崩溃，自杀身亡。关于这件事，我从未听到过一个完整的故事，但我认为必定事出有因。据我所知，他没有患上精神疾病，也没有其他可焦虑的事情。从这件事可知，我们对他人所思所想的了解是多么地少啊！

我在高尔夫球上的表现也相当糟糕。与其他人一样，我常常认为自己已经找到了窍门，结果又重新陷入了右曲球、左曲球和常见的无效球的泥沼。由于这项运动打击了我的自信，没过多久我就对它产生了强烈的偏见。对自己打出的好球和坏球的无尽讨论、拍着胸脯的自我吹嘘和屡遭打击、对某人能用多少杆把球打进一个洞的争论以及一成不变的赌注，所有这些都会让一个从小喜欢打网球的人感到厌恶，因为网球有着严谨的、富有人情味的规则。在打了 7 年高尔夫球而不得其法之后，我放弃了这项运动，重新回到我擅长的网球上来。我一直很喜欢这项让我感到愉快的运动，直到 60 多岁才不得不因为健康原因告别了它，从此我再也无法从事这项让我觉得轻松愉快的运动了。

我还喜欢滑雪。我最早从事这项运动是在 1924 年冬天，地点是在梅欧帕克湖边的“迪恩别墅旅馆”。那里的雪很厚，旅馆还为想来冒险尝试这一运动的客人提供滑雪板。不过，滑雪板做得非常粗糙，只在脚上捆绑一条皮带。从旅馆通往湖里有一段坡度很低的路，跟我们的小牛顿一样，我也穿上滑雪板从旅馆滑到了湖里。那时，我们已经拥有了一部早期的业余摄像机，还有投影仪和屏幕，它们是我的老东家纽伯格－亨德森－洛布公司作为圣诞礼物送给我的，因为过去一年我给他们介绍了不少业务，却没收他们一分钱。我们的家庭档案至今还保留着那台摄像机拍摄的第一个视频，它显示出我们有多么享受我们第一次滑雪的经历。

黑兹尔拥有“贝尔 & 霍威尔”牌摄像机这件事的意义，比她想象的更为重大。后来，摄影成了她的事业。多年来，她一直是哈达萨组织[①]的官方摄影师，也长期担任其美国分会董事会董事。她拍摄的反映以色列风景和以色列人生活的纪录片在全球各地上映。

在我参与滑雪运动的将近 40 年期间，我见证了该项运动从很不起眼到广受大众喜爱的过程，而且很多坡道都打造了各种各样的滑雪设施。但在 1924 年，人们甚至还不知道滑雪用的拖曳缆是什么东西。当我们第一次爬向佛蒙特州曼斯菲尔德山的斯托滑雪胜地的顶峰时，既没有电梯，也没有拖曳缆。为了防止下滑，我们在滑雪板下面裹了一层皮囊，然后沿着公路花了 4 个小时登到山顶，接着沿同一条路只用 20 分钟就滑到了底。我们听说过诸如克里斯蒂安娜平行转弯法和屈膝旋转法之类的滑雪技巧，但只有生来就穿着滑雪板的斯堪的纳维亚人才能熟练掌握它们。我们只能依靠老式的、很好用的脚趾朝里弯曲的雪犁来控制刹车和转弯。多年后，我熟练地掌握了克里斯蒂安娜平行转弯法，并且永远不会忘记我在人前显摆技巧时的那股兴奋劲儿。

---

① 哈达萨组织是犹太传统与美国文化的结合体，是长期致力于维护犹太人妇女儿童权利的非政府组织。——译者注

我人生中度过的某些最开心、最有活力的时刻就发生在滑雪场。我们经常会在圣诞假期坐晚班火车前往普莱西德湖。在我们入住的酒店附近有一座地形很简单的斯蒂文斯山，我们大多数时候在那里滑雪，而且那里还有一根拖曳缆。刚开始，斯蒂文斯山被胆子很小的初学者挤爆了，我随时都能看到别人在我面前摔倒。拖曳缆不得不时不时停下来，以便让摔倒的新手重新抓住线缆，或者把他们拖离滑道。5 天后，我见证了惊人的变化。恐惧和笨拙的初学者似乎成了准专业运动员；而且拖曳缆也运行得更为顺畅，很少有人摔出线缆。我认为原因可能在于，那些绝望的“菜鸟”放弃了斯蒂文斯山，去到了滑雪难度更小的地方。但即便如此，这一变化也堪称奇迹。

后来，我们还与我们的好友查尔斯·古德曼夫妇及其孩子一起，在普莱西德湖度过了圣诞假期。在这几个孩子中，年龄最大的是一个名叫罗伯特的大学生。我记得我们坐在一张下层床铺，谈论哲学、朗诵诗歌直到深夜，度过了一段美妙的时光。30 年后，当我写到这里时，我得知罗伯特及其夫人正在密西西比州的某个地方，在绝望中希望能找到他们亲爱的儿子安迪，并且希望他仍然活着。安迪是致力于为黑人争取民权的 3 个工人中的一个。20 天前他们失踪了，除了被烧焦的汽车，没留下任何踪迹。我的心与正在经历丧子之痛的父亲罗伯特紧紧相连，很早以前我就知道罗伯特在学生时代就是一个热诚的理想主义者，他把他的理想传递给了儿子，现在他多少应该能够接受安迪殉难的事实。我对他的同情更多与我自己的儿子小本杰明有关，因为就在此刻，1964 年 7 月，我的儿子正在密西西比州与数百个冒着生命危险从事人道主义工作的人在一起，他们的良心告诉他们，完成这些工作是他们这类人的使命。

注定失败的婚姻

回到普莱西德湖，在那里发生的一件事反映出我和黑兹尔在性格上的不和。由于我们是在酒店度过跨年夜，我决定穿上正装。出于某种原因，黑兹尔反对参加跨年夜活动，可能是因为她的发型没有专门打理，所以她试图劝我也不要参加。我说，我知道古德曼夫妇将穿正装出席，我也想这么做，而且也确实这么做了。当然，我们的酒店举办了一场欢快的新年晚会，古德曼夫妇盛装出席，我也是。但在酒店房间里，黑兹尔求我不要穿晚礼服，如果我穿了，而她没穿，这会让她十分尴尬。我仍然没有退让。我说，这要怪她自己考虑不周，她没有理由出门时不带上她的晚礼服。我已经厌倦了总是服从她的命令，既然我大老远把晚礼服带来了，对我来说，不穿它出席就显得太愚蠢了。

随着争吵越来越激烈，黑兹尔拿起我放在床上的衬衣，把它扔到窗外的雪地里。我冷静地从衣柜里取出另一件衬衣，准备穿上它。黑兹尔从我手里一把夺过来，再次将它扔出窗外。我没有第三件衬衣了，只好放弃。我敢保证，我的妥协是非常不情愿的。然后，我无奈地穿着普通服装走出房间去吃晚饭。黑兹尔取回了覆盖着雪的衬衣，然后我们尴尬地把这件事向我们的朋友做了解释。当我们最后回到房间时，发现有人已经将我的晚礼服整齐地摆放在地板上，就好像某个平面人正穿着它们，而摆放衣服的人正是波比·古德曼，他以一种幽默的方式让整件事得以善终。

毫无疑问，一位心理学家或者一个精神分析师可以从这件事中看出我们的婚姻有很多问题。在我看来，我和黑兹尔都是好人，我们的优点大大多于我们的缺点。我们有着广泛的共同爱好，首先我们都深爱我们的孩子，其次我们都喜欢戏剧、歌剧、音乐会、假日旅行、运动和慈善事业。在我们结婚之前，黑兹尔对我的盲人慈善事业产生了兴趣。她曾经在位于戴克高地的别墅里教盲人孩子跳舞，后来又在新成立的犹太人盲人协会纽约分会教跳舞。就在我写这些文字的那一年，名字稍作了变更的协会正在庆祝成立 50 周年。为了迎合黑兹尔的兴趣，我开始成为行动非常不灵便的盲人孩子们的一个“老大哥”。后来，我又相继成了协会预算委员会的董事和主任，最终担任了协会的主席，而协会每年的预算也从 3 万美元增长到了 13 万美元，年增速与美国国内生产总值的增速相匹配。

相较于很多夫妻，我们更有理由期待一段幸福而成功的婚姻。但为什么我会失败呢？也许，一个不太重要的原因在于我们在一定程度上缺乏一致性，而在我们结婚的时候，我们都太年轻了，没有意识到这一问题对婚姻的重要性。但我相信，最主要的原因在于，我性格上的缺陷导致我无法应对黑兹尔性格上的缺陷，而本来我应该可以做到这一点的。我妻子最突出的优点是精力充沛，有很多实用技能。不过，与多数人相比，她更容易把有些事情做过头，导致优点变成了缺点。比如，她相信她可以比任何人都能把事情做得更好；她会自行安排所有实践活动；而这反过来又导致她养成了喜欢控制身边人的习惯，包括她的丈夫。我不是那种能容忍这种控制的人。尽管我可以做到听命于她，也厌恶为任何事情争吵，但我是个非常独立的人，内心憎恶所有形式的强迫。

如果我在 23 岁时就能达到现在的认知水平，我们的婚姻状态将大为不同。从一开始我就会拒绝服从她的命令，坚持在所有事情上做到一视同仁地对待我的看法与黑兹尔的看法，甚至时不时故意与她作对，好让她知道她不能总是把自己的做事方式强加于人。我仔细回想了她曾经采用的让她占据上风而让我处于下风的诡计和策略。我本可以采取有效的反制措施，但我犯了大错，我认为这类事情并不重要，不值得去抗争。我想，真正让我不够重视这件事的主要原因还是在于，我在事业上取得了巨大成功，我的财富和社会地位一直在稳步攀升，这让很多人感到惊讶，尤其是我母亲，她在我很小的时候就认定我只是个空想家。

早在我或黑兹尔意识到我们的相处存在严重问题之前，已经有迹象表明我们的婚姻注定会失败，而且是彻头彻尾的失败。1926 年夏天，我们在迪尔镇舒适的度假屋度假。每周三我会在炫酷的迪尔乡村俱乐部与麦克唐纳公司在当地的分支机构的总经理伯特·帕克（Bert Parker）打高尔夫，而麦克唐纳公司是为我提供证券买卖服务的经纪商之一。生活的诸多方面似乎都让我感到安逸、享受、有趣和值得。某个周末，我的哥哥维克托拜访了我们，他说起了我们现在幸福美满的生活。我同意他的看法，然后补充道："也许一切过于顺利，说不定某个巨大的不幸正在前方等着我们。"事实证明，我果然一语成谶，然而这并没有让我感到惊讶。我结了婚，有了 3 个孩子，用培根的话说，我已经"成了金钱的俘虏"。事实上，我比自己想象的更脆弱。

痛失爱子

1927 年 3 月初，我们结束了在佛罗里达州的度假，发现牛顿患上了耳疾。我们请来了西奈山医院伟大的耳科专家弗里斯纳博士。经他诊断，我们的孩子患上了乳突炎，需要动手术。手术做完后，牛顿又患上了脑膜炎，并于 1927 年 4 月 20 日去世，而接下来的 5 月 12 日就是他的 9 岁生日。

与牛顿生病和去世有关的诸多悲伤故事深深地印在我的脑海中，但我没有勇气复述它们，而读者也一定会理解我不这么做。如果我想这么做，我也会效仿代达罗斯[①]，把他心爱的夭折的儿子的故事刻在石头上，他的儿子伊卡洛斯因为飞得离太阳太近，羽毛上的蜡封融化殆尽，最后坠亡于大海。维吉尔的文字让我有一种亲切感。若干年后，当读到赫胥黎的《针锋相对》（*Point Counterpoint*）中讲述孩子去世的故事时，我不禁想起我们的牛顿，并潸然泪下。实际上很多父母都有我们这样的遭遇。不过，每当想到青霉素已经攻克了脑膜炎，并且也能治好白喉以及诸多夺走孩子生命、让父母伤心欲绝的其他疾病时，我就感到欣慰多了。

牛顿被埋葬于威彻斯特希尔斯公墓。我们作为会员加入“自由犹太会堂”的时间不久，但没想到这么快就用到了会员权利。[②] 墓脚的台石并不大，上面写着：“最勇敢的、最心爱的孩子”。他配得上这些赞美，甚至这样的赞美还不够。那个时候，我的母亲正在欧洲走访她的诸多亲戚。在她出发前，黑兹尔拍摄了一家人其乐融融的视频，那是牛顿最后一次出现在镜头中。我们试图向母亲隐瞒牛顿患病的消息，最终她猜到发生了不好的事情，恳请我们告诉她。这一令人悲伤而艰巨的任务只能交由我来完成，我努力抑制着自己的悲痛，引用了我能想到的哲理来缓冲她即将面对的巨大的心灵冲击。然而，她却在回信中给了我极大的安慰，但我知道在遥远的大西洋彼岸，她跟我一样，一定是泪流满面。

---

① 希腊神话中的建筑师和雕刻家。——编者注

② “自由犹太会堂”是纽约皇后区最古老的自由改革派犹太会堂，其会员死后可以被葬于威彻斯特希尔斯公墓。——译者注

我和黑兹尔都十分悲痛，但这种共同的悲痛也更清晰地向我们传递出，我们已经意识到我们之间的隔阂有多么大。葬礼之后不久，我们在一家中餐馆共进午餐，谈到应该共同开启新的更美好的生活。黑兹尔觉得她应该向我袒露她内心的真实想法。在她看来，我是一个冷漠的、不怎么称职的丈夫，过度沉湎在自己的事业中，没给她更多的关心。她需要得到更多的温暖和理解，而在与我们的家庭医生的友谊中她得到了自己想要的东西。她说这只是一段友情，无涉其他。我没有怀疑她，也接受了她的批评，并承诺从今以后要成为一名更好的丈夫，黑兹尔也承诺要减少控制欲。

我们都想再要一个孩子，希望我们失去的牛顿可以换来一个新牛顿。没过多久，黑兹尔怀孕了，我们之间的关系本应该更亲密，但情况并非如此。想要扭转夫妻之间根深蒂固的矛盾，靠着巨大的悲痛和最大的决心也是不够的！我们很快又回到了过去的相处方式。到了秋天，尽管还在怀孕期间，黑兹尔宣布她想与她最要好的朋友之一保利娜・H 来一次横穿俄罗斯之旅。当然，我忙于赚钱，无暇与她一同前往。

因此，我可以过上两个月的单身生活。保持了 10 年的婚姻忠诚之后，在我 33 岁时，我的人生有了第一次婚外情。我不想在此像弗兰克・哈里斯[①]那样描写我的性爱经历，更不会效仿卢梭在《忏悔录》中的直率。但我也不应该效仿夏多布里昂，拒绝在其《墓畔回忆录》中揭示自己那些著名的绯闻，也对自己与那个伟大情人[②]的关系保持虚伪的沉默。由于没有编者注，那部非凡的回忆录的读者可能很想知道，夏多布里昂为什么在 50 多年的婚姻生活中只花了很少时间与他的妻子在一起。我打算在自己的回忆录里更坦诚一些，这么做只是因为我希望能帮助读者对人性多一些了解。

---

① Frank Harris，爱尔兰裔美国作家、记者、编辑、出版家。其五卷本自传《我的生活与爱情》因内容过于色情在欧美多年被禁。——译者注

② 夏多布里昂是法国 18—19 世纪的作家、政治家、外交家，法兰西学院院士。他一生著作等身，但对后世最有影响的是《墓畔回忆录》。这部书写了 30 多年，记述了他一生的经历和思考，同时也为后人留下了丰富的 19 世纪欧洲文化、外交、社会、人物栩栩如生的画卷。然而，在这部书背后，有一位伟大的女性在支持、鼓励着他完成这部著作，她就是当时法国社交界中的美人雷加米埃夫人。——译者注

在很大程度上，我的私生活跟大多数人是相反的。在维多利亚时代的小说中，年轻人喝酒、赌博、滥交，在结婚成家并肩负起家庭责任之前，他们会与很多女性发生性行为，甚至生下私生子。但我年轻的时候从来没有做过任何放荡不羁的事情。我不喝酒、不抽烟、不嚼烟草、不赌博、不骂人、不使用污言秽语。即便很多广告牌上刊登着女主角那充满诱惑的曼妙躯体，我也从来没去看过任何色情演出。虽然在我的青春期阶段，朋友们经常谈论相关话题，但去妓院的想法从来没在我脑海中出现过。我认为我与其他年轻人不同，毫无疑问，在能力和品格方面我都比他们优秀，我绝对是个正经人！从根本上讲，我知道我也有跟其他人一样的性本能和冲动，而压制和拒绝这种本能和冲动似乎是我应尽的义务。但我远谈不上取得了彻底的成功，我有时会去看诸如皮埃尔·路易[①]的《阿芙洛狄特》(*Aphrodite*)或阿普列乌斯[②]的《金驴记》(*The Golden Ass*)。但我的确很少阅读情色书刊，并且总是为读这类书刊而感到内疚，光是摆脱这种内疚感就花了我几十年时间。

几年前，我十几岁的女儿正待在家里，我走进她的房间，在她的台灯下发现了一本《芬妮希尔》(*Fanny Hill*)[③]。我对这本书的唯一了解来自詹姆斯·鲍斯威尔[④]某篇日记中的注脚，他在注脚中提到，他与约翰·克莱兰曾相处过一段时间。他客观地评价说克莱兰是《芬妮希尔》的作者，而该书“是有史以来出版过的最色情的图书”。尽管那时我已经快满 60 岁，但在我家里发现这本书还是让我感到震惊。我随便翻了几页，一想到我女儿竟然沉溺于如此淫秽的书籍，我就惴惴不安，于是我将这本肮脏的书扔掉了。15 年后，当我正在意大利的阿拉西奥写这些文字时，我日常的阅读书籍已经变成了诸如格雷夫斯的《白色女神》[⑤]、卡夫卡的《给米莲娜的信》(卡夫卡可真是一个无可救药的神经衰弱患者)、里尔克

① Pierre Louy，法国 19 世纪末 20 世纪初象征主义唯美派作家，1896 年出版的第一部小说《阿芙洛狄特》被称为情色文学的经典之作。——编者注

② 古罗马作家，一生著述丰厚，对哲学、历史自然科学、文学等皆有涉猎。——编者注

③ 又名《一个愉悦女人的回忆录》，一本由约翰·克莱兰创作并于 1749 年在伦敦发行的色情小说。——译者注

④ James Boswell，18 世纪英国传记作家，最有名的作品是《约翰逊传》，还有《黑白地群岛之旅》等作品。——译者注

⑤《白色女神》是作家兼诗人罗伯特·格雷夫斯(Robert Graves)关于诗意神话创作本质的散文集。——译者注

的《战时书信》(里尔克远没有那么神经质)、西默农[1]随手写就的两部杰作、亨利·米勒[2]的《北回归线》,以及《芬妮希尔》。我发现,虽然《芬妮希尔》的确属于人们可以想象或感到恐惧的那类色情书,但至少作者是充满活力和灵气在写作,并且使用的是符合18世纪风俗习惯的语言文字。《北回归线》则是完全不同的作品。在导论中,美国诗人卡尔·夏皮罗(Karl Shapiro)将米勒誉为我们时代真正的预言家和天才。米勒的确提出了很多原创性的、触及要害的洞见,但这本书的大部分内容在我看来就像在公共建筑中的男厕所里的涂鸦之作。如果我活得再久一点,也许能学会理解和欣赏米勒对使用由4个字母组成的词汇的热衷。我并不急于进入能理解那种品味的年龄段,但我现在对《芬妮希尔》的欣赏并没有让我受到良心上的谴责,我只是认为我更能理解这部作品了。

在我23岁结婚之前,我对与女人发生性关系的看法就像拉斐尔·霍林斯赫德[3]在"爱尔兰的蛇"(Snakes in Ireland)中做出的解释。[4]当时的主流观念认为新郎和新娘应在婚前保有处子身。从理论上讲,我现在对这个问题的看法已不同于以往,但我当时的做法与主流观念没什么不同。我相信人们应该根据他们的总体品格和性情,而非根据外界强加的某些标准来过自己的性生活。但如果我在刚成年的时候就有现在的看法,我当时的性行为会有很大的不同吗?很可能不会。因为不管怎么说,我认为我天生的性情总是会先持禁欲主义,再转向性爱享乐主义,而非相反。

让我以最客观的方式讲述我的第一次婚外情。那个女孩,就让我们称她为珍妮吧,跟我年龄差不多大,长得并不漂亮,说话直率,嗓音尖细,她跟我们家

① 比利时法语作家,一生创作了很多有关推理的著作,可能是20世纪最多产的一位作家。西默农成功地塑造了儒勒·梅格雷探长这个名侦探角色,并以他为主角创作了一系列小说。——译者注

② Henry Miller,20世纪美国乃至全球最重要的作家之一,富有个性又极具争议的文学大师。——译者注

③ Raphael Holinshed,16世纪英国编年史作家。他的作品《英格兰、苏格兰和爱尔兰编年史》,通常称为霍林斯赫德的编年史,是莎士比亚许多剧本的主要参考来源。——译者注

④ 据称,霍林斯赫德沿用了爱尔兰圣人圣帕特里克主教的看法,认为爱尔兰没有蛇,是因为爱尔兰天气寒冷,不适合蛇和其他爬行类动物生存。文中的意思是,结婚前,他与女人从未发生过性关系,就像爱尔兰从来没有蛇一样。——译者注

成为好友已有 15 年。她没有结婚，似乎也从来没对男性表现出太大兴趣。这么多年来，我会以朋友的礼节亲吻她。但在我们开始婚外情之前的那个夏天，亲吻方式已经远不是朋友般的了。黑兹尔远在俄罗斯的那两个月，有天晚上，听完音乐会后，我把她带回了家。一切都很适合开始一段婚外情，并且也确实开始了。在我看来，发生一段婚外情，有 20% 的因素是彼此吸引，剩下 80% 要看机缘。我应当分享我俩对话中的两句话，因为它们反映了我们各自的性情。

> 我立即说道："如果我们应该成就我们的爱情，我想知道这段感情是会带给你更多幸福，还是更多悲伤。"
>
> 她不假思索地说道："只有一种办法能找到这个问题的答案，那就是，试一试。"

接下来我又做了些什么呢？也许我应该站在珍妮的角度，用我曾经用于描述一个老处女如何看待强奸的玩笑话来概括这场婚外情："它比死亡更糟糕，但比什么都没发生更好。"我远谈不上是一个理想的爱人，甚至从浪漫的意义上讲，我几乎完全算不上是爱人。从根本上讲，我一直把珍妮当作一个非常好的朋友，她对我有肉体上的吸引力，我也很喜欢和她在一起。由于我自己不幸的婚姻经历，也考虑到占有和嫉妒是情感问题的一体两面，我对于浪漫的爱情总是小心谨慎。在我看来，理想的关系应该是真诚的友谊与性爱的结合，至少对于我这样的人或者说对于一般人而言都是这样。这种结合似乎具备爱情的大多数优点，而又不会产生什么严重缺陷。相对而言，很少有女性会赞同我的这种实用理论。但珍妮似乎比多数女性更认同它，因为她一直就是一个坚定的实用主义者，但即便如此，我也确信，她对我不全身心投入这段感情很不满意。

我们的婚外情遇到了很多障碍，主要在于我真的太忙了。我们很少见面，即便在一起，时间也很短暂。我以我自己的方式对珍妮保持了将近 7 年的情感忠诚。在此期间，她对我非常好，很少责怪我，也很少向我索取更多的东西。但在 1933 年或 1934 年的时候，她告诉我，这段感情令她很不满意，让她觉得太累，因此她决定结束它，然后去墨西哥待一段时间。我们分了手，但仍是很好的朋友。事实上，我至今还能充满感情地记起，我们在她的沃德莱恩轮船的船舱里一起度过的最后一小时。那时我根本没想到，我的公司后来会掌控这家成立时间很长的轮船公司。珍妮仍然是我非常要好的朋友。尽管有那段情欲经历的瑕疵，但总体而言，我们的关系对于我们两个人而言都是很健康的。

我们的“小牛顿”降生

从讲述婚外情到讲述迎接一个孩子的出生，这一转变似乎是无情的或者轻浮的，但人性有时的确可以让我们在很短的时间内做出很多自相矛盾的事情，体验很多相互冲突的情绪。歌德不是说过，短暂的一瞬就可以让人的想法由善变恶吗？反之亦然。

我们的小牛顿出生于 1928 年 4 月 10 日，而 10 天后，我们将纪念大牛顿去世一周年。他的降生给我和黑兹尔带来了极大的快乐，似乎神秘的上苍又给我们送来了一个男孩。我记得那天清早，我在位于曼哈顿的“医生医院”焦急地等着消息。当那一刻来临时，似乎有种外在的力量让我脑海中浮现出了一首关于重生的诗歌，我花几分钟把它写了下来，在这里与各位读者分享：

他归来了
从暗黑、空虚的寂夜
所有恒星停止了燃烧。
他归来了
我们的孩子，我们心灵之悦
他没有完全消殒
他归来了。
他归来了
尽管之前死亡夺走了他
但永恒使他轮回。

他归来了
就像每年繁花再度盛开
假使我们如是观之
他就归来了。
他归来了
就像他的离去，都在春天。
他嘲讽了无趣的死亡。
他归来了
为了爱的新生
我们内心唱起欣喜的歌声
他归来了！

小牛顿是个漂亮的男孩，长着大大的棕色眼睛，一头黑色的、卷曲的头发。没有哪个孩子比他受到的欢迎更热烈，被更多的爱意包围。我们多年的家庭医生梅·威尔逊（May Wilson）在寻求治疗儿童心脏风湿病的方法上投入了大量精力，而他给我们带来了一些让人不安的消息：小牛顿的胸腺似乎没发育好，未来有可能遇到严重的健康问题。这一告诫使得我们更加小心地照顾他，让他免受疾病困扰。在小牛顿出生之前，我们已经搬离了位于河边大道的公寓，因为我们觉得那里冬天刮起的凛冽狂风可能是导致大牛顿患耳疾的原因。

写到这里，我的心情是很沉重的，因为出生后的前几年，小牛顿没给我们带来多少欢乐，倒是带来了很多焦虑和悲伤。他似乎并不喜欢我们这个家庭，也非常难以相处。我们很快就发现，他有严重的神经质，并且很有可能患有精神分裂症。有时候我们会责怪自己，因为我们给这个孩子取了跟大牛顿一样的名字，并且从一开始就把他看成大牛顿的轮回归来。难道这种做法让他对自己的身份感到困惑了吗？难道他厌恶我们一家将他与去世的优秀的哥哥进行对比吗？难道在他身上投入的特别的身心关怀损害了他的品格吗？我深知，这些猜测都是没有依据的，一切只是因为小牛顿和我们的不幸，他生来就是这个样子，就是这样的身份。

用学术生活疗愈伤痛

为了不让我胡思乱想，使我从悲伤中摆脱出来，我又从事了一份新工作。曾经有那么一段时间，我想过要写一本关于证券分析的书。我认为那时出版的相关书籍已经过时了，并且内容也不全面，尤其是那些书籍很少关注普通股的重要性或者公司财务的异常和陷阱。我决定在把我的想法写成书之前，先就这一主题在大学里开设一门课程。我联系了哥伦比亚大学成人教育中心的主任詹姆斯·埃格伯特（James Egbert）教授。他赞同我的主意，并于 1927 年夏天为我开设了一门名叫“证券分析”的课程。报名情况出乎所有人的预料，有超过 150 名学生踊跃选报了这门课。现在回想起来，当时的盛况很容易理解。20 世纪 20 年代的牛市正如火如荼，公众很想获得信息和指导，以及最为关键的股票推荐。那个时候，还没有一个来自市场一线的华尔街人士开设类似课程。最终，由于报名人数太多，教室门口还安排了保安，以防有人破门而入。尽管我忠告我的学生，我提到的任何股票只能作为例子，在任何情况下都不能作为荐股行为，但还是有一些我在课堂上讨论的低估证券随即在市场上出现了显著上涨，尽管很有可能整个市场的火热氛围也带动了这些证券上涨。这样的情况只需发生几次，就足以在学生心目中建立起我的课程可以帮助他们赚钱的可靠声誉。到了 1928 年秋天，报名的学生数量远超上一年，很多人坚持要求再上一次这门课，以便听到一些可以赚钱的新案例。

我的学术生涯就是这样开始的，并持续了 40 多年。其间，我在哥伦比亚大学和加州大学伯克利分校获得了各种教授头衔，还在其他机构举办了很多演讲课程。在我 1927 年的秋季课程中，有一位名叫戴维·多德的学生，当时他还是哥伦比亚大学商学院的助理教授，后来成了我的助教以及“华尔街圣经”《证券分析》一书的合著者。他还是我投资事业的重要合伙人以及可靠而忠诚的朋友。在准备第一年课程的过程中，我脑海里时常会涌现出很多专业问题，这在我看来显然意味着，我还远没有做好写出一本令人满意的教材的准备。事实上，直到 7 年后，《证券分析》才正式出版。事实证明，如果出版时间早一点的话，会是一个巨大的错误，因为直到 1934 年，我还在实践中付出沉痛的代价，从而为该书注入了更多的洞见。

再访欧洲

自从我作为一个7岁的小男孩在19世纪和20世纪之交去过一次英国之后，直到1928年夏天，我才再次到访欧洲。那时黑兹尔要照顾小牛顿，不得不留在家里。出发前，我们一家在宾夕法尼亚州靠近雷丁的丘陵地带避暑，租了一家名叫“加仑厅”的大型酒店的一栋小别墅。我计划在欧洲与母亲相聚，并带她游览英国、法国、德国、瑞士和奥地利。我此行的主要目的是想在瓦格纳迷的朝圣地德国拜罗伊特市听瓦格纳的系列歌剧，还想在莫扎特的家乡萨尔茨堡参加夏季节日。

在拜罗伊特，我们住在一家名叫“金色之锚”的高档酒店。该酒店大约修建于1750年，但看上去更为古旧。尽管它缺乏任何一种现代化的便利设施，但当我们登上小山来到音乐剧院时，我们就忘了第一个晚上对酒店的各种抱怨。根据惯例，酒店的观众只能站着，大家都好奇地彼此打量。这真是一个令人炫目的场景，女性观众身着长外衣、戴着珠宝和头饰；男性观众大多身着晚礼服，少数人戴着印第安人的无檐帽，或者身着军装。演出包括六幕歌剧《纽伦堡的名歌手》、四幕歌剧《尼伯龙根的指环》和《特里斯坦和伊索尔德》。演员的表演让我产生了一种难以形容的兴奋之情。他们的演技毫无疑问是非常出色的，但让人联想起传统和音乐的巨大力量的现场氛围，则使得一切事物充满了近乎超自然的神秘感。

瓦格纳家族在演出中明显扮演着重要角色。瓦格纳的儿子西格弗里德，即瓦格纳谱写的《西格弗里德田园曲》[①]中的那个西格弗里德，指挥了三场歌剧。西格弗里德金发碧眼的妻子威妮弗雷德颇有女王范地坐在后排包厢，而她对希特勒的认同早已为人熟知。每个人都会去参观瓦格纳家族的居住地“瓦弗里德”[②]，瓦格纳的传奇遗孀科西玛就住在那里，她已经90岁了，据说已处于弥留

① *Siegfried Idyll*，瓦格纳献给第二任妻子科西玛的生日礼物，而那个时候他们的儿子西格弗里德已经出生了。——译者注

② 瓦格纳给他在拜罗伊特市的别墅起的名字，该名称是德语Wahn和Fried的合成词。——译者注

之际，但事实上她之后又活了好几年。游客可以上楼通过门洞偷看一眼她的房间。我和母亲认为这一举动很不妥当，因此我们没有上楼，而是参观了她的孩子们的房间。其中沃尔夫冈和威兰[①]的房间里陈列了丢勒[②]的蚀刻版画复制品，而游客进入房间参观需要付一点门票费。这两位特别受宠的男孩罕见地在他们十几岁时就显得很有行动力，而且思维敏捷。当我再次见到他们时，他们已是体型肥胖的中年人。他们已经开始全面负责拜罗伊特节日，并且不得不向他们祖父的在天之灵和很多活着的当地居民解释，为什么他们彻底改变了已经执行了许多年的神圣的节目规程。当时我没见到他们的妹妹，她的年龄一定还非常小，但若干年后当我在美国见到她时，她已经成了希特勒和她母亲的反对者。

瓦格纳是一位伟大的非凡音乐家，挂在他家墙上的典型的瓦格纳式诗句也给我留下了深刻印象：

Hier wo mein Waehen Frieden fand,
Wahnfried sei dieses Haus genannt.

（这里是让我的想象保持安宁之地，
我将这栋房子命名为“瓦弗里德”。）

回到美国后，我对那位德国牙医提出了建议。我知道他把自己的椅子称为“牙安宁”（Zahnfried），我好心地建议他在诊所挂上如下贴切的格言：

Hier wo mein’ Zähne Frieden fand,
Zahnfried sei dieser Stuhl gennant.

（这里是让我的想象保持安宁之地，
我将这把椅子命名为“牙安宁”。）

---

① 沃尔夫冈和威兰都是瓦格纳的孙子。——译者注
② 德国文艺复兴时期的代表画家。——译者注

出于某种不可知的原因，他拒绝了我的建议。

有很多原因使得拜罗伊特市的瓦格纳演出不同于其他地方的瓦格纳演出。其中最大的一个原因，在于它的餐食安排。你必须做的第一件事是在邻近音乐剧院的餐厅预订一个餐桌，这需要你给服务主管一笔数额惊人的小费。然后，在歌剧开始前，或许在演出之夜开始前，你要提前确定两顿餐食。我记得很清楚，歌剧《众神的黄昏》的开演时间非常奇怪，安排在下午 4 点。大约下午 3 点 45 分，所有观众身着晚礼服走进音乐剧院。第一幕刚好表演两个小时，接下来是一小时的短休时间，在此期间，观众可以好好吃顿饭。然后，7 点钟开始第二幕表演，时长为一个半小时，接下来是长休时间。在此期间，观众可以大吃大喝，直到 10 点才开始第三幕，而这一幕时长为两个小时。此后，全剧终。疲惫又满足的观众散场，去吃夜宵。整个演出耗时 8 小时，令人难忘地结合了过瘾的音乐和过瘾的餐食。

我们继续从拜罗伊特前往萨尔茨堡。我们最想做的事情是在宽大的浴室洗个舒服澡。幸好我们预订了刚修好的欧洲酒店的大套房。当我们乘坐火车到达酒店时已筋疲力尽，我们发现有一群人聚集在大厅。我穿过这群人来到前台，得意地询问格雷厄姆预订的房间。等了很长时间后，服务员告诉我们，他很抱歉，没有我们预订房间的记录，并且现在也没有其他房间可以提供了。“请再确认一下，”我大声说道，“我有你们签字确认的今日预订电报。”当时，那个服务员感到非常抱歉，一定是某个工作人员犯了可悲的错误。现实情况是，没有其他房间了，他对此无能为力。换种方式理解他的话，意思就是，有其他游客给了他们一笔大额贿赂，占用了我们的房间。我非常生气和沮丧，将这一丑陋行为向萨尔茨堡的旅游局进行了举报。旅游局官员耸耸肩，表示爱莫能助。更为糟糕的是，他们说，由于有很多美国游客涌入，这个城镇的所有酒店都没有房间了。最后，他们为我们在弗赖施塔特找到了一个房间。弗赖施塔特是一条破烂的街，完全配得上它的名字。我们怎么使用这间房呢？女房东在房屋中间架起了一条绳索，并将一张床单挂在绳索上，作为遮挡。洗澡的工具是一个洗衣盆，里面有少许热水。这一场景让我想起了 1910 年夏天住在巴曼农场洗澡时的场景。所以，这就是我们从欧洲酒店豪华套房换到现在这个房间之间的巨大落差。

然而，萨尔茨堡还是给我们留下了美妙的体验。我很荣幸能在大教堂广场看到《世人》（*Jedermann*）①的演出。著名的莫伊西是主角，莱因哈特②的妻子海伦·蒂米希（Helen Thimig）扮演“费斯”（Faith，意为信仰），她的妹妹扮演另一个角色。好在我提前买了该剧的剧本，并在夏日的黄昏读完了它。因此，我能理解演员说出的每句话，而且我被海伦·蒂米希对费斯发表的伟大演讲而深深感动。当然，莫伊西的表演是无与伦比的。正是在萨尔茨堡，我再次看到莫伊西扮演了歌德剧作《在陶里斯的伊菲革涅亚》（*Iphigenia in Taurus*）中的俄瑞斯忒斯，也再次看到海伦·蒂米希在该剧中的演出。15年前，我曾写过一篇详尽的研究文章，将欧里庇得斯的《在陶里斯的伊菲革涅亚》与歌德的版本进行了比较。我认为古典剧作更吸引我，但能有幸看到那个年代最伟大的舞台剧演员演出该剧，实属珍贵的体验。我还看过莫伊西在易卜生的剧作《群鬼》（*Ghosts*）中的精彩表演，那场演出是在纽约古老的欧文广场剧院，所有演员都说德语。

我们在慕尼黑待了几天，我惊叹于那里有好多漂亮的公共建筑，老绘画陈列馆③里有大量鲁本斯④的画作，无与伦比的德意志博物馆⑤里有众多的科技艺术品。我们去了户外娱乐场所奥斯特朗斯公园（Ausstellungs Park），在那里看了两场精彩的娱乐演出。其中一场是名为《有两个丈夫的女人》的木偶剧。女主角既嫁给了一个白天异常忙碌的官员，又嫁给了一个昼伏夜出的强盗。在我印象中，

---

① 奥地利剧作家雨果·冯·霍夫曼斯塔尔（Hugo von Hofmannsthal）的一部剧本，该剧改编自几部中世纪的神秘剧。——译者注

② 奥地利出生的戏剧和电影导演、临时演员和戏剧制作人。通过其创新的舞台制作，他被认为是20世纪初德国语言戏剧最杰出的导演之一。1920年，他以霍夫曼斯塔尔的《杰德曼》（*Jedermann*）的表演成立了萨尔茨堡音乐节。——译者注

③ 德国慕尼黑的一座美术馆，也是该市的艺术区的一部分。这是世界上最古老的美术馆之一，也是收藏早期“绘画大师”作品的最著名的美术馆之一，它收藏了从中世纪至18世纪中叶的画家作品。它是巴伐利亚国家绘画博物馆的一部分。——译者注

④ 比利时画家，17世纪巴洛克艺术最杰出的代表，擅长绘制宗教、神话、历史、风俗、肖像以及风景画。——译者注

⑤ 世界上最大的科技博物馆，位于德国慕尼黑，有50个科学技术领域的大约2.8万件展品，每年有大约130万访问者。——译者注

所有场景都发生在床上，专业的木偶剧表演者指挥木偶做出了很多色情动作。我惊叹于这样的演出竟能在 1928 年出现在公园里。

看完表演后，我们去了一家很大的户外餐厅。总是吃得很少的母亲点了两个半熟的煮鸡蛋。服务员抱歉地说，没有煮鸡蛋。他可以为我们提供炒鸡蛋、荷包蛋和煎蛋，但不提供煮鸡蛋，因为菜单里没有。母亲不敢相信她的耳朵："如果你们可以煎蛋，你们当然也可以为我煮蛋。"服务员还是表示歉意，没有商量的余地。后来我们认为原因可能在于，他们不知道如何煮半熟的鸡蛋。有一个老故事是这么说的，当一个漂亮的女服务员询问正在出差的销售员需要点些什么时，他回答说："我想要一盘火腿和鸡蛋以及一些善意的建议。"服务员悄无声息地把食物端上来了，然后这位销售员问道："善意的建议呢?""不要吃盘里的鸡蛋。"女服务员回答说。

我们按照既定行程，继续前往苏黎世，拜访母亲的侄女。如果坐火车，会穿过多座大山，而且要耗费可怕的 8 个小时。母亲听说慕尼黑和苏黎世之间刚开通了航班，飞行时间只需要两个小时。我有胆子赌一把改坐飞机吗？我们从来没坐过飞机，我只坐过马戏团的观光飞机，升空后停留 3 分钟，俯瞰大西洋城。如果母亲不害怕，我显然也不会觉得有什么好怕的。我记得乘客并不太多，大家纷纷走进机舱，然后在两边过道上排成队，就好像我们将要奔赴刑场。什么麻烦都没发生。我们飞越了离德国腓特烈港不远的博登湖，腓特烈港当时正在建造和测试第一艘大型齐柏林飞艇。飞机下面的小型湖艇看起来就像在水面上爬行的甲壳虫。当我们从德国飞越瑞士领空时，我注意到了景致上的某种差异。德国人将树种在土地的边角处，而瑞士人则把树种在土地的中央，这样农场主可以更容易看到树影的位置，从而掌握时间。

关于在苏黎世的日子，我只记得自然界中发生的一个奇怪场景。我和表亲去苏黎世湖野餐。我坐在一块大石头附近，注意到有两群蚂蚁正在激战。一群有翅膀，另一群没有。这是一场你死我活的战斗，我观看了很长时间，对这一景象并无兴趣的其他家人对我的行为很不高兴。但我想起了《多佛海滩》[①]中的话："无知的军队整夜搏杀。"这种奇怪的激情甚或更奇怪的利益算计驱使着蚂蚁以及人类产生冲突，并造成了大规模毁灭。

1928 年秋天，我们一家准备再次搬家，而这次搬家绝对算是奢侈狂妄之举。当时，很多写字楼和毫无特色的公寓大楼正在纽约所有的繁华地段拔地而起。我们听说中央公园西部第 81 号街的老牌酒店贝雷斯福德将被改建成一栋 30 层高的极奢公寓大楼，而我们的好友格林曼夫妇婚后曾在这所酒店住了好几年。这正是如日中天的格雷厄姆想要实现的梦想。我们看了规划图，选择了一所带有阳台的跃层公寓，分别位于大楼 18 层和 19 层。它有 10 个房间，天知道有多少卫生间。在靠近屋顶处，还有几个提供给用人的房间。公寓的年租金是 1.1 万美元，租期为 10 年。

我们完全不在意支付这点租金，因为相比于我一直赚取的金额，它完全是个很小的数字。那一年即将结束之际，我们在初始本金 150 万美元的基础上赚了大约 60%，我自己的税前收入超过了 60 万美元，而这还是通过采用了我认为十分保守的投资方法实现的，回避对高估证券的疯狂投机，将损失风险控制在最小程度。在灾难发生前，我一直把自己视为天才！那一年我做的最后一件事就是为我们的贝雷斯福德酒店签下了 10 年租约，我是在前往棕榈海滩过圣诞假期的火车卧铺车厢里签署协议的，而该协议将于 1929 年秋天正式生效。

① 《多佛海滩》是英国诗人马修·阿诺德（Matthew Arnold）最著名的哲理诗。——译者注

价值投资的启蒙

我在哥伦比亚大学里开设了一门名叫“证券分析”的课程。报名情况好得出乎所有人的预料。现在回想起来，当时的盛况很容易理解。20 世纪 20 年代的牛市正如火如荼，公众很想获得信息和指导，以及最为关键的股票推荐。

我的学术生涯就是这样开始的，并持续了 40 多年。其间，我在哥伦比亚大学和加州大学伯克利分校获得了各种教授头衔，还在其他机构举办了很多演讲课程。在我 1927 年的秋季课程中，有一位名叫戴维·多德的学生，当时他还是哥伦比亚大学商学院的助理教授，后来成了我的助教以及“华尔街圣经”《证券分析》一书的合著者。他还是我投资事业的重要合伙人以及可靠而忠诚的朋友。

BENJAMIN GRAHAM

THE MEMOIRS OF THE DEAN OF WALL STREET

第 13 章 大萧条开始，财富一落千丈

股市已经涨到了不可思议的高度，投机者已然疯狂，而受人尊敬的投资银行家也沉浸在不可饶恕的胡作非为之中，这一切必将在某一天以大崩盘的方式终结。真正让我惊讶的是，尽管我当时已经预见到了市场崩盘的发生，却没能意识到本杰明·格雷厄姆共同账户中的资金一直处在这些危险之中。

一次“恐怖”的海钓

Nel medio del camin de mia vita
Mi ritrova nel una selva oscura.

（在我人生之路的半程
我发现自己陷入了暗黑森林。）

1300年，但丁在35岁时写下了这两句诗作为其伟大诗作的开篇。事实上，他的人生旅程已经远过了半程，因为他40岁出头就去世了，而他的偶像维吉尔以及伟大的恺撒、莎士比亚、莫里哀、贝多芬、拿破仑和很多其他名人也都是英年早逝。1929年，我35岁，我的父亲就是在这个年纪去世的。但当我写下这些文字时已是1964年夏天，所以，从非常真实的意义上讲，这一章的确代表了我人生的中点。要是我也像但丁那样预言自己不久即将尝到地狱的味道，我会觉得这种想法太夸张了。然而，我时不时会想到要是我掉进了更低的阶层，遇到了属于那个阶层的麻烦和挫折，我一定会更加沮丧，因为它与我现在取得的巨大成功形成了实在太过悬殊的对比。但丁在流亡过程中一定对那种感受深有体会，并借助里米尼的弗朗西丝卡之口对其做了最著名的表达：

Nessun maggior'dolore
Che ricordarsi del tempo felice
Nella miseria……

最大的悲哀
莫过于满怀着幸福的回忆
却活在凄凉之中……

他还加了一句“而你的前辈知道答案”，这是为什么呢？他的前辈兼偶像维吉尔除了对自己不朽的作品感到不甚满意之外，没有遭逢什么痛苦。

事实上，于我而言，1929 年上半年发生了很多令人激动和值得高兴的事情，即便是随后在下半年发生的可怕冲击也没能让我受到太大影响。我真正的大麻烦出现在接下来的 3 年。然而，就其影响而言，1929 年与之后 3 年一样，对我意义重大。

1 月的假期发生了一起冒险活动，而我成了其中的主角。杰尔姆·卢因，那个年纪轻轻就成了老牌经纪商亨茨公司高级合伙人的家伙，邀请我和另外两个人与他一同去海钓。那两位客人是非常成功的著名金融律师伊西多·克雷塞尔（Isidor Kresel）和奥斯卡·刘易斯 (Oscar Lewis)。从一开始我就觉得我们乘坐的船太小了，从陆地驶离得越远，这条船就显得越小。过了大概半个小时，我和奥斯卡都觉得不太舒服。也许是想安慰我们，我们的主人拿出了一些看上去很漂亮的三明治给我们吃。我们有气无力地摆了摆手。当小个子的克雷塞尔和杰尔姆·卢因开始心满意足地吃三明治时，我和刘易斯更加难以忍受，于是我们爬到了下一层船舱躺了大概好几个小时。正当我们熬过了将死的恐惧觉得自己要活过来的时候，我们看到舱口上有个人说道：“上来，奥斯卡，本杰明，”那个声音大声说道，“我已经捕获了一条海鱼。”然而，我俩只是呻吟道：“带我们回去吧。”然后，我们又把脸转向了船壁。杰尔姆·卢因调转船头，驶向港口。两个小时后，当我们迈着踉跄的步子上岸后，面色苍白的我和奥斯卡感谢了他。

我再也没有见过克雷塞尔，但我后来带着某种同情读过由马克斯·施托伊尔（Max Steuer）撰写的指控他在美国银行股票暴跌问题上涉嫌技术性违法的文章。1939 年，施托伊尔交给我一个案子，让我竭尽全力在 3 天内对考夫曼百货公司的估值进行交叉询证。我后来又见过刘易斯，他当时正出任另一起估值案子的特别专家，而我则作为专家见证了债券持有人委员会的召开。刚开始我没认出他来，但在休会期间，他把我叫到他的座位边上，问我怎么会忘了我们有过一起海钓的经历。

就是卢因组织的那次恐怖的海钓吗？关于那次经历，我没有太多可说的。那件事发生差不多一个月后，我受邀前往 H. 亨茨公司的内部餐厅吃午饭。在那里，自豪的主人试图让我欣赏挂在公司墙上的新装饰品。其内容展现的正是那次可怕的海钓，装饰画很漂亮，又用了很昂贵的包装材料装裱，画框上贴有一个银质标牌，上面写着时间、地点、人物和海鱼重量。“把那该死的画翻转过去，”我恳求道，“一看到它，我就会再次产生晕船的感觉。”但其他人只是笑了笑。尽管从棕榈海滩出发的这次海钓经历十分糟糕，但我的皮肤却晒成了漂亮的黝黑色。当我回到纽约哥伦比亚大学的课堂时，我那些面色白嫩的学生以长时间使劲跺脚的方式欢迎“改头换面”的我昂首阔步地重回讲台。

巴鲁克先生带来的机遇

在此期间，各种投资信托机构如雨后春笋般涌现。最先出现的是固定收益类信托机构，它们在专业上几乎一窍不通，却作为受托人，持有由一些普通股构成的组合，而每个投资者按出资比例持有这一不变组合的相应份额。接下来出现的是管理类信托机构，该机构的管理者可以调整组合，就像我们在本杰明·格雷厄姆共同账户中所做的那样。这种制度安排本身没有什么问题，事实上，早在几十年前的英国，它就已经被证明是成功的，尽管它与其他金融机构一样，需要有诚实的经营理念和健全的制度。然而，20 世纪 20 年代末的投机氛围使得几乎每个人都玷污了金融行业的价值观，甚至让一些素以正直著称的金融机构也开始从事令人难以置信的危险操作。

有不少较大的纽交所会员机构为了赚取募集资金的投资收益提成、运营公司的管理费和买卖证券直接创造的交易佣金，也纷纷成立了自己的投资公司，向投资者募集资金。H. 亨茨公司的合伙人认为，他们跟其他公司一样，也有能力运营自己的基金，不仅如此，他们还认为自己可以说服本杰明·格雷厄姆来操盘。我绝对不想承担这份工作，因为我不认为 H. 亨茨公司会执行跟本杰明·格雷厄姆共同账户一样的 20% ～ 50% 的提成机制。当然，实际上我还要与杰里·纽曼分享部分收益。但亨茨公司的合伙人非常执着，他们说这是一只 2 500 万美元的基金，能操盘如此规模的资金，对我而言应该是很有吸引力的。他们还向我承诺，会给我提供一份长期合同。卢因对这次合作非常看好，他认为，可以借此将他那众所周知的挑选时机的天赋，与我广为人知的挑选证券和进行证券分析的卓越能力结合起来。这一资金管理规模确实对我很有吸引力，我们开了几次会，讨论是否能将我的基金与他们的基金整合起来。

与此同时，伯纳德·巴鲁克不期然而然地走进了我的生活。大约一年前，我有幸见到了这位伟大的投资人，并向他推荐了一些我买入的证券，而所有这些证券都符合他对证券价值的敏锐感受。其中包括诸如普利茅斯绳索公司之类的股票，它的股价大约是 70 美元，每年赚取的利润和分配的红利都很丰厚。而仅看运营资本，它的股价就应该超过 100 美元。同样类型的股票还有佩珀雷尔制造公司，长期以来它都以制造床单和枕头而家喻户晓；以及海伍德和韦克菲尔德公司，一家生产婴儿车的领军企业。以评估非上市私有企业价值的通行标准来衡量，它们的股价都在其最小价值以下，并且相比同时期最受欢迎的股票的价格，它们简直便宜得太过荒谬。这样的巨大反差表明 20 世纪 20 年代末的股市有了极为不理性的特征，市场所有的关注点都放在了对行业的未来预期上，比如受欢迎的股票属于电力公用事业和化学品行业；或者放在了市场份额较大的公司上，比如，道琼斯工业平均指数中的公司；或者放在了近期的利润增长率上。这就造成了疯狂的股价投机和操控。很多有着长期良好业绩表现的大公司却不受待见，比如普利茅斯绳索公司和佩珀雷尔制造公司，它们被市场忽视，连续多年以非常便宜的价格在市场买卖。

巴鲁克先生屈尊听了我的分析，认同我挑选的股票，并且每只都买了不少金额。毫无疑问，在他看来，仅凭他对我的认同就足以作为他给予我的奖赏了。当然，从某种程度上讲他的想法是对的，他认可我的分析，并且现在我们在股市上的表现应该没有多大差异，这一事实也足以让我自豪。巴鲁克有两次都设法让我当选两家公司的董事，而我们都持有它们的股票，他成功让我当选了其中一家的董事。然而，他做这些并不是为了帮助我，而是想提高他自己的投资收益。在我的职业生涯中，我与这位名人打过数次交道，他从未以私人名义帮过我的忙，或者慷慨待我，我也从未听说他对其他人做过类似的事情。他的虚荣心让他试图看低别人的成就，也许正是这种虚荣心而非真正的慷慨精神促使他在慈善事业上投入了大笔金钱，而这带来了他梦寐以求的广泛认同和称赞。

巴鲁克的办公室位于百老汇 120 号公正大厦 49 层，我们在那里有过几次闲聊。后来，我们的基金成了这栋大厦的持股方之一。我们都认为股市已经涨到了不可思议的高度，投机者已然疯狂，而受人尊敬的投资银行家也沉浸在不可饶恕的胡作非为之中，这一切必将在某一天以大崩盘的方式终结。我记得巴鲁克对这种荒谬的异常现象的评论是，以 8% 的年息融资买股票，却只能获得 2% 的分红收益。对此，我的回应是："的确如此，根据补偿原则，我们理应期待有一天会看到情况发生反转：以 2% 的年息融资买股票，却能在优质股票上获得 8% 的红利。"如果说我的预言在 1932 年只是大致灵验了，那么在 20 年后不同的市场环境下，则是完全灵验了。但真正让我惊讶的是，尽管我当时已经预见到了市场崩盘的发生，却没能意识到本杰明·格雷厄姆共同账户中的资金一直处在这些危险之中。

有一次，我正在巴鲁克的办公室等他，他带着一个胖乎乎的圆脸男人走了进来，那个人看上去与他年纪相仿。迟疑了一阵，巴鲁克说道："温斯顿，请允许我向你介绍我的年轻朋友本杰明·格雷厄姆，一个非常聪明的家伙。"我们握了手。我知道温斯顿·丘吉尔在第一次世界大战期间的事迹，也知道他如今已被免去在英国政府的要职。那个时候，我真应该更尽情地享受与他在一起的时光。

巴鲁克还把我介绍给了另一位名人。第二次世界大战结束后不久，我受邀参加了在哥伦比亚大学举办的一场小范围演讲，艾森豪威尔将军将告诉我们军队的未来实力。巴鲁克也在现场，演讲结束后，他带着一些溢美之词把我介绍给了这位传奇的总司令。当我离开演讲厅时，外面开始下起大雨，我打开了被我明智地带在身上的雨伞。这时，艾森豪威尔将军正好走出来，站在我身旁。“我能帮你打伞吗，将军？”我问道。“哦，不了，非常感谢。”他回答说，然后大步走进了雨中。我猜想，身着军装的军人是不会使用雨伞的。巴鲁克的两次介绍让我认识了这两位名人，对此我非常感激他。但我不禁会想，这位在 1964 年已经 92 岁的老男人对我的亏欠仍然多于我对他的亏欠，尽管我的这种想法也许显得很没有教养。

回到 1929 年。有一天，巴鲁克捎信来说他想在他的办公室见我。当我到达时，他那著名的秘书博伊尔小姐告诉我，他暂时没空，让我等一等。大约过了半个小时后，这位投资家走出办公室，向我表示歉意，因为他刚才在午睡，而博伊尔小姐本应该告诉他我已经到了。我们走进他的大办公室，那一排排的各种奖章证明了他取得的成就。事实上，无论是在和平时期还是在战争时期，它们都堪称伟大的成就。他告诉我，他将向我提出一个他从未向任何人提出的邀请，他希望我成为他的投资合伙人。“我已经 57 岁了，”他说，“是时候稍微放慢工作节奏，并让一位像你这样更年轻的人来分担我的工作和分享我的成就了。”他补充说，我应该放弃我现有的事业，全身心地投入我们的新事业。我回应说，他的邀请让我深感荣幸，事实上，这确实让我大吃一惊，但我认为我无法如此唐突地结束我与我的朋友和客户之间紧密而极为满意的合作关系。出于这一理由以及我即将提到的另一个理由，我没有接受他的邀请。然而事实证明，要是我不考虑其他人的感受，接受了他的邀请，接下来的 7 年，我的人生将完全不同，会比实际情况好得多！

与 H. 亨茨公司合伙人商议设立共同运营的投资基金一事，拖拖拉拉地进行了好几个月，而我已记不得为什么拖了如此长的时间。接着，时间来到了 8 月，市场出现了第一阶段的大幅下跌，我们决定将这件事搁置一段时间，实际上后来也不了了之了。到了 9 月初，只用了几天时间，股市的平均跌幅就达到了 50%，而在最恐慌的时候，市场的单日交易量高达几百万股，导致行情报价延迟了几个小时，而道琼斯工业平均指数的下跌曲线几乎无法在报价机上显示出来。格雷厄姆－亨茨投资基金的前景就此烟消云散，而我和杰里·纽曼将我们的注意力重新放在了本杰明·格雷厄姆共同账户上。我们得好好思考接下来该如何应对。

将损失降到最低

1929 年年中，我们的账户情况为资本金 250 万美元，上半年投资收益很低。事实上，这预示着麻烦就在不远的前方。我们持有大量对冲和套利仓位，包括大约 250 万美元的多仓，以及差不多同等金额的空仓。我们的计算表明，这样的组合不会给我们带来净风险敞口，所以，实际上我们只花了少量的资本金。此外，我们借了差不多 200 万美元，用于持有多仓，或者做其他类型的操作，因此，实际上我们总共持有 450 万美元多仓。根据我们拥有的保证金，我们计算出我们的融资保证金比例大约为 125%；这一比例是经纪商最低要求的 6 倍，是通常被视为保守的融资保证金比例的大约 3 倍。我们还相信，我们所有多仓的内在价值是与市场价格相符的。尽管我们的很多证券在华尔街投机者眼里并不知名，但在以前，类似的证券在我们买了它们一段时间后，市场总会反映其真实价值，并且会给我们合适的机会卖掉它们，让我们最终赚取不菲的利润，然后我们再买入一直在挖掘的低估证券。

在常规的对冲操作中，我们会购买可转换优先股，并以大致相同的价格做空相应的普通股。在熊市中，普通股的跌幅会比优先股大得多，这时我们将清空我们的持仓，赚得丰厚的利润。从开始到结束，所有的操作将贡献 4 倍佣金，这会让那些觉得我们交易太不频繁的经纪商感到满意。刚开始，当我们买入普通股时，我们会同时做空相应的优先股。但我们发现，通常我们会在随后重建仓位，于是不得不以更高价格买回优先股，所以我们后来采取了部分了结操作的策略。我们会买入普通股，但将一直持有优先股，因为这种操作在我们看来显然是很安全的，直到我们卖出普通股时，才会以相应的价格卖出优先股。此外，我们还会涉及部分对冲操作：我们只会卖出一半普通股，保留对应的全部优先股，希望留下的普通股会在牛市中进一步上涨。我们的想法是，无论普通股价格是涨是跌，我们都能赚钱。如果下跌，我们将在合适的价格轧平我们一半的空头仓位；如果上涨，我们将从没有卖掉的普通股的升值中获益。

在 1929 年 9 月以后的大跌中，我们轧平了我们大量的空头仓位，赚了不少。但在多数情况下，我们不会卖出优先股或者可转债，因为它们的价格似乎太低了。那一年结束时，我们刚好亏损了 20%，而道琼斯工业平均指数则跌得更多。由于存在着融资交易的几何指数效应，我们很多拥有融资账户的客户遭受了严重得多的损失。几乎每个客户都对我们当年的投资成绩感到满意；事实上，我不止一次听说自己被市场誉为“投资天才”，因为我的亏损相对较小。1929 年末，市场出现了阶段性反弹，在相对平静中收官，而我们多数人都相信，最糟糕的时候过去了。

新贝雷斯福德公寓的完工延误了一些时日，所以直到 1929 年 10 月我们才搬进豪华跃层公寓，而在那个时候，华尔街的恐慌抛售达到了高潮。我从来没有真正喜欢过我们的豪华公寓，我刚一签下每年租金为 1.1 万美元的 10 年租约，就后悔了。此外，整个公寓显得过于宽大。对于如何装修和买什么家具等事宜，我们进行过无数次讨论，但这让我左右为难。一方面，我从来没有对这类事情产生过真正的兴趣，事实上，我对任何的物质占有都不感兴趣，所以购买家具对我来说无异于烦人的家务活。另一方面，如果我将所有决定交由黑兹尔来做，那就会更加证明她才是一家之主，在每件事上她都具有出众的见解。当我走笔至此时，我注意到我在意大利阿拉西奥的房子里有一个没有用过的烟灰缸，上面刻着一句话：I'm the Boss; My Wife is the one who commands（我是老板，我的妻子是指挥者）。如今，妻子发号施令是多么稀松平常的事啊。我不记得我当时是如何解决这一两难问题的，但我的确记得我们在家具上花了不少钱。

我们雇了好几个用人，包括一名专门为我服务的贴身管家。大约就是在那个时候，我拜访了我们的朋友戴夫·萨尔诺夫（Dave Sarnoff）和莉塞特·萨尔诺夫（Lisette Sarnoff）夫妇在第五大道的新办公室，戴夫已经从一个俄罗斯移民成了大型公司 RCA 的负责人，他的办公室里有一个内嵌的理发间，理发师会每天给他剃胡须。而我的管家的职责之一是每天给我做一次按摩，但我很快就觉得这事太琐碎，完全是浪费时间，于是我下定决心解雇了他。这是我第一次也是最后一次雇佣贴身管家。

夏多布里昂在其回忆录中有几处写到了他的饮食习惯很单调。从某种程度上讲，这种习惯是他在流亡英国期间的贫穷和饥饿造成的。当他后来作为法国大使乘坐专用战舰回到英国，向圣詹姆斯国王递交国书时，他带上了自己的私人厨师。然而具有讽刺意味的是，在美语中，“夏多布里昂”这个词十处有九处仅指餐单上最贵的牛排；从这个意义上讲，正是他那发明了奢侈菜品的厨师使得这位伟大作家的名字家喻户晓。

贝雷斯福德公寓的 18 楼有一个巨大的阳台，往东可以看到中央公园，往南可以看到商业中心。我们的 3 个小孩在那里玩一些大玩具和一只宠物兔。然而，正是因为这个阳台引起了争端。我们的邻居是小内森·斯特劳斯（Nathan Strauss）及其家人，斯特劳斯是一位慈善家的儿子，他父亲曾经以一瓶 1 美分的价格将牛奶卖给城市的穷人；他还是奥斯卡·斯特劳斯（Oscar Strauss）的侄子，奥斯卡是我们国家的第一个犹太人大使，曾被派驻土耳其，而我曾经听说他以进步党[①]候选人的身份参与过 1912 年纽约州州长的竞选。

有一天，我们愤怒地发现，在搬进来后不久，斯特劳斯夫妇就在我们公用的阳台中间竖起了铁丝网。它挡住了我们朝南的视线，而且非常丑陋。有一段时间，我们因为这堵墙发生了诉讼。我们将这种行为视为对我们的侮辱，侵犯了我

---

① 1912 年，西奥多·罗斯福组建了一个新的政党——进步党。此前，罗斯福没能获得共和党的总统竞选提名。1912 年的共和党总统候选人提名大会被支持时任总统塔夫脱的保守派分子控制，所以，塔夫脱得到了共和党的提名，这导致罗斯福与共和党的决裂。他与支持者自行召开提名大会，成立了进步党，并推出一套致力于改革的党纲。这些改革措施的目标是使政府为人民服务，更好地满足人们对社会进步的渴望。罗斯福和塔夫脱鹬蚌相争导致共和党选票分散，民主党威尔逊轻松获得近 42% 的选票，并最终赢得大选。罗斯福以第三党候选人的身份参加角逐，赢得了 88 张选举人票，成为美国历史上第三党最成功的一次竞选，而塔夫脱仅获得 8 张选举人票。竞选失败后，罗斯福宣布退出政坛。1916 年进步党也解散了。——译者注

们不可侵犯的权利。不过现在想来，当时我对这件事竟如此气愤不免又觉得有些好笑。我们从顶级律所 C. N. 雷曼 & 格林曼聘请了格林曼先生作为我们的律师，代表我们与对方进行艰难谈判。斯特劳斯先生声称，我们在阳台上养了几内亚猪，他不想让这些猪侵入他的地盘。我们反驳说，没有几内亚猪，只有一只小兔子。他又坚持他享有隐私权等。最终，我们就巨大的分歧达成了妥协，铁丝网被植物取代。

多年后，在一场慈善晚宴上，我发现自己与整个斯特劳斯家族同坐一桌。当我们回想起“柏林墙”往事时，不仅没有心生怨气，反而还有某种怀旧感。然后，斯特劳斯夫人很友善地评论说：“当我们的儿子内森在林肯学校与你的女儿玛乔丽同班时，我们听过很多关于她的事迹。他告诉我们，她每门课的成绩都是 A，所以他很不好意思邀请她跳舞。”

无视智者之言，遭受巨大亏损

1930 年冬季，黑兹尔在佛罗里达州的圣彼得堡租了一间公寓，她将与孩子们在那里过冬，而我将要在那里度过一段更长的假期。当我第一次开车穿越这座阳光之城时，我看到很多人聚集在一个公园里。我以为他们手上拿的都是拐杖，后来才发现那些人都是沙壶球爱好者。1 月，我在佛罗里达期间，发生过一件事，那个时候那件事并没有引起我的重视，但后来我却会经常想起它。

黑兹尔碰到了一个名叫约翰·迪克斯（John Dix）的男人，他已经 93 岁了。他的父亲在新泽西的朗布兰奇创办了约翰·迪克斯制服公司，而我以前在去迪尔镇的路上经常路过他们的大型工厂。我在迪克斯位于圣彼得堡的家里拜访了他，我惊讶地发现他对即将到来的大萧条保持着高度警觉。他询问了我所有的业务情况：我有多少客户，我欠银行和经纪商多少钱，以及很多具体问题。我礼貌地答复了他，但语气多少有点自命不凡。迪克斯突然极为真诚地对我说道：“格雷厄姆先生，我希望你可以做一些对你而言最有价值的事情。明天登上开往纽约的火车，到你的办公室，卖掉你所有的证券，还掉你的债务，将你的合伙人的资本金还给他们。如果现在这个时候我处在你的位置，我一秒钟都无法安睡，而你也不应该高枕无忧。我比你的年龄大得多，有更多的经验，你最好按我说的做。”

我感谢了这位长者，但毫无疑问，我有点反感他的话，不过我还是说，我会考虑他的建议。然后，我很快就把他的话忘得一干二净。迪克斯已经老糊涂了，不可能理解我的操作模式，他的看法是荒谬的。然而，事实证明，他说得完全正确，而我则大错特错。我常想，要是我听从了他的建议，我的人生又会如何。我确信，那一定会让我免去很多焦虑和后悔。至于它是否有助于在我经历了烈火般炙烤的痛苦之后塑造我的品格和随后的事业，则是另一个问题。

1930 年初，经过前一年的大跌，股市出现了一波预料中的反弹。到了 4 月，道琼斯工业平均指数涨到了 279 点，从 1929 年 11 月 13 日的低点 198 点上涨了 41%。但很快，由于安斯塔特信贷公司破产，整个经济前景又被乌云笼罩。第二波持续下跌又开始了，中途只有较为短暂的反弹，直到 1932 年 6 月，道琼斯工业平均指数跌到了极低的位置：42 点。

尽管开局令人鼓舞，但事实证明，1930 年是我 33 年基金管理生涯中表现最糟糕的一年。让我们的境况变得不利的是，我们已经被迫轧平了我们所有的空头仓位。市场的持续下跌增大了我们加了较大杠杆的多头仓位的压力，并让我们的操作灵活性受到了债权人的制约。在大约 3 年时间里，我们的主要目标是降低我们的杠杆，同时又不过于牺牲我们对其抱有信心的投资组合的内在价值，尽管几乎每家上市公司的经营状况都很糟糕。

我们在 1930 年的亏损达到了惊人的 50.5%；1931 年亏了 16%；1932 年只亏了 3%，而这已经算是相对成功的了。从 1929 年到 1932 年，在市场反转以前，我们的累计亏损达到了 70%，而在 1929 年 1 月，我们的资本金曾高达 250 万美元。即便如此，我们还是坚持每季度向客户分派 1.25% 的红利，其中我和杰里·纽曼的资本金也包括在内。这些情况导致，截至 1932 年底，我们账户里的剩余资金只有初始资金的 22%。很多客户赎回了他们的所有或部分资金，其中一个客户名叫鲍勃・马罗尼，他极为抱歉地对我们解释说，他必须赎回自己的资金以弥补其他地方产生的亏空。后来格林曼告诉我，马罗尼这位一贯淡定和坚强的爱尔兰人在知道自己亏了将近 100 万美元后，一下子就哭了起来。我们按出资比例将账户中的剩余资产返还给了马罗尼，而没有让他按比例承担对应的少许债务。

在那艰难的几年里，我记得只有一个人向我们的基金账户注入了新资金，他就是伊莱亚斯・赖斯（Elias Reiss），杰里・纽曼的岳父。事后证明，他投入 5 万美元的时点正好是我们账户资产的低点。这意味着，素来精明的他因为对我们抱有信心而最终获得了很高的回报。我一直对赖斯及时向我们伸出援手心怀感激。在听说我们陷入债务危机不得不卖掉持仓之后，他又把他持有的大量美国国债交由我们处理，使得我们可以在必要的时候用其支撑我们的仓位。事实上，我们从来没有使用过他慷慨交由我们处理的国债。

那几年，我们竭尽全力追回本属于我们的利益，并试图就我们的投资组合做出各种利益安排。其中有一个案例是我们通过与某些经纪商打官司，追回了我们在某锌矿公司债券上的损失。经纪商公布的公司年度报告显示，该公司过去一年赚取了丰厚利润，但公司管理层没有告诉投资者，公司已经把所有的优质锌矿开采完了，剩下的是相对不赚钱的矿品。我们的律师告诉我们，这个案子不太常见，但很有价值。阿尔弗雷德・A. 库克说，我们只有一种情况会在陪审团面前输掉这场官司，那就是对方请到了几乎没有败诉履历的施托伊尔为他们辩护。那应该怎么办呢？格林曼建议我们邀请施托伊尔作为我们的顾问，这样我们的对手就不可能请到他了。我们给令人敬畏的施托伊尔开出了 5 000 美元的咨询费，并且案件的陈述也由我们提供。他说，我们这个案子很有意义，陈述也写得非常简洁明了，于是就收下了咨询费。审判结果是被告以我们买入价格的 2/3 买回我们手中的债券，这对我们而言可是挽回了一笔巨大的损失。

我们主要的持仓之一是环球影业的累积式优先股。① 在大萧条之前，它虽然是家小公司，但我们已经多次从它那里获得股息。不过很快，恶化的经济形势也影响到了环球影业的经营，于是公司取消了分红。公司股价跌到了每股30美分，这给我们带来了严重损失。然而，公司主席和创始人马克斯·莱默尔（Max Laemmle）却一直在给自己发放3 000美元的周薪，还给卡尔·莱默尔(Carl Laemmle) 发放1 000美元的周薪。这些薪水总额超过了优先股持有人理应分到的全部股息，我们觉得在这种环境下他们的做法太过分了。我约见了马克斯先生。在他办公室外等了一会儿后，我听到了一个亲切的呼叫声："你好，格雷厄姆，请进！"当我有些困惑地走进办公室时，我看见在他办公桌旁有个神情沮丧的个子矮小的人。"哦，"他面带厌恶地说，"我以为你是格雷厄姆·麦克纳米（Graham McNamee）。"麦克纳米是环球影业公司著名的新闻评论员。我没能说服马克斯削减他的薪水，但我们最终以十分理想的价格卖掉了我们的持仓。

股市大崩盘，生活重归节俭

显然，我们一家需要大幅削减巨额生活开支，尤其是因为我的劳动合同规定我不能从公司领薪水，只能获得提成收益。我们面临的主要问题是，要取消如大山一般压得我们喘不过气来的贝雷斯福德公寓的长期租约。幸运的是，我们把公寓转租给了达拉斯市尼曼·马库斯百货公司的马库斯夫人，为期将近一年。后来，我们赔付了违约金，彻底取消了租约。然后，我们在中央公园西边第91号街名叫"黄金国"（El Dorado）的豪华住房合作社租了一个便宜得多的公寓，但居住环境仍然很不错。

"黄金国"是由我们的朋友查尔斯·古德曼修建的。查尔斯是罗伯特·古德曼的父亲和安德鲁·古德曼的祖父，他是一位白手起家的商人，他从工程师变成了成功的地产建筑商。与很多敢冒风险的建筑商类似，他修建的奢华而又巨大的

---

① 指当公司在某个时期内的盈利不足以支付优先股股息时，则累计到次年或以后某一年盈利时，在普通股的红利发放之前，连同本年优先股的股息一并发放。——译者注

公寓楼碰巧在大崩盘之前竣工。显然，查尔斯·古德曼一直没能筹到足够的资金偿还开发贷款，于是该公寓楼被债权人拿走了，而他的损失超过了 100 多万美元。我不知道他还剩下多少财富，但应该足以让他一直住在曾经令他引以为傲的建筑项目的巨大顶层公寓里，也足以让他在塔珀湖拥有一套奢华的度假公寓，而我就是在他那艘克里斯－克拉夫特游艇的后面学会玩水上滑板的。当我们掉进湖水里时，可把我们冻坏了！总体来讲，他的财富可以让他与他的大家族过上相当奢华的生活。但失去他的“黄金国”导致他变成了一个愤青。他逢人只谈论一个话题，那就是“体制”的不公正。由于有口音，他把“体制”说成了“喜事”。[①] 根据他的说法，美国资本主义注定会被另一种体制取代，在新体制下，银行不会拿走一个投入了巨资和心血的人所修建的漂亮建筑。

每个人都听说过在 1929 年的市场恐慌中，破产的投机者成群结队地从经纪商的窗户往下跳。显然，这些传言是过分夸大了，因为它们能与公众的恐惧感产生共鸣，或者能帮助公众以幽默的方式化解恐惧感。不过，在那些可怕的日子里，确实有很多人做出了极端的事情，主要是因为他们认为自己的人生就此完蛋了，但其实并非如此。我的第一个情妇珍妮的叔叔就是其中一个例子。他在制鞋生意上赚了很多钱，然后将其投到了地产上。然而，由于对自己遭受的各种损失焦虑不已，他带上一瓶威士忌把自己锁在车库里，然后让汽车引擎保持发动状态，并以这种方式结束了自己的生命，摆脱了焦虑。但事实上，他完全有债务偿还能力，并且还留给了他的家人一大笔遗产。通过把遗产投到我们的基金，他的家人后来成了百万富翁。

我能理解我这位老朋友的绝望，并且也很同情他的悲惨结局，因为在某种程度上我也经历了 3 年多类似的沮丧和恐惧。事实上我并没有破产，即便是在股市最低点，以 10 年前的眼光来看，我的资产在我看来似乎仍是一笔巨款。但富

① 原文是说，他有口音，把“the system”说成了“the thithtem”。译者在翻译时做了中文发音上的对付处理，但“喜事”在这里并无任何其他含义。——译者注

有和贫穷是相对的，一个生活在纽约的穷人可能在印度加尔各答就是富人。事实上，任何一个损失了自己 4/5 财富的人都会觉得遭受了巨大的灾难，无论他的剩余财富的绝对值有多大。我主要的思想负担不在于我自己的财富遭遇了长时间缩水；不在于行情一次次让人看到反转的希望却又一再让人失望；不在于大萧条和损失是否会有彻底结束那一天的终极不确定性；而在于我意识到我要对很多亲属和朋友的财富负责，而他们也跟我一样感到恐惧和心烦，或许正是因为如此，他们能够更好地理解几乎把我彻底压垮的那种挫败感和近乎绝望感。1932 年初的寒冬，我写过一首小诗，表达了这些感受：

像轻飘的白雪般寂静而柔弱：
死亡的纱幔飘过孤寂的人；
他表面冷峻，却比痛苦温暖：
他在夜晚一片漆黑，却比晨光闪亮。
他惴惴不安的灵魂何以安放：
谁来关心野林里被俘获的可怜雄鹿？[①]
土地是他那颗疲惫焦虑的大脑的枕头：
人间烟火是抚平他绝望的良药。

大崩盘让我重拾了节俭的观念和习惯，它们是由我小时候拮据的经济状况形成的根深蒂固的东西，而我后来多年的成功经历几乎彻底忘掉了它们。我没有责怪自己明明预见到了灾难即将发生却没能保护自己，只是更多地责备自己陷入了奢靡的生活方式，而我的性情或天性本来就不适合享受这种生活。我自己很快就确信，真正享受物质快乐的关键是要在几乎所有经济条件下都奉行一套朴素的生活标准。后来，我以两种方式应用了这一新原则，一种是以合乎理性和值得赞许的方式，另一种是以相当偏执的方式。

从此以后绝不陷入炫耀、非必要的奢侈以及我无法轻松负担的开支的泥沼，

① “stag”既有雄鹿的意思，也有投机者的意思，作者在这里用了双关修辞。——译者注

这已成为我公司的誓言。贝雷斯福德租约给了我们痛苦而有益的教训，在随后的35年里，我回避了所有的地产累赘。但在其他方面，纯粹就我个人的开销而言，我必须承认，我的节俭原则执行过了头，又开始锱铢必较起来。而与此同时，我的证券账户又在承受着成千上万美元的风险。我选择了坐地铁，而不是出租车，我对自己说，这是因为地铁更快，而我又总是处于忙碌状态，但我很清楚，我只是想省钱。我还养成了在餐厅点更便宜的主菜的习惯，而且我必须坦承，我甚至放弃了每周带我母亲去中餐馆聚餐的习惯。在我最富有的岁月里，我曾经给母亲买了一辆车，还为她雇了一个司机，尽管我从来没有自己的私人司机。我认为，母亲现在能够理解我极为节俭的做法，她完全可以接受没有车、没有司机的生活。庆幸的是，我几乎总能在涉及他人和仅涉及我个人的开销上做出清晰的区分。我有理由相信，我在外人眼里绝不是吝啬鬼，尽管如果他们知道我是如何对待自己的，一定会对我另眼相看。

与多德合著《证券分析》

在 1930 年至 1932 年这一段令人苦闷的时期，我仍然做了很多事情。我在《福布斯》上发表了 3 篇文章，指出了蓝筹股表现出的低价与隐藏在它们背后巨大的流动资产甚至是现金资产之间的极大差异。其中有篇文章的标题叫“美国公司的清算价值比经营价值更值钱吗?”。这个问题在投资领域非常重要。事实上，即便在大萧条结束后的很长一段时间内，这一现象仍持续影响着很多公司的股票价格。我与各种群体探讨了诸多经济问题，并一直在哥伦比亚大学授课，尽管学生规模相比以前小了很多。1932 年，我下定决心要写一本教材，而这是我在 1927 年的闲暇时光就有过的想法。

我邀请戴维·多德与我合写此书。我们一致同意，我担任第一作者，以我自己的风格撰写整本书的内容。他负责对文本提出意见和建议，核实大量事实和参考资料，制作图表。我们拟好了一份内容提纲，写了第一章作为样本，然后通过休·凯利（Hugh Kelly）把它提交给了麦格劳希尔出版公司。凯利是该公司的员工，同时也是我们的学生，后来他成了麦格劳希尔出版公司的副主席。麦格劳希尔出版公司将我们的材料交给了一位读者，哈佛大学的金融学教授。并且他打破了惯例，让我们看了这位教授的反馈报告。教授对我们的工作评价非常高，他唯一担心的是，我们是否有毅力把这本充满雄心的书写完。麦格劳希尔出版公司被这位教授的推荐语打动，直接给我们开出了 15% 的版税条件，而不是按照惯例从 10% 谈起。我和多德达成了一致，版税的 60% 归我，40% 归他。1932 年末，出版协议正式签订，但一年半以后《证券分析》第 1 版才正式面市。

1932 年 12 月，大崩盘结束之前，我开始从事两项全新的工作，而它们在我随后的人生中起了重要作用。一项是作为企业估值的专家证人，另一项是我提出了商品储备货币方案，该方案使我的名字出现在很多经济学教科书中。我将在讲述我人生下一阶段故事的章节里阐述这些内容，而那个阶段始于罗斯福在 1933 年 3 月发表的总统就职演讲。

价值投资的启蒙

在常规的对冲操作中，我们会购买可转换优先股，并以大致相同的价格做空相应的普通股。在熊市中，普通股的跌幅会比优先股大得多，这时我们将清空我们的持仓，赚得丰厚的利润。但我们发现，通常我们会在随后重建仓位，于是不得不以更高价格买回优先股，所以我们后来采取了部分了结操作的策略。我们会买入普通股，但将一直持有优先股，因为这种操作在我们看来显然是很安全的，直到我们卖出普通股时，才会以相应的价格卖出优先股。此外，我们还会涉及部分对冲操作：我们只会卖出一半普通股，保留对应的全部优先股，希望留下的普通股会在牛市中进一步上涨。我们的想法是，无论普通股价格是涨是跌，我们都能赚钱。如果下跌，我们将在合适的价格轧平我们一半的空头仓位；如果上涨，我们将从没有卖掉的普通股的升值中获益。

BENJAMIN GRAHAM

THE MEMOIRS OF THE DEAN OF WALL STREET

第 14 章

股价攀升，开启复苏之路

1932 年，道琼斯工业平均指数最低触及 42 点，随后股市开始上涨。到了 1933 年底，指数回升到 99 点，直到 1937 年 3 月，指数达到了牛市的顶峰 197 点。我们的操作重获成功。

成为估值专家

1932年，道琼斯工业平均指数最低触及42点，并以59点结束了全年交易。接着，由于刚当选的罗斯福总统关闭了一些银行，指数又跌到了53点。随后，股市开始上涨。到了1933年底，指数回升到99点。1934年，指数没有发生太大变化，而到了1935年底，指数上涨到了144点，直到1937年3月，指数达到了牛市的顶峰197点。我们的操作重获成功，事实上，我们的收益率比指数涨幅高出不少。1933年，我们的剩余资金只有37.5万美元，远低于4年前的250万美元。不过，仅在1933年，我们的收益率就超过了50%。这一成绩在一定程度上让我和我的客户们对我的能力重拾了信心，而这些客户大多是遭受了财富损失的我个人的伙伴和老朋友。

其中一个名叫盖伊·利维（Guy Levy）的客户提议，1926年签订的理财协议应该做出调整，让杰里·纽曼和我能有机会及时提取盈利报酬。老版本的协议规定，在我们获得任何业绩报酬之前，我们必须先完全弥补我们造成的亏损。这意味着，我们必须在1933年剩余资本金的基础上获得超过3倍的收益才能回到1929年1月的资金水平，在此之前，我们不能从我们的工作中获得一分钱的回报。在与更重要的客户做了简单沟通后，我们达成了新协议，他们放弃弥补全部亏损的权利；反过来，我们也只能把业绩提成比例设定为单一的20%，而不是我们之前约定的 33%（也就是 1/3）到 50% 的浮动比例。这一新协议将从 1934 年 1 月开始执行。5 个最大的客户给其他投资者写了一封信，表扬了我和杰里在过去一年取得的成绩，并恳请他们在新协议上签字。令人高兴的是，除了一名投资者之外，其他投资者都签字同意。那个没签字的人就是我的表姐夫。到了 1935 年 12 月，所有过往的亏损都得到了弥补，而我们也很高兴终于可以在老协议下从表姐夫的账户上提取业绩报酬了。

然而，一个新的麻烦又出现了。税务局认为我们的业务不是真正的“共同账户”，也不是真正的合伙企业，而是根据法律的某些规定“应该按公司税率征税的机构”。格林曼建议我们整合业务，否则在当前税法下我们的法人形式总是会受到质疑，财政部有可能把我们界定为合伙企业或者准公司，这取决于哪种法人形式缴纳的税更多。这一建议导致本杰明·格雷厄姆共同账户终结，并于 1936 年 1 月改为格雷厄姆－纽曼公司。

另外，我作为估值顾问的工作量也增加了。美国财政部有一个司法案子，涉及一家获得了连锁制造企业惠特尼工业公司控股权的地产商的应付税额事项。财政部想请一位估值专家来评估这家非上市公司的股权价值。哥伦比亚大学商学院的人推荐了我，而我很乐意参与其中，并由此开启了我职业生涯的新阶段。该地产商的管理者声称，股权价值应该根据 1932 年该公司所有人去世时的股市点位来确定，而当时正好处于市场底部，并且还要考虑到该公司跟大多数其他公司一样，在那一年是亏损的。不过，我认为，该公司的股权价值应该按照私人企业来评估，因为公司的利益基本上等同于实际控制人的利益，而控制人可以按照自己的意愿运营公司或者处理其资产。我的结论是，控股权的最小价值应该基于公司的清算价值来评估。在缺乏相反的明确证据的情况下，我的假设前提是一家公司愿意持续运营的理由在于，它拥有比清算价值更大的持续运营价值。我评估了该公司的价值，也就是评估了它的股权价值，得出的结论是其价值等于公司的净运营资本，并且没有考虑对其巨额厂房投资进行折旧。这些观点与我在很多文章中的分析和评估方法是一致的，尤其是我于 1932 年发表在《福布斯》杂志上的文章。

税务法庭最终认定的股权价值与我评估出来的价值差距不大，均远高于该地产商声称的价值。这是我作为估值评估专家的第一个咨询案例，同时也是第一个“成功”案例。后来，我又接了可能有 40 多笔类似的业务，涉及各种情况。我之所以比较详细地描述了惠特尼工业公司的案例，不仅因为它对我而言是一个重要的开端，还因为无论在投资、写作、教学，还是在我的分析报告和价值评估方面，它都体现了我整个投资生涯始终认同的价值投资哲学。

我作为估值专家所从事的工作值得单独写一章，标题可以借用我的朋友路易斯·奈泽[①]的畅销自传书名《我的法庭生涯》(*My Life in Court*)。另一项咨询业务始于 1933 年，它耗费了我大量时间和心力。在新泽西州运营的 6 家铁路公司起诉州政府，要求降低它们的资产评估值，而根据税法规定，调低后的评估值才体现了它们在新泽西州持有的资产的真实价值，从而可以减少缴纳给州政府的税负。他们声称，评估师没能意识到大萧条期间公司的价值大幅缩水这一事实，从而多评估了数百万美元。政府聘请了该州的一位著名律师来代表评估师应诉，并给了他一个名为“首席检察官特别助理”的头衔。该律师需要估值专家来作证，于是他首先找到了哥伦比亚大学商学院的詹姆斯·邦布赖特(James Bonbright)教授。邦布赖特教授曾写过两大卷经典著作，名为《资产评估》(*The Valuation of Property*)。他建议我跟他一起参与评估，因为这个案子涉及的金额特别巨大，而我的天赋尤其适合处理这种复杂计算。律师接受了他的建议，而我也很乐意接手这项重要工作，因为我那时经济窘迫，需要赚笔钱。邦布赖特为我俩设定了该项工作的标准报酬：前期准备阶段，每天 100 美元；在法庭作证阶段，每天 250 美元。这一报酬在我看来是极为丰厚的，并且我在以后的案子中也沿用了该收费标准。

我和邦布赖特教授很走运，州政府没要求我们确认这些铁路公司在该州拥有的资产价值。若让我们承担这项工作，我们根本做不了，也不愿意去做。好在根据法律规定，举证责任在铁路公司一方，他们需要为他们持有的资产价值提供

① Louis Nizer，著名的犹太裔美国人审判律师，也是一家著名大律所的高级合伙人。——译者注

一种与长期实行的评估法不同的方法，并证明他们的方法可以产生“正确”的评估结果。而我们的工作只是寻找他们提出的评估方法的缺陷，表明在各种事实或假设条件下，他们的方法会产生矛盾或者异常结果。我已不记得这个持续了多年的案子的诸多细节，但我永远记得案子处理过程中的地方色彩非常有意思。在我看来，这个案子最让人惊讶的地方在于首席检察官的个人身份。他的律所为纽约中央铁路公司提供法律咨询，而该公司正是此案的原告之一。当我问该如何平衡不同的身份时，这位首席检察官回答说：“这对我来说不是问题。另外，我还是韦弗先生的个人顾问。”韦弗是“税务公平委员会”的负责人，相关听证会必须在他面前举行。而当时，这位首席检察官正代表韦弗应诉另一个起诉委员会的案子。“不仅如此，”邦布赖特说，“我刚答应为税务法庭的书记员打离婚官司。”于是，这位随和的、受欢迎的、淡定的律师以这种或那种身份，在铁路公司的案子中代表了几乎每一个当事方。负责这个案子的令人尊敬的韦弗先生，看上去就像是类似杜米埃[①]漫画中冷血而瘦削的法官。让我更为惊讶的是，有一天我在报纸上读到了一则新闻，这个近乎铁面无私的人打起了离婚官司，声称他的妻子在夫妻之间的争吵中表现得非常粗暴，并试图用他的领带将他勒死。

当邦布赖特要为原告的评估理论作证时，我们的案子终于到了决定性时刻。很少有人能像邦布赖特那样擅长采用形而上的论证，使用极为夸张的语言和难懂的言辞。由于邦布赖特的职责是要表明，对铁路资产价值做出严谨的评估是一件十分困难的事情，我担心他不会尽力做出清晰的、易于理解的表达。他会时不时说一些外语，比如“不得已而求其次”（faute de mieux），还会使用一些我从未听过的晦涩术语。他的证词让每个人都感到极为困惑，但所产生的结果对于作为我们委托人的“客户”而言却也算满意。我们一致认为，那天的法庭书记员一定体会到了其漫长职业生涯中最大的挫败感。

而我自己的证词则要平淡得多，我主要是处理铁路公司提交的涉及数字方面的大量证据，并对这些证据发表我自己的看法。我需要得到交叉核对过的数

① 19 世纪法国著名画家、讽刺漫画家、雕塑家和版画家。他是当时最多产的艺术家。——译者注

据，而交叉核对工作由铁路公司的首席顾问斯托尔曼先生牵头，这是一项极其烦琐、近乎没完没了的工作。似乎没人想要赶快了结此案，毕竟，它涉及数百万美元的税收，而相关的法律费用和开销也是一个相当大的数字。我记得有一天，当我在法庭上回应斯托尔曼提出的一个又一个问题并对其反驳时，我看到我们的检察官在案桌上悄悄地睡着了。在论辩即将结束时，检察官告诉我，当我作证时，他毫不担心地小憩了一会儿，因为他知道我无须他的帮助就能应对原告的质疑，而我则把他的话理解为，他给了一个我大大的表扬。

夏季的某一天，在新泽西州首府特伦顿，我发现自己几乎很难走进举行听证会的法庭，因为有很多记者和大量人群聚集在广场和台阶上。当时，法庭正在审理林德伯格绑架案的嫌疑人布鲁诺·豪普特曼（Bruno Hauptmann），在正式审判于邻近的利明顿开始前，州首府的法庭还要就某些事项做出裁决。

铁路公司案子的结果如何呢？尽管在接下来的几年，这些公司反复对税务法庭的判决提起上诉，但他们从来没有胜诉过。最终，他们自愿与州政府达成了和解，也算得到了解脱。在这一漫长的诉讼过程中，我没有理由为自己扮演的角色感到自豪，因为我确信正义站在被过度征税的铁路公司一方。然而，我也不会为自己的行为感到羞愧，因为我没有说过任何连我自己都不相信的话。我基本上只是在完成技术性工作，州政府有权尽其所能地做好这项工作，而我的雇主对我的工作也感到满意。

发现牛市中的陷阱

我继续更新了《证券分析》一书。在 1939 年的第 2 版中，我关于投资的理念仍然是保守而审慎的。我认为，事实证明，这是一种应该得到运用的、明智的理念，我的理由是，尽管市场处于牛市，但接下来的几年，市场行为给普通投资者设下了很多陷阱。我在 1962 年更新并出版的第 4 版《证券分析》是我写得最吃力的一个版本，耗费了我大量的时间。但在认真思考了那些看上去似乎无解的市场分析和估值问题之后，我发现自己得到了两种简单得近乎荒谬的答案。第一个问题是，投资者应该如何在其股票组合和包括储蓄账户在内的债券组合之间寻求平衡。我的答案是，他们应该总是在每种组合上都持有较大的比例。这一比例不论在债券还是股票上，都绝不应当低于 25%，剩余 50% 应该根据投资者对市场走强、走弱和震荡的判断或直觉做出相应的分配。如果他对市场走势没有明确的见解，那么在两种组合间维持五五开的比例就是合理的。

第二个问题是对单一证券的挑选。我的看法是，首先，债券组合应该由高等级的债券构成，比如少量的美国储蓄债券和票息收益税率较低的公司债券；如果投资者的现有组合税率很高的话，那么就应该更多地选择免税的债券。不管怎么说，由经纪商的分析师为投资者挑选特定证券是没有问题的，也很容易做到。对大多数投资者而言，我对普通股组合的态度也是类似的。对于挑选的普通股能够跑赢指数这件事，我对分析师就没那么有信心了，更不用说没经过专业训练的投资者了。这种怀疑的理由太过复杂，没法在这里展开说，但读者可以参考我的《聪明的投资者》一书。因此，我认为，标准的组合策略应该是或多或少复制道琼斯工业平均指数。不过，还是有可靠的方法在该指数的基础上获取超额收益，关于这个问题我在《聪明的投资者》中做了简要探讨。但出于各种原因，我怀疑它们是否能被诸多投资者采纳。

第二次婚姻走向失败

1938 年，我与黑兹尔离了婚，然后又娶了卡萝尔·韦德。卡萝尔·韦德是个非常漂亮但又很难相处的人，1940 年我与她也离了婚。即便是在我跟她的关系处于十分紧张的阶段，我也一直在积极参与社交活动。比如，我是证券分析师圈子里的一员，我们每月会在海伦·斯莱德（Helen Slade）的公寓聚会畅饮，谈论专业问题，享用由斯莱德和她丈夫亨利·桑德斯（Henry Sanders）提供的丰盛美食。斯莱德几乎认识投资圈中的所有顶级专业人士，其中有 12 位杰出人物认为海伦是不可或缺的组织者，他们每天都会跟她通电话。在她患上重病去世之前的许多年，她一直是《金融分析师杂志》（*The Financial Analysts Journal*）的灵魂人物。她每月召集主持的聚会是华尔街沙龙的典型代表，她可以称得上是 20 世纪的雷加米埃夫人[①]，尽管雷加米埃的表情不会显得过于情绪化。事实上，对海伦而言，更好的比较对象应该是《追忆似水年华》中的凡尔杜兰夫人，海伦身上有很多与普鲁斯特那个令人难忘的小说人物相似的显著特征。海伦无休止地报复她曾经的朋友《投资年鉴》（*Financial Chronicle*）的 A. 威尔弗雷德·梅（A. Wilfred May）的做法，很像凡尔杜兰夫人报复查鲁斯男爵的行为。我与伟大的斯莱德，这位证券分析师圈中的女神一直都是很要好的朋友，直到她去世。斯莱德是她第一任默默无名的丈夫的名字，而她一直声称这是她的假名。她的第二任丈夫桑德斯长得非常英俊，她的长相却不那么好看。桑德斯有着很高的智商和充沛的精力，从一个小职员逐渐晋升为州立公共银行的副主席。随后，在公共银行被国家化学银行吸收合并后，他继续担任这家令人敬畏的大银行的副主席。他对他那没有多少性吸引力的妻子顺从而忠之成让我想起了迪斯累里[②]。

斯莱德非常喜欢猫，她对猫的喜爱达到了我从未向往过的痴迷程度。她为她的爱猫亚历山大做了不少特别的事情，比如她给它买了一串真正的珍珠项链，让它在公共场合佩戴；她买了一些蓝筹股，并将它们登记在亚历山大的名下；在亚历山大不幸去世之后，她设立了亚历山大奖，授予《金融分析师杂志》年度最佳文章的作者。在海伦去世后，亚历山大奖被名字更合适的海伦·斯莱德奖所取代，我和多德也赞助了这一年度奖项。所以，以某种间接的方式，我继承了最初以一只死猫的名字命名的奖项。

海伦对于邀请哪些人参加她的月度聚会非常挑剔，而接到她的邀请是金融分析师莫大的荣耀。她是我很好也很忠诚的朋友，她还特别允许我进入她的卧室，这倒不是因为她把我当成了盖伊·布雷顿（Guy Breton）[③]，而只是想愉快地

---

① 雷加米埃是法国著名沙龙主办人，托克维尔就曾是她沙龙里的座上宾。她的一生经历了法国大革命，目睹了法兰西第一共和国、法兰西第一帝国的兴起和覆灭，又亲历了波旁王朝的复辟和七月王朝的建立，最后在法兰西第二共和国建立的第二年死去。——译者注

② 英国政治家、小说家，曾任首相。迪斯累里同列维斯的寡妻、比他大 12 岁的有钱的玛利安娜·伊万斯结了婚。这桩婚事虽然在上流社会受到非议和讥笑，但迪斯累里夫妇却非常美满地白头到老。——译者注

③ 法国业余记者，出版了著名的 10 卷著作《法国历史人物的爱情故事》（*Histoires d' Amour De L'histoire De France*）。——译者注

跟我单独交谈几分钟，也让我有机会与她的 3 只母猫玩耍一番。

我和卡萝尔也非常喜欢猫。我对猫的喜爱一直是非理性的，而卡萝尔也差不多。我们买了一只暹罗幼猫，给它取名为“谢赫拉扎德”，简称“谢里”。后来，它长成了一只漂亮又很通人性的乖乖猫，而这些优点通常很难出现在暹罗猫身上。我们对它的喜爱是我和卡萝尔极少的共有情感。如果不是因为谢里，我们的婚姻可能在第一年就会出现无法缓和的矛盾，而不仅仅是小分歧。

在我们位于曼哈顿的公寓里，谢里一直待在室内，似乎也没遇到过身体或心理健康问题。当我们离开公寓来到邱园旅馆时，它就围着旅馆附近的花园到处跑。事实证明，我们犯下了一个严重的错误。由于缺乏养猫知识，我们没有给它注射肠炎疫苗。肠炎对于野猫而言不是问题，但对于纯种猫而言，通常是致命的。在进入花园后没几天，谢里生病了。两天后，卡萝尔给正在办公室的我打来电话，告诉了我一条突发消息，我们深爱的谢里去世了！经验丰富的兽医使出浑身解数也回天无力。卡萝尔在电话中号啕大哭，我几乎没听清她说了些什么。当时我也感到非常悲痛，但作为男人，我应该安慰她，我向她承诺，将从同一个家族中再领养一只与谢里一模一样的暹罗猫。但我觉得我的心情就像特洛伊勇士埃涅阿斯在船只毁坏后鼓舞他的战士们那样：

Spem vultu simulat,premit alto corde doloram

（他脸上装出充满希望的样子，但在内心深处，他压抑着自己的悲伤）

虽然我不像很多人那样迷信，但我还是不由得将谢里的去世视为我与卡萝尔婚姻前景的不祥预兆。我们的新暹罗猫在相貌上与第一只几乎一模一样，我想给它取名为“作品 2 号”（O-Puss Two）[①]，跟所有喜欢说双关语的人一样，我对自己的机智感到非常得意。然而，卡萝尔的想法占了上风，我们最终给这只猫取了

① “O-puss”在英文中的意思是“作品”，而 Puss 在英文中的意思是“猫咪”，“O”在这里代表“我们的”（ours）的简写。因此，该名字是个双关语，既指“作品 2 号”，又指“我们的猫咪 2 号”。——译者注

跟上一只一模一样的名字。我们对它的照顾无微不至，但还是没能在它身上找到我们在令人难忘的第一只猫谢里身上找到的各种乐趣。也许第二只猫不够通人性；也许我们对它的期望值太高；也许它感觉到了我们对第一只猫谢里的怀念，于是在行为上表现出了自己的怨恨。当我写下这些文字时，我真正想到的不是两只谢里，而是我的两个都叫“牛顿”的儿子。第一个非凡的男孩在即将满 9 岁的前 1 个月夭折了，第二个在一年后出生，取代了第一个的位置，然而最终他带给我和黑兹尔的麻烦多于快乐。

在与卡萝尔离婚后，我在业余时间里大多与母亲和两个哥哥待在一起。我还忙于对与多德合著的《证券分析》1940 年版，也就是第一次修订版，做收尾工作。尽管新修订的内容不如 1950 年出版的第二个版本那么多，但还是需要更新大量最新的数据和图表，还要将证监会修订的多项法规写进书里。

运动治愈焦虑

我的个人生活陷入困境与世界局势的危险转向是同时发生的。我对希特勒的崛起感到沮丧，对英国首相张伯伦在慕尼黑的投降深感惊讶。这些事件在月度聚会上得到了经过挑选的一群金融分析师的长时间讨论，而我也加入了其中。当第二次世界大战于 1939 年 9 月爆发时，股市对它的反应与第一次世界大战引发的市场恐慌完全相反，股价很快开始强劲攀升。在大战爆发后的最初几个月，很少发生真正的战斗，只有数量较少的人被杀死。美国公众开始对这种通常所谓的“假战争”感到厌倦。

到了 1940 年 5 月和 6 月，德国军队以极短的时间攻陷了法国，英国军队奇迹般但又令人沮丧地撤离了敦刻尔克，德国人的攻势变得凶猛而迅速。就在那个时候，我发现自己真正开始为世界局势感到担忧，我变得有些神经质和抑郁，这对我而言是很少出现的状况，我也不像以前那样有能力处理好我的个人生活。这种精神状态的低迷促使我采用了一些非常规的治疗方法，而其中一种听上去有些幼稚。我开始重新滑旱冰，这是童年后我很少做的事情。持续的转圈、身体有节奏的运动、舒缓的音乐，甚至滑轮发出的无数次刺耳的声音，这些东西竟然成了一种神奇的抚慰。我本来会以对世界局势的悲观想法开始这段艰难的岁月，并对卡萝尔抱有更深的怨恨，但最终我发现自己什么都没想，只专注在滑冰技巧上，而最让我受用的平静竟然以这样一种方式进入了我的内心。

在我与卡萝尔离婚后，陷落的法国和我的故土英国都面临生死存亡的危险，这些事态始终让我感到焦虑。为了摆脱这些苦恼，我在滑旱冰之外又增加了一项娱乐活动。我开始去布鲁克林的艾伯茨球场观看道奇队的棒球比赛，当时道奇队经常被称为“游荡者”（Bums）。[①] 为了让自己完全沉浸在球场氛围中，我坐在远离球场的露天看台，周围都是些赤裸着上身的球迷，他们一会儿欢呼、一会儿悲叹、一会儿喝彩、一会儿发出嘘声，从希望到绝望，再到充满希望，就好像他们的生活、财富、神圣的尊严都寄托在每一次投掷上。我并不觉得他们的激情是荒诞的，或者他们的情绪是令人厌恶的，相反我自己也沉浸在这种像孩子般的嬉闹中，就像沉浸在让人重新恢复精力的浴池中。哪怕从最牵强附会的角度来讲，我也不会声称自己做出过真正的道奇队球迷那样的举动，但坐在艾伯茨球场露天看台的那 6 个下午让我成了“游荡者”一辈子的忠实球迷。后来，道奇队迁址到了洛杉矶，而我那时也刚好搬到洛杉矶，一切就好像球队专门在迎接我一样，而“游荡者”的外号也变成了“天使”[②]。即便在我定居欧洲之后，我仍是“天使”的忠实球迷。今年，当库法克斯[③]在 1966 年赛季的最后一场比赛中为球队赢得分数时，我感到特别开心；当球队最后连输四盘丢掉了世界职业棒球联赛冠军时，我由衷地为球队感到惋惜。

① “道奇”的英文 dodger 有“躲避者”的意思，Bums 的意思是“游荡者”，与前者相近。这个外号来自一名体育漫画家，在与一个不知名的出租车司机交谈之后，他发明了这个称谓。——译者注

② Angels 这一外号取自“洛杉矶”（Los Angeles）中的“Angeles”。——译者注

③ 出生于美国纽约市布鲁克林，前职业棒球选手，守备位置为投手，左投右打。1955 年至 1966 年，隶属于美国职棒大联盟道奇队，堪称传奇球员。——译者注

价值投资的启蒙

在认真思考了那些看上去似乎无解的市场分析和估值问题之后，我得到了简单得近乎荒谬的答案。

投资者应该如何在其股票组合和包括储蓄账户在内的债券组合之间寻求平衡？

我的答案是，他们应该总是在每种组合上都持有较大的比例。这一比例不论在债券还是股票上，都绝不应当低于25%，剩余50%应该根据投资者对市场走强、走弱或震荡的判断或直觉做出相应的分配。如果他对市场走势没有明确的见解，那么在两种组合间维持五五开的比例就是合理的。

BENJAMIN GRAHAM

THE MEMOIRS OF THE DEAN OF WALL STREET

第 15 章

在剧本创作中，“复盘”投资遗憾

我第一本书的面市几乎与我第一部戏剧的上演同时发生，这让我有了极大的成就感，也满足了我的虚荣心。不仅如此，本杰明·格雷厄姆共同账户赚取了丰厚利润这一事实也让我喜上加喜。

我的第一部剧，源自黑兹尔的情书

在投资事业最忙碌的阶段，我还是抽出了一些时间和精力写了一部独幕剧和 3 部多幕剧，其中有几幕曾在不同的舞台上演。

我的第一部剧本缘于一个奇怪的灵感。1930 年，我在寻找过去写的一些论文时，发现在贝雷斯福德公寓的书架上有一个硬纸盒。我偶然打开了它，发现里面有好几封信，是一个我们认识多年的已婚艺术家写给我妻子的。即便删除其中一些颇为不堪的段落，有些信所涉及的内容也相当肉麻。那时，我与黑兹尔已经闹僵了。我们之间的爱越来越少。1927 年，她去了欧洲旅行，而且没有带上我，这件事让我们之间疏远的关系开始变得明朗化，我们于 1938 年艰难地结束了这段婚姻。

那个时候，如果我愿意利用发现这些信的机会，那么它将给我带来巨大的战略性价值。[①] 然而，我从来没有试图这么做过，除了有一次，在我们的婚姻即将走到尽头之际，我私下将这件事分别告诉了我们双方的律师。为什么我不愿意利用这次机会呢？我想有两个原因。第一个原因是，在黑兹尔去欧洲期间，我已

① 这里所说的带来战略性价值是指，作者可以把这件事公之于众，让自己占据道德制高点。——译者注

经发生了婚外情，我的公平理念告诉我，她也有同样的权利在其他男人的臂弯里寻求幸福。第二个原因是，我极为厌恶让这类事件变成公众丑闻，从而影响到我的家人。

出于审慎考虑，我只保留了其中两封信。事后证明，我的做法是正确的。我没有告诉黑兹尔我看过这些信。很奇怪的是，甚至到了今天，我也从未向她提过此事，虽然在离婚后的 35 年里，我跟她仍有多次碰面。不过，这件事让我产生了写作剧本的灵感。很快，我就投入了这项工作。精神分析师会把我的这种行为称为创伤体验的升华吗？

我给这部戏剧取名为《瓷婚》，一对庆祝结婚 20 周年的夫妇是剧中的主角。他们绝对是模范夫妻，是另一种婚姻境界！丈夫是一位非常成功的律师，妻子非常漂亮，热衷于从事公益事业。剧中还有一位法国艺术家拉乌尔，几年前，他与女主角发生了婚外情。据女主角称，之所以有这段婚外情，是因为她的丈夫太过理性，不愿将自己的情感完全投入在妻子身上（此处，我应该作一番自我剖析）。但后来，妻子与艺术家之间的爱情变成了友情，他们的浪漫故事结束了。

然而，妻子保存了艺术家拉乌尔的情书；这些情书之前一直被寄送到邮局的私人邮箱，但在戏剧开演前，它们出现在了丈夫书桌上的文件夹里。关键的问题在于，丈夫是否发现和阅读了这些情书。他在剧中从来没有提到这件事，但妻子意识到，丈夫是那种即使知道了她的秘密也会装作不知道的人。戏剧结束时，萦绕在她脑海中的这个问题仍未有答案，只能交由每个观众来决定她的丈夫是否知晓此事。当然，剧中还有一些配角：一个 18 岁的女儿和女儿的未婚夫。在性爱问题上，作为律师的父亲向女儿提出了极不合常规的建议。在描写年轻的未婚夫时，我试图将这位年轻作家塑造成一个极为完美的人。他可以用拉丁文想出双关语，可以背诵他自己写的两首情诗。当然，剧中的丈夫就是 10 年前的我，而妻子身上有很多黑兹尔的影子和经历。在打字员把剧本打印出来后，我寄给了黑兹尔，让她读一下初稿。她把剧本寄还给我，在回信中说，她非常喜欢这个剧本，但没有对内容发表任何看法，也没有对我发现了她的秘密表现出任何惊讶或愤怒。女人啊!

那个时候,我们与《戏剧杂志》(*Theatre Magazine*)的编辑西尔维娅·戈尔登(Sylvia Golden)是朋友,她是制作人约翰·戈尔登(John Golden)的妹妹。约翰也很喜欢这个剧本,他认为伟大的戴维·贝拉斯科[1]可能会愿意把它搬上舞台。我把剧本寄给了他,没过多久,在位于戴维·贝拉斯科剧院的办公室里,我与他进行了面谈。要是我能记得当时更多的情景就好了。这位《蝴蝶夫人》剧本的作者穿着他那著名的准牧师服。我确信,他对我说话的态度是很客气的。我更确信的是,他否掉了这个剧本。

随后,一家名叫“扬和卢布萨曼”的主流戏剧代理商签下了我的剧本,不过,这也是它唯一一次被业内认可。不过,这个剧本差一点就被改编上演了。约翰斯霍普金斯大学每年都要征集新剧作家的美式戏剧剧本,然后从中筛选一部上演。我向他们提交了我的剧本,而他们迟迟没给我反馈,这让我抱有了很大期待。不过,最终他们把剧本还给了我,并在回信中非常客气地说,他们在《瓷婚》和另一部戏剧之间做出了最终选择。虽然我的剧本确实“非常棒”,但他们还是选择了另一部。这一结果给了我一些安慰,但我不禁想起了歌德在《在陶里斯的伊菲革涅亚》里通过伊菲革涅亚之口说出的那句话:“听者无心。”

不过,我脑海里还有其他的想法和其他要写的剧本。我构思了一个故事,想用独幕歌舞剧的方式来呈现,而我几乎一气呵成就写完了全部对话,我把该剧取名为《清算日》(*The Day of Reckoning*)。场景发生在一家理发店里。多年前,一位理发师的妻子被他的一个流氓朋友勾引了,而这位朋友还拿走了这对夫妇的所有积蓄。一个长满胡子的客户走进了理发店,让理发师把他的胡子剃干净。很快,理发师认出坐在椅子上的这位男子就是造成他们一家不幸的那个人。这可真是无巧不成书啊。剧情以这个流氓在剃须刀的威胁下惊恐死去而告终。

---

① David Belasco,美国戏剧制作人、经理人、导演和剧作家。他是改变自短篇小说《蝴蝶夫人》的舞台剧的第一作者。——译者注

我把这部算不上杰作的剧本与《瓷婚》一起，寄给了黑兹尔的一个名叫哈里·德尔夫（Harry Delf）的老朋友。他与他的姐姐朱丽叶在歌舞剧领域经营得非常好。他的专长是舞蹈，而他姐姐的专长是模仿和独白。德尔夫同时还是一名剧作家，他凭借《上层家族》（*The Family Upstairs*）这部戏剧获得了极大的成功，这让他在戏剧界有了一席之地。当他把剧本还给我时，他告诉我，剧本写得很好，但它的剧情与《国王的理发师》（*The Emperor's Barber*）太像了，而后者的主角是拿破仑。另外，他还说到，歌舞剧已经衰落得很厉害了，几乎没人愿意在这个领域推出新剧。这就是《清算日》的结局，它至今仍躺在我的档案柜里。

没过多久，德尔夫给了我一个建议。他有一部剧情很精彩的三幕喜剧，而他对我撰写对话的能力印象深刻，他认为我们可以合作完成一部很卖座的杰作。不过，出现了一个小小的问题，后来证明这对我而言是有利的。德尔夫得了一种医学上称为“血栓闭塞性脉管炎”的可怕疾病，这种病严重影响了他的腿部行动，因此他放弃了自己的演出事业。然而，他颇有预见性地买了巨额保险，使得他可以根据“残障条款”从确诊开始每月领取一大笔保险金。不过，保险公司一直在密切观察他的行为，如果他恢复了自理能力，保险金就会被取消。他认为如果保险公司知道了他是新剧本的合著者，情况就会对他非常不利。因此，我们的合作关系不得不单独冠以我个人的名字。当然，我们还是平分了所赚取的利润，很大一部分利润来自电影版税。

所有这些方案听上去都对我非常有吸引力，我毫不犹豫地接受了他的邀请。回头想来，我当时的决定完全不值得称道。我协助了一个投保人钻了保险公司的空子，更准确地说，应该是欺骗了保险公司。由于我一直对自己在投资领域的正直品行较为满意，因此违背这一品格既让我吃惊，又让我悔恨。难道我曾经与其他人一样，认为钻保险公司的空子并不算犯罪吗？我现在觉得这种想法似乎更加不能接受了，因为多年来我最主要的投资收益都来自持有保险公司的股票。这真是自己打了自己的脸啊！

德尔夫想写一部关于极具影响力的媒体评论员的剧本，他把它暂时取名为

《对海军陆战队队员的真爱》(*True to the Marines*)。显然，剧本主角以阿瑟·布里斯班[①]为人物原型，当时他是赫斯顿报系的顶级报人。我们的男主角有一个轻浮的情妇，她金发碧眼，长得漂亮。但这位明显很愚笨的男主角有一种天赋，总能下意识地关注到时事，而这些时事会给他的专栏文章带来极大启发。当然，剧本里还有其他角色，其中有个富有魅力的年轻人，金发碧眼的情妇对他产生了真爱。另一个角色是男主角的妻子，她意识到了年轻情妇可以给她丈夫带来幸福，成就他的事业，于是她开始试图修复丈夫与年轻情妇失败的婚外情对他造成的巨大伤害。[②]

初登百老汇舞台

我是在 1933 年夏天开始动笔的，因为我记得我每周都会去一次德尔夫在海边的避暑地和他讨论。最终，我们完成了剧本，德尔夫也感到满意，然后他承担起了把它搬上舞台的工作。他达成了一项交易，尽管并不十分诱人，但聊胜于无。在精英云集的长岛蝗虫谷，有一座名叫“红色谷仓”的剧院，有一群演员长期在此演出。他们同意出演我们的剧本，为期一到两周，以此拉开演出季的序幕，而我们只从他们那里得到了很少的演出许可费。第一场演出于 1934 年 6 月上演，几乎与《证券分析》首次出版的时间相同。我观看了在离我家很远的蝗虫谷的两场演出。我不记得演出得到了怎样的评价，但我感觉观众认为它取得了“一定程度上的成功”。

我第一本书的面市几乎与我第一部戏剧的上演同时发生，这让我有了极大的成就感，也满足了我的虚荣心。不仅如此，本杰明·格雷厄姆共同账户赚取了丰厚利润这一事实也让我喜上加喜，同时它也彻底终结了我的财务困境和客户带给我的焦虑。此外，我提供估值咨询服务的项目也在增多，这可是非常赚钱的

---

① Arthur Brisbane，20 世纪最著名的美国报纸编辑之一，也是房地产投资者。他还是演讲撰稿人、演说家和公共关系专业人士，曾在公共关系领域指导过许多当时著名的商人，尤其是亨利·福特、托马斯·爱迪生和约翰·D. 洛克菲勒。——译者注

② 根据本书“注释”部分的解释，男主角的妻子试图让丈夫与年轻情妇重修旧好。——译者注

兼职工作。如今，我已年满 40 岁，用一位法国作家的话说，到了“老年的青春期”。出乎我意料的是，我发现自己进入了爱情第二春，而这一阶段的特点非常不同于我以前的认知。也许这要归因于我经常身处剧院氛围，同时也要归因于我的各种其他行为，它们对我的爱情生活产生了无意识的影响。

德尔夫为我的剧本《对海军陆战队队员的真爱》积极寻找百老汇制作人，而我们后来同意把这部剧的名字改为《蓬巴杜宝贝》（*Baby Pompadour*）。事实上，我们确实发现或者设想，路易十五宫殿里的蓬巴杜夫人[①]与我们剧本中杰出编辑的妻子有着某种相似之处。经过几个月的运作，我们的代理人找到了一个有意愿且有能力让我们的剧本在百老汇演出的人。德尔夫告诉我，协议并不完全令人满意，但他认为我们应该接受它，其中包括对方预支 500 美元给我们，但我们不能享有未来的著作版税。

事实上，我们本可以期待一笔更好的交易。我们的制作人名叫欧文·斯坦曼（Irving Steinman）。作为横跨哈得孙河的巨大的帕利赛游乐园的一个大股东，他在娱乐业细分领域经验丰富、成就突出。但这是他第一次正式投资剧院演出生意，而他的投资目的并不完全出于商业利益考虑。“寻找女人”这一法国俗语中的“女人”在他看来，显然是指已经与他订婚的年轻女士。这位女士名叫雪莉·米勒（Shirley Miller），来自家境优渥的犹太家族，她的父亲是一名华尔街经纪人。从小到大，她一直想成为一名演员。在演艺学校的演出中，她数次扮演女主角。她相信，如今她已经做好准备，成为职业演员。不过，她可不愿意像其他人一样，从跑龙套做起，她希望一步登天，成为大明星。

雪莉在蝗虫谷看了剧本，当即表示，我们的女主角就是为她量身定制的。后来，她私下告诉我，说服她那固执的未婚夫投资这部剧可不是件容易的事，但她最终还是取得了胜利，因为她威胁未婚夫，如果不投资就取消婚约。于是，斯坦曼和我们达成的最重要的条件就是，这位刚出道的雪莉一定要在剧中扮演女主

① 法国皇帝路易十五的著名情妇、社交名媛，是一个曾引起争议的历史人物。——译者注

角。回过头来看，我们很容易发现，正是这一条件导致了演出的失败。然而，我们太急于把我们的作品搬上舞台，甚至连德尔夫这样的老手也说服自己相信，成功的运气会站在我们这边。

我在我们代理人的办公室签下了合同。很自然，斯坦曼问了一些我的情况。我告诉他，我从事金融行业。很快，我们开始热烈讨论起股市的前景以及他持有的一些股票的价值。这位深感惊讶的代理人评论说，一位剧作家竟然与一位演艺投资人谈论起股市，这在他的人生中可是第一次。事实证明，显摆自己的投资知识没能给我带来好结果。斯坦曼要为这部戏剧总共投入 1.5 万美元，而他似乎还差 2 500 美元。相比今天，那个时候投资一部戏所需要的资金真是太少了！我答应，只要他投入了 1.25 万美元，我就出剩余的 2 500 美元。他为了赢得女人的芳心，必须拿自己的钱来冒险，但我这么做又是为什么呢？我想，那个时候这部戏本身就是我的宝贝，就像雪莉是斯坦曼的宝贝一样；也许这也证明了，我与他一样，都不是做商人的料。

不管怎么说，协议已经签妥，资金已经到位，我们准备正式启动。有人为我们推荐了一家名叫“肯尼科特和沃纳”的制作公司；公司老板是两个年轻人，他们刚开启自己作为专业制作人的职业生涯。高大英俊的肯尼科特负责出资，而个子矮小、光头、戴着眼镜的沃纳则提供技术，他曾给不同的制作人当过几年助理。他们似乎曾经推出过一部戏剧，但很快就失败了，但他们总是会为失败寻找充分的借口。

尽管开局看起来似乎毫无前景，但至少我们很荣幸地邀请到了大腕克拉伦斯·德温特（Clarence Derwent）担任我们这部戏的导演。德温特出生于英国，在戏剧界享有盛誉，其中一个证明就是，如今以克拉伦斯·德温特命名的奖项每年会授予百老汇的年度最佳导演。他一定是因为当时有空余的档期，才接手了我们这部剧。尽管如此，他真的是全身心投入其中。导演和制作人一起挑选了演员，当然，雪莉除外。在我的印象中，这些演员都有丰富的经验，在我看来似乎也有足够的能力胜任。但我必须承认，我对演技的判断力就像我对很多事情的判断力一样，从未有长进。

制作公司的活跃分子沃纳宣布，他将我们的演出定在了位于百老汇第 44 号街的范德比尔特剧院。他说，其他剧院的价格要低一些，但范德比尔特剧院有一个好名字，也因为很多戏剧在那里取得了成功而享有盛誉。

在这部剧正式上演前，演员大约需要 6 周时间排练，对我而言，这段时间既有趣，又兴奋。在结束了日常工作后，我经常观摩戏剧排练，并且剧组人员还时不时向我提出建议，看是否有可能对剧本做出修改。看到演员们逐渐熟悉了自己的台词，看到导演德温特在流程和表现方式上做出改变，看到也许是全部环节中做得最好的道具和服装的到位，以及看到最终的带妆彩排，这一切都让我感到如痴如醉。

演出日到来前不久，我们决定改变剧本的结局，这意味着最后一幕的大多数内容都要重写。在与德尔夫就新的结局达成一致后，我必须第二天就把剧本改好。我在打字机前待了差不多一个通宵，用动作一贯利索的黑兹尔给我煮的多杯咖啡保持清醒。新版本如期改完，并得到了大家的认同。

首秀之夜终于到来。我记得在此之前发生过两件事。一件事是一名舞台工作人员或者一个舞台信使走过来恭喜我，说百老汇圈内人士都在议论，认为《蓬巴杜宝贝》的演出一定会非常轰动。但我并不确信他这么说究竟是出于善意，还是想获得小费。另一件事则更为有趣。年轻的助理制作人把我叫到一边，几乎哭着说：“格雷厄姆先生，这样的演出简直是胡闹。”“什么情况？”我茫然地问道。“你的演出其实还没有准备好，还有很多工作要做。在这个剧院正式演出前，这部剧应该在纽黑文、大西洋城或者其他地方至少试演两周。”我该怎么回应他呢？我只希望制作人和斯坦曼先生知道他们的进展如何，何况我们没有资金去做试演。这位年轻人绝望地举起了他的双手，然后就走了。当然，他说的话是完全正确的。

“戏剧宣传小组”的某个员工在范德比尔特剧院找到了我，问了一些关于我本人的问题。我坦率地做了回答，而它们将被用于这部剧的宣传。遗憾的是，宣传内容让我的身份暴露无遗：我是一位业余剧作家，这是我第一部上演的戏剧，而我真正的职业是投资。

首秀之夜，剧院的上座率不错，我们大都穿上了与演出场合相匹配的晚礼服。演出似乎进行得很顺利，观众时不时发出笑声，但掌声不够热烈。谢幕时，我只听到了一些微弱的“作者，作者”的欢呼声，毫无疑问，它们来自我的朋友或亲属，似乎没有观众依依不舍。当我走出剧院时，我听到两个衣着不整的人正在交谈。其中一个对另一个说：“连一个漂亮的谢幕都没有。”我的心都碎了，而我只知道他们是媒体评论家。

根据惯例，首秀之夜结束后，演员、导演和工作人员在我的“黄金国”公寓举办了派对。我准备了咖啡、糕点和香槟。有人建议派对应该一直持续到清晨，那时可以买到最早出版的报纸，但其他人似乎都很疲惫了，他们希望早点回家。他们知道报纸会如何评价，而且评价确实糟糕透了。媒体质疑了将华尔街的事业与百老汇的戏剧结合在一起的蹩脚组合。然而，还是出现了一个相当高的评价。十分奇怪的是，它正好是《纽约晚报》[①]刊发的评论，而阿瑟·布里斯班是该报的首席评论员。

简言之，演出彻底失败了。戏剧上演了一周，观众寥寥无几。斯坦曼想了各种办法，包括大量赠票、加长演出时间等，希望能扭转局势，因为他知道有其他类似的成功案例。他还建议我修改剧本，加入各种粗话，他认为这能吸引观众。他希望我能够再投入总投资额的一半来继续支持这部剧的演出。我对他的这些建议不感兴趣，拒绝了他。那一周结束时，我们的剧目从剧院演出表上移除。演员们收到了可怜的薪水，我们把道具卖还给了设计者，收回了一点小钱。我们

① 《纽约晚报》是报业大王威廉·赫斯特旗下的报纸，后来与《纽约美国人》早报合并成了《纽约新闻报》。——译者注

还支付了各种费用，而投资人则没得到一分钱。《蓬巴杜宝贝》彻底失败了。

这部剧真的如此糟糕吗？我又是如何评价它的呢？那个时候，我肯定认为它是非常出色的，很多参与其中的人也这么认为。无疑，这部剧里有一些好的想法，有一些很棒的场景，有很多机智的台词。我最后一次读这个剧本是在 30 年前，我已不记得它的全部内容，因此无法做出成熟而中肯的评价。很可能在百老汇看来它还不够好，失败是必然的。

我记得，面对失败，德尔夫无奈地摇了摇头，以悲伤而非愤怒的语气对我说：“本，你不应该告诉他们你在华尔街的经历，这有害无益。”之后，德尔夫又花了大概一年时间，努力向好莱坞推销我们的戏剧。我记得他拿到了一个金额很小的订单，但他拒绝了，然后就没有下文了。后来，我跟他完全失去了联系。总体而言，他是个很棒的小伙子，对待这部剧也非常敬业。不过，他至少拿到了 250 美元，并且很明智地没有在这部剧上投资一分钱。

在媒体报道之后的第二天，我收到了一份报纸，它给了我们最恶毒的评论，而且有人在那篇评论上潦草地写了“哈，哈！”两个字，其他什么都没写。显然，我并非没有敌人。但我也收到了几份给予我们正面评价的《纽约晚报》，它们是朋友寄来向我道贺的，但显然他们没有读过其他评论。我告诉我最亲密的朋友阿尔杰农教授，这次失败让我感到多么沮丧。他的看法则完全不同。“本，你怎么能这么说呢，只是因为演出没成功吗？瞧瞧我。我一辈子都是演员、作家和老师。我写过 6 部戏剧，每一部都是我自己掏钱出版的。我最大的愿望就是想让它们中的一部在专业剧院上演，而不是由一帮业余演员表演，然而这一愿望从未实现过。现在看看你。你写出了你的第一部剧本（事实并非如此），你让这部剧上演了两次，第二次还是在百老汇演出。我会把这一切视为成功，而非失败。”我相信亲爱的阿尔杰农说的是真心话。

我的好友索尔・利维（Saul Levy）是一位律师兼专业会计，在他的鼓励下，我又写了一个剧本。他认为，如果要写一部关于华尔街往事的剧本，我就是那个最合适的人。我把这部剧命名为“愤怒的洪水”，取自莎士比亚的剧作《尤利乌斯·恺撒》。起初，我想把该剧的背景设定在1928年至1932年的大崩盘时期，但我认为那些年发生的事情过于极端，会淡化我想塑造的人物的性格。因此，我把时间框架往前推了一步，把背景设在了1918年至1919年的投机年代和1920年至1921年的熊市。我把我早期在纽伯格-亨德森-洛布公司紧密接触过的很多人作为了剧本中的角色原型。当然，主角就是年轻时的我，通过与众不同的操作成功躲过了大崩盘。然而，我还是没能写完这部剧本，我向塔利亚和墨尔波墨的求爱以失败告终。[①]

戏剧界的朋友们

自那以后，我对戏剧仍然感兴趣，但不再投身其中。1936年，在我的老友阿尔文·约翰逊（Alvin Johnson）的推动下，新学院社会研究所启动了“流亡大学”项目，为那些逃离纳粹德国的著名教授提供教席。他发起了一场大型募资宴会，有数百人参加了这场精心安排的晚宴。客人们的座位是根据他们所在的行业或专业领域来安排的。我惊讶地发现，我坐在了戏剧界这一桌。我没觉得好笑，甚至为此感到高兴，因为这一桌还有乔治·格什温[②]、爱德华·G.鲁滨逊和萨姆·扎菲[③]。不消说，我只有聆听的份儿，没有说话的份儿。他们先是谈到了《波吉与贝丝》[④]，然后谈到了彩排。格什温还谈论了他的绘画爱好，而鲁滨逊则谈论了他的艺术品收藏，事后证明他的收藏品是美国最值钱的艺术品之一。我忘了扎菲谈了些什么，但我记得我恭贺了他在《李尔王》中的精彩表演，而我是在新学院的剧院观看这部戏的。

---

① 塔利亚和墨尔波墨都是希腊神话中的缪斯，分别代表喜剧和悲剧。作者在这里的意思是，他的戏剧写作生涯以失败告终。——译者注

② 美国作曲家，出生于纽约布鲁克林的一个俄国犹太移民家庭，原名雅各布·布鲁斯金·格肖维茨。格什温最大的贡献是把古典音乐的风格与爵士乐和布鲁斯的风格结合起来。——译者注

③ 美国演员、音乐家和工程师。1951年，他因在《夜阑人未静》中的表演而获得奥斯卡最佳男配角提名。——译者注

④ 美国歌剧 *Porgy and Bess*，于1935年进行首演，由乔治·格什温作曲，艾拉·格什温及杜柏斯·海沃德作词。——译者注

格什温很快就在事业巅峰期去世了。多年后，在东京帝国酒店，有人把我介绍给了鲁滨逊。我告诉他，能再次见到他，我非常高兴，因为有很多人把我误认成了他。第二次世界大战期间，有一次我正在第五大道的红十字会总部献血，谣言传了开来，说鲁滨逊用假名正在那里献血，于是很多护士跑来看我。我将永远记得鲁滨逊对我这番话的回应，因为它极大地满足了我的虚荣心：“格雷厄姆先生，如果我长得像你，我希望能像你那样有魅力。”又过了几年，我们在比佛利山庄成了朋友，我还在那里对扎菲有了深入了解，因为他是我好友的堂兄，也是欧文·卡恩（Irving Kahn）[①] 的拥趸。

我后来很少联系以前的剧院同事，除了沃纳。他来到我办公室，告诉我，他的生活只能勉强糊口，不过他现在已经得到了一份在好莱坞做电影制片人助理的工作。他问我是否能借点钱给他，让他可以前往加州，我借给了他。几周后，我收到一封来自好莱坞的感谢信，信中告诉我，他的工作进展得很顺利。然后，就跟往常一样，他销声匿迹了。

戏剧从业人员的事业和收入的不确定性是多么大啊！从行业特性上讲，从业人员的数量一直是供大于求的。遇到繁荣的演出季和很多戏剧在纽约或其他地方上演时，市场上总是有足够的演员、经理人、导演和员工能满足用人需求。然而，当演出季很萧条时，又会出现什么情况呢？戏剧行业只能提供少得可怜的固定工作，几乎没人知道自己一年后还能不能领到薪水。

在戏剧《等待戈多》中有一段简短的台词，其中的寓意令人深感绝望。其中一个角色又高又瘦，到了孱弱的程度。塞缪尔·贝克特可以很有信心地为这一体型极不寻常的角色找到非常合适的演员，无论这部戏剧在何时何地上演。但对于这种特型演员，其一生有多少其他角色能适合他？可以想见，必定有很多男演员和女演员符合某个角色的特殊要求，但这类特型演员如何才能在剧院找到稳定

---

① 美国的投资者和慈善家，是格雷厄姆的早期信徒，推广价值投资方法。卡恩于 1928 年开始了自己的职业生涯，并一直工作到去世。——译者注

的工作呢？在巴黎，我看到过一个身材矮小的演员在《无所顾忌的女人》中非常出色地扮演了拿破仑这一角色。他是舞台的主角，令观众着迷。然而，如果他不演拿破仑，这位像泰斯庇斯[①]那样身材矮小、长相丑陋的演员又能出演什么角色呢？

价值投资的启蒙

如果要写一部关于华尔街往事的剧本，我就是那个最合适的人。我把这部剧命名为“愤怒的洪水”，取自莎士比亚的剧作《尤利乌斯·恺撒》。

起初，我想把该剧的背景设定在1928年至1932年的大崩盘时期，但我认为那些年发生的事情过于极端，会淡化我想塑造的人物的性格。因此，我把时间框架往前推了一步，把背景设在了1918年至1919年的投机年代和1920年至1921年的熊市。我把我早期在纽伯格-亨德森-洛布公司紧密接触过的很多人作为了剧本中的角色原型。当然，主角就是年轻时的我，通过与众不同的操作成功躲过了大崩盘。

① 古希腊演员，据说也是人类历史上第一个演员。——译者注

BENJAMIN GRAHAM

THE MEMOIRS OF THE DEAN OF WALL STREET

第 16 章

我的理念被写入经济学教科书

尽管缺乏经济学这一“乏味的科学”的专业训练，但这并没能阻碍我随后在证券投资、公司金融、专业意义上的经济学等领域成为理论和实践的权威。我了解经济学知识的方式跟我了解投资知识的方式是一样的，那就是通过阅读、思考和实践。

如果我的名字还有可能被后世记住的话，那很可能是因为我是“商品储备货币方案”的提出者。为阐述这一方案，我必须首先声明：我对经济学的正规学习仅限于 1912 年在哥伦比亚大学上了 4 周马齐博士的课。那年秋天，我退出了这门课，以及其他所有课程，以便在白天为美国快递公司打工。当我第二年 2 月回到大学时，我没有把经济学纳入我的课程计划，毫不犹豫地放弃了这门课。尽管缺乏经济学这一“乏味的科学”的专业训练，但这并没能阻碍我随后在证券投资、公司金融、专业意义上的经济学等领域成为理论和实践的权威。我了解经济学知识的方式跟我了解投资知识的方式是一样的，那就是通过阅读、思考和实践。

我在经济学上的理论创新，涉及关于货币理论的很多常规学术研究，甚至就在我于 1965 年 7 月中旬写下这些文字时，某些经济学家似乎仍在思考我提出的理论。[1] 伟大的凯恩斯勋爵以隐晦的方式就我的理论写过一篇文章。关于这个问题，他还给我写过一封信，这封信后来被收入他出版的文集中。

关于商品储备货币理论的思考

我把基于商品储备货币（Commodity Reserve Currency）的概念简称为 CRC。我最早思考它是在 1921 年至 1922 年的经济萧条时期，当时全球经济可能是第一次在生产力过剩的情况下出现了萧条。总体而言，原材料生产出现了过剩，而有效需求或融资需求又不足。商品价格的急剧下滑给金融领域带来了很大麻烦，反过来这又导致了失业率的上升和经济萧条的恶性循环。从我一开始研究这场萧条及其伴随而来的广泛损失时，我就觉得它的发生并非不可避免，而我们应该阻止其再次发生。如果一个国家缺乏生产要素，比如，肥沃的土地、制造产能、技术知识，那么它的生活水准必然是很低的。但对于像我们这样的国家，一方面过剩商品被存放在仓库，另一方面很多家庭又买不起这些商品，这种情况的发生在逻辑上似乎是荒谬的，因为我们有如此丰富的资源。

要解决这一不寻常的问题，我认为首先要考虑黄金制造商的地位。它们免受了很多厂家遭遇的困境。无论他们的产量有多大，他们都能以一个固定的价格迅速卖掉产品，而那时黄金的价格是每盎司[①]20 美元。他们甚至从萧条本身获得了巨额利益，因为更低的工资定价和更低的原材料价格降低了他们的生产成本，增加了他们的利润。很多经济学家已经提出了稳定总体价格水平的方案，但没有哪个方案获得了广泛认同。当时最有名的方案是欧文·费雪提出的美元补偿方案。根据该方案，黄金与美元纸币的价格比值应该与物价总水平的上涨或下跌成反比。对这个问题的思考使我得出了完全不同的结论。我认为，更好的方案是赋予一组指定的或者由“货币篮子”构成的基本原材料以货币地位，而这种地位与一直以来的金本位相同。这意味着，一方面，全部商品所有者或者生产商，总是能够按照一篮子货币基本原材料组成成分的相应比例，将自己的商品卖给财政部，换取固定数量的美元纸币；另一方面，美元纸币持有者总是可以用美元换取相应数量的一篮子商品。

让我不解的是，为什么只有黄金生产商从经济萧条中受益？难道生活必需品不如黄金重要和有价值吗？难道生产这些必需品的厂商不应该也从经济萧条中受益吗？

---

① 盎司是国际上通用的黄金计量单位，1 盎司约等于 31.1 035 克。——编者注

在我看来，商品储备货币方案既有主动价值，也有被动价值。就主动一面来看，它可以通过用商品价格来定义美元价格，以及通过在美元纸币和小范围的商品等价物之间建立双向转换机制，尽可能直接地应对物价稳定问题。从广义上讲，这种方案会在全球商品与全球货币之间架设桥梁，当市场没有足够的商品消费需求时，商品可以被视为货币，并且能兑现成货币。相反，当市场对商品的需求旺盛时，货币可以转换成用于消费的全球商品。这种想法来自《圣经》中著名的“七丰年和七荒年”故事，以及约瑟储备多余食物以备不时之需的智慧。

就被动一面来看，该方案并不试图像以前所做的那样，稳定任意单一商品的价格，这种所谓的物价稳定计划是相当不成功的。我的方案允许每一种商品的价格根据供需关系的变化上下波动，而整个商品组合的价格水平则能维持大致稳定，尽管会出现小幅波动。

将这一在理论上有吸引力的想法转化成实践操作，其困难显然是很大的。服装制造商和无数类似的厂商，能够将它们生产的每件商品以固定价格卖给美国财政部吗？显然不能。不同类型的商品在质量、种类、合理价格、易腐性、过时性等方面存在着巨大差异。最重要的是，即便政府购买了这些商品，能用它们来做什么呢？

然而，如果我们不考虑所有类型的商品，只考虑基本原材料，这些问题大多可以迎刃而解，因为基本原材料的价格波动在经济繁荣和萧条中扮演了关键角色。这里可以举个例子。美国的基本原材料价格指数在 1913 年至 1920 年显著上涨，这是由第一次世界大战结束后的通胀和战后繁荣造成的。但 1922 年，该指数就出现了暴跌。

假设我们把商品范围进一步限定在满足基本生存需求的、最重要的原材料上，又会如何呢？既然这些原材料是一般商品经济的基础，我们就可以假设，以确保黄金地位的方式确保它们的经济地位，就能既稳定价格水平，又能稳定大多数商品的有效需求，而不至于受到反复发生的衰退的负面影响。一般而言，基本商品价格的下跌幅度远大于其他商品，稳定前者会很好地稳定消费品价格。数量相对较小的重要原材料应该不会超过 30 种，却在所有初级产品的价值构成中占了大头，同时它们也对初级产品的生产具有重大意义。如果这 30 种原材料的价格水平能够得到稳定，整体经济就会免受严重的价格不稳定的影响。

但如何以最佳方式稳定基本商品的价格水平呢？在这 30 种原材料中，我们能够为一蒲式耳①小麦、一磅铜、一磅咖啡等商品设定不变的价格吗？有很多反对这么做的理由。这些商品之间的相对价格总是存在大幅波动，这来自单一商品供需因素的变化。这些变化只是暂时的吗？如果是，抑制它就是一件好事。但它们是长期的或准永久性的，主要反映了产品相关成本的长期变化。在过去，我们已经做了大量努力来稳定单一商品的价格。1921 年提供的历史案例是糖，但事实证明该努力彻底失败了。经济学家几乎一致反对所谓的商品或服务限价措施。他们喜欢用一个历史案例来证明限价措施是不可行的：远在公元 301 年，罗马戴克里先皇帝就试图用限价措施来稳定物价，尽管这一措施很大胆，但最终还是失败了。

我能意识到所有为不同商品单独设定价格的方案的内在缺陷。我认为，物价稳定问题的解决方案是，在狭窄范围内确定一组或一篮子重要商品的整体价格，同时允许其中几种商品的价格根据相关的供需因素发生变化。换句话说，我建议让得到恰当选择的、组成比例合理的基本商品，具有与黄金相同的货币地位。这意味着，生产商拥有多少新货币，取决于它拥有多少基本商品量，而这种新货币的价值也将得到基本商品储备量的支撑。

我对消费者状况的思考也让我得出了类似的结论。我认为，现代社会经济衰退的主要原因是，公众缺乏购买力来消化前期经济繁荣所增加的商品产能。J.A. 霍布森（J. A. Hobson）的经典著作《失业经济学》（*The Economics of Unemployment*）[2] 给我留下了深刻印象，该书针对购买力不足带来的影响提出了一套理论，而我也

---

① 1 蒲式耳在英国相当于 36.268 升（公制）；在美国相当于 35.238 升（公制）。——编者注

针对这个问题提出了我自己的理论。霍布森的著作无疑是凯恩斯革命性思想的重要先声。

在1921年至1922年的衰退期间，我有了自己的想法，但那个时候也只是想法而已，我只跟我的莫里斯舅舅讨论过，他觉得我的想法很棒。我还在《纽约时报》周日版中读到过一篇文章，文章中描述了一种相关的想法。而让我倍受鼓舞也倍感惊讶的是，作者是伟大的发明家爱迪生。他也提出了新货币应该基于储存在仓库的原材料储备量而被创设，他还提出农民和其他生产商应该得到补偿。但他的方案的细节与我的方案有所不同，而且显得更业余。我的方案很容易执行，而且也更有效。后来，爱迪生的方案被人遗忘了。

在接下来的经济繁荣时期，我把这一方案放在了一边，因为我忙着在华尔街赚钱。顺带提一句，那几年的物价指数是非常稳定的。

对扭转经济乱象的4个提案

直到10年后，我才发表了我的方案。那时我们正处于历史上最严重的经济衰退期。1921年至1922年发生的所有异常情况如今再次发生，只不过这一次达到了一个新高度。这次衰退带来的一个结果形成了学术界的繁荣，比如，产生了很多讨论小组，人们提出了大量差异极大的解决方案，发起了试图为经济带来彻底变化的各种运动。其中一个主要方案非常具有颠覆性，那就是人们所说的“技术管理论”（Technocracy）；还有一个是厄普顿·辛克莱（Upton Sinclair）在加州提出的“解鞋带项目”[①]，也被称为“终结加州贫困运动”（EPIC）；第三个是著名的“汤森德方案”，这个方案提出了当时颇具革命性的建议，即每月向年满60岁的人发放60美元退休金。

---

① 厄普顿·辛克莱提出了“举鞋带者”（Bootstrap-lifter）的概念，意思是这些人认为提着鞋带就可以让自己脱离地面，这虽然可以起到自我安慰作用，但无疑是自欺欺人的。因此他提出的“解鞋带项目”，就是希望通过实实在在的措施，打消这些穷人的自欺，帮助他们真正摆脱贫困。——译者注

对经济学感兴趣的人创立了一个小组，定期在位于下纽约城的新学院社会研究所聚会，赞助人是新学院的著名主席阿尔文·约翰逊博士（Dr. Alvin Johnson）。我很快加入了这个自称为“经济论坛”的小组。我们的目标是就如何改进《鲁拜集》中所谓的“事情的糟糕状态”交换看法，而这一词组成为我们对当下经济混乱情形的特定称谓。在 1932 年的一次聚会上，我以油印件的方式提交了我的方案。事实上，我提交了经过我深思熟虑的 4 份方案。第一份是“商品储备货币方案”，它几乎算是定稿了，只是还需要添加大量的统计数据和计算公式。第二份是关于消除大规模贫民窟的方案。政府应该用低成本的住房取代贫民窟，同时为贫民窟租户提供补贴，补贴金额要达到新租房屋的租金水平。第三份方案是，失业人群有权依据其技能和经验获得个人贷款，这类贷款要由联邦政府以信用方式提供，失业者只需承担很少的利息，甚至无须承担利息。当他们重新找到工作后，再以合理期限分期偿还贷款。虽然这两个建议，在前罗斯福时代信奉自由放任市场经济哲学的人看来，似乎过于激进，但它们与后来实际采用的政策并没有太大差异。

在我提出的方案中，大多数内容都很严肃，但有一个例外，那就是我的第四份方案。我提出了法国偿还对我们的战争欠款之本金和利息的一种方法，我建议，法国人可以每年运送 4 000 万瓶酒作为赔偿，其中包括香槟。于是，平均而言，每个拥有投票权的美国公民都能在圣诞节免费获得一瓶法国酒。酒的分配方式可以是抽签，也可以按照年龄或者其他公平的方式。这并不是一个糟糕的想法，它对于两个国家之间形而上的经济关系既具有现实意义，也加入了娱乐精神，与此同时，还能以可行的、令人愉快的方式解决战争债务问题。

我们小组有两个成员大胆决定创办一本杂志，所用刊名正源自我们小组的名字——“经济论坛”，它将发表编辑们认为值得关注的诸多新理论。其中一位年轻的高级编辑名叫约瑟夫·米德（Joseph Mead），对于他后来的职业生涯，我一无所知。另一位编辑和发行人也是一个年轻人，名叫威廉·麦克切斯尼·马丁（William McChesney Martin），他对经济学的新理论很感兴趣，也持有开放心态，尽管他当时仍是纽交所这一保守主义大本营的从业人员。

我们绝没有想到，我们的马丁注定将在几年后被选为交易所历史上最年轻的主席，后来又成为美联储主席，那可是全球最有权势和影响力的金融人物。我刚刚读了 1965 年 7 月 2 日《时代周刊》刊登的马丁之前发表的演讲，其中非常简短地提到了，1965 年的股市表现与 1929 年纽交所股市市值缩水 340 亿美元之间的相似性。

编辑米德和马丁让我们论坛向他们的杂志投稿。我以企稳后的再通胀为题，写了一篇关于商品储备货币方案的文章。那个时候，“再通胀”已经成为一个用于描述从通缩回到正常状态，而又不会带来通胀恶果的流行术语。文章发表于 1933 年《经济论坛》第二期，这是商品储备货币方案第一次正式出现在公众面前。[3]

从我创立这一理论起，随后的 30 年，这个理论既给我带来了满足，也带来了失望。方案刚提出不久，我就获得了心理上的快慰。我的律师朋友戴维·波德尔（David Podell）的同学、当选总统的罗斯福对我的方案产生了兴趣，并且总统正在让华盛顿的专家对其进行认真研究，以作为对抗萧条计划的一部分，当我得知这一切时，我真是欣喜若狂。新总统在 1933 年的就职仪式上发表的演讲内容让我认为他青睐商品储备货币方案；显然，我幸福得像是进入了极乐世界。我想象自己成了美国甚至全球经济著名而又受人尊敬的救世主。然而，大概两年后，农业部一位名叫路易斯·比恩（Louis Bean）的重要官员拜访了我，他是一位著名的统计学家，也是农业部部长亨利·华莱士（Henry Wallace）的顾问。罗斯福已经成立了商品信用公司来稳定农产品价格，并且公司正在大量购买各类农产品。比恩发现我的方案提供了一种方法，可以通过发行货币直接购买这些商品，而随着货币流通量的增加，就会对总体物价结构产生刺激作用。他对我的方案给予了极大的个人鼓励，并为我最终就这个问题将要撰写的书能得到多少版税提供了一些有用的信息。然而，农业部并没有采纳我的方案。

显然，商品储备货币方案在华盛顿的官员看来是一种太过激进的创新。比恩的团队以及比恩的竞争对手莫迪凯·伊齐基尔（Mordecai Ezekiel）肯定是反对这个方案的，后者兜售的是另一种经济理论。所以，我再一次失望了，而这已经成为这些年来我习以为常的状况。据我所知，比恩从未公开支持过商品储备货币方案；或许支持这一方案对他而言在政治上是不正确的。但他时不时给予我各种道义上的鼓励，甚至会提供给我一些历史数据，允许我把这些数据用于我的书中。

有一次，比恩让我到华盛顿与农业部部长华莱士见面。有趣的是，这些年来，某些小细节仍然可以留在一个人的记忆里。当我迈上威严的农业部大楼的主台阶到达部长办公室时，我的视线落在了一幅巨大的壁画上，壁画描绘了农村幸福生活的各种场景，下面刻着一句以拉丁语开头的话："如果菲力克斯……哦，幸福的农民，如果你知道你有多幸运。"在右下角，画家注明了这句话的出处：维吉尔，《农事诗》（*Géorgiques*）。我好奇地自问道，这些带着拉丁语的法国名字为什么会出现在美国政府大楼？显然，这幅壁画是一位法国艺术家受托所作，他没有多想就写下了"维吉尔，《农事诗》"，并且没有任何一个华盛顿的工作人员注意到这一异常情况，这就好比农业部大楼的入口处挂着一块用法语写就的牌子：Département de l' Agriculture（农业部）。

还有一桩类似的轶闻：加州大学伯克利分校的图书馆墙上，曾经有一句著名的话：Haec studia adulescentiam alunt, senectutem oblectant（这些研究滋养着我们的青春，抚慰着我们的岁月）。当我第一次在图书馆看到这句话时，我惊讶地发现维吉尔的名字被刻在了墙上，他被当成了这句话的作者。如果一所伟大的学校竟然不知道维吉尔和西塞罗的区别，可以想见美国文化衰落到了何种程度！可怜的西塞罗，这可是他在其演讲"阿基亚·波埃塔"（Pro Archia Poeta）[①] 中说过的一句话。西塞罗曾坚持认为，所有人都会寻求身后名，甚至那些写过题目为"论对荣誉的蔑视"（"On Pespising Glory"）的文章的作者也不会忘记在文章里署上自己的名字。也许那位最虚荣的演讲家如今可以稍微平静一些了，因为维吉尔的名字已经从图书馆墙上删除了，取而代之的是他的名字。

---

① 该演讲是西塞罗为被指控不是罗马公民的诗人奥卢斯·利西尼乌斯·阿基亚斯所做的辩护。——译者注

我已不记得与华莱士的短暂会面都谈了些什么，但一定没能取得任何成果。比恩送了一本费雪的《稳定的货币》(*Stable Money*)给我，而费雪曾把自己的书送给过华莱士。显然，这份礼物算是比恩对我的安慰，而这本书至今仍放在我的书架上。比恩后来成了预测选举结果的顶级专家，他还写过一本预测股市未来走势的书。

将商品储备货币理论编撰成书

1936 年至 1937 年，我写了一本书来论述我的商品储备货币理论，该书在 1937 年出版时名叫《储备与稳定》。在选择书名时，我记得亨利·乔治（Henry George）曾给自己的书取了一个押头韵的书名，叫"进步与贫穷"(*Progress and Poverty*)。我希望有一天《储备与稳定》在经济学学术领域也能像乔治的杰作一样占有一席之地。我在这本书上投入了大量精力。书末附有很多注释，用于证明我在书中提到的事实以及我对其他作者的文献引用。该书还包括各种计算，涉及我所提议的商品单元的价格变动。这些计算是由我的年轻侄女、如今成了血液学权威的朱迪丝·普尔博士（Dr. Judith Pool）完成的。我先是找到麦克米伦出版公司出版这本书，但他们委婉地拒绝了。虽然麦格劳希尔出版公司担心这本书的商业前景，但他们还是同意出版。毫无疑问，这完全是托了《证券分析》成功的福。不过，他们提出了一个前提，我要向他们保证，如果首印的 2 000 册没有卖完，剩余数量我要自掏腰包买回去。这完全算不上是一种有尊严的安排，但为了尽快出版，我还是很快做出了让步。我相信，但凡认为自己的著作会在思想史上成为里程碑的作者，一定也会迫不及待地像我这么做。

就在我即将写完该书时，出现了另一个可能会让罗斯福总统采纳我的方案的机会。赫尔曼·巴鲁克对他的兄弟伯纳德·巴鲁克谈到了我的方案，而我的方案似乎应和了这位伟大投资家自己的某些想法。伯纳德邀请我到他家里谈谈我的方案，这时《储备与稳定》的样稿刚出来。我们的谈话非常愉快。伯纳德说，他确信这是我们的经济急需的解决方案。他愿意为它背书，尽快向罗斯福总统汇报。我则答应第二天下午把样稿送给他。

我以自己最大的耐心等待着罗斯福和伯纳德讨论格雷厄姆方案的结果。从某种意义上讲，我至今仍在等待，因为关于讨论结果，我从来没有得到过直接的信息。大约一周后，伯纳德把样稿还给了我，又说了一段简短而态度暧昧的话。但随后赫尔曼的确有些尴尬地告诉我，讨论真实发生过，但罗斯福显然认为，他已经为经济引入了太多新做法，再尝试一种新做法在政治上是不妥当的。伯纳德把罗斯福的话理解为：我的方案不会产生实践结果或者在总统那里没有得到青睐，于是他一声不吭就放弃了说服总统。我忍不住补充了一句："他就是这样一个人。"

我在当时写过一首十四行诗——《论一本野心之作的首次出版》，表达了我对《储备与稳定》寄予的厚望。该诗的开头是：

这些是穿过日日夜夜和岁岁年年的想象之翅，
一直在我日思夜想的脑海，
我只是假装忘记了它们……

诗的结尾是六行诗节：

这些翅膀上升到了不幸的高度
可悲地坠落进了伊卡洛斯[①]海；
这位朝着太阳驶去的年轻人
从高空急速下坠——而我却不然
这些想象之翅必定会有更好的运气，能飞得更高，
为人类抓取一把新的普罗米修斯之火。

这样的对比的确是自命不凡的。他们试探命运之神，而命运之神以惯常

① Icarian，这里作者又用到了双关语，这个词还有"希望过高"的意思。——译者注

的方式报复了这种试探。每当偶然看到勃鲁盖尔[①]的讽刺画《伊卡洛斯的坠落》（*The Fall of Icarus*），我就会想起我的十四行诗。你会发现，一个在画中占据了大部分空间的农民位于画作的前景，他正在耕作，心无旁骛；与此同时，位于画面远处、占据很小空间的代达罗斯的儿子正绝望地从空中掉进大海。

很多学术界的经济学家青睐我的方案，他们说服我发起一场公共运动，将该方案呈现在大众面前。我们需要一个人来做委员会的执行主任或者牵头人。我找到了一个对此充满热情的家伙，名叫诺曼·隆巴德（Norman Lombard）。人们可能会笃信，这是一个假名，也许是将蒙塔古·诺曼[②]和朗伯德街[③]的名字混合在了一起，但我们这位家伙真的生来就有了这样一个有趣的名字。我从未确切知道他是靠什么维持生计的，尽管我记得他娶了一位学校老师，而他夫人毫无疑问帮了他很多。他曾经在“稳定货币协会”与欧文·费雪打过交道，后来又组织过几次每月定期召开的经济论坛。我们创立了“经济稳定委员会”，由我担任主席。委员会的名字听上去像是对著名的“经济发展委员会”的模仿，但事实并非如此，因为是我们取名在先，就像“百事可乐”的名字取在“可口可乐”之前一样。我们寄出了我的书和会员申请表，设法邀请了 50 名或者更多的经济学教授成为委员会委员，其中有很多是著名经济学家。然而，尽管我们努力让委员会更加有影响力，但还是没有取得任何成果。我很快意识到，除非一种新的经济方案能为某一特定群体承诺直接和即时的经济利益，就像“汤森德方案”对老年人承诺的养老金那样，或者除非普遍的紧急状况足够严重，足以吸引公众认同任何做出了巨大承诺或带来了巨大安慰的想法或口号，就像“大萧条的技术管理”那样的案例，否则是无法从公众那里获得资金支持的。“经济稳定委员会”仍然合法存在，甚至它的银行账户上还有 1 000 美元，但实际上它已经名存实亡 20 年了。

有一整年，我每周日都要浏览《纽约时报书评》（*The New York Times Book Review*）首页，想知道是否有重量级经济学家认为我的《储备与稳定》能为经济

① 16 世纪尼德兰地区最伟大的画家。——译者注

② Montagu Norman，英国银行家，以 1920 年至 1944 年担任英格兰银行行长而闻名。——译者注

③ Lombard Street，又名旧金山九曲花街，总共有 8 个急转弯道，是世界上最弯曲的道路。——译者注

萧条问题提供主要解决方案。毕竟，《纽约时报书评》曾对我的《证券分析》评价颇高，而我的新书则要重要得多。但显然，《纽约时报书评》将我的书视为对经济学这一乏味科学做出的又一次理论尝试。事实上，他们在新书面市栏目里提到了我的书，但根本没想过要对它做出评论。我的失望是显而易见的，唯一能让我稍感安慰的是，有几本经济学期刊对该书发表了长度不一的书评，尽管它们来得晚了点。

当有篇评论出现在最重要的期刊《美国经济评论》上，谈到我自己的文章中所讨论的同一个主题时，我简直开心坏了。那篇文章的作者是另一个叫格雷厄姆的人，弗兰克·格雷厄姆（Frank D. Graham），普林斯顿大学的经济学教授。文章对我的书评价不错，甚至可以说是非常高。弗兰克·格雷厄姆成了我的理论的积极推广者。他的书《社会目标和经济体制》（*Social Goals and Economic Institutions*）[4] 非常推崇商品储备货币方案。

当然，我与弗兰克·格雷厄姆没有任何亲属关系。然而，在他写了书评后，我们有了接触，后来成了非常要好的朋友，他也成了格雷厄姆-纽曼基金的投资人。我们相同的名字在对商品储备货币方案感兴趣的经济学者圈中引起了混淆。有些经济学家认为我们是一个人，有些则认为我们是亲戚。直到上个月，还有一位来自剑桥大学的热情推广商品储备货币方案的教授告诉我，他一直以为我和弗兰克·格雷厄姆是兄弟。在我关于这个主题的第二本书的附注里，我满怀感激地提到了弗兰克·格雷厄姆的支持，说我很高兴经济学界将我俩的名字相混淆。由于弗兰克·格雷厄姆最早曾在加拿大担任古典文学教授，我在新书中插入了一句修改后的贺拉斯名言：荣誉属于我们两人。实际上，贺拉斯悲观地写道："同样的夜晚等待着我们所有人。"我把这句话改成了更具乐观精神的"同样的赞美等待着我们两个人"。当然，我在这句话前面还加上了"我希望"3 个字。在一封称赞我的书以及感谢我在书中提到他的信中，弗兰克·格雷厄姆谦虚地写道："但'荣耀'只属于你。"他对我理论的支持以及我们同姓这一事实，后来在究竟哪个格雷厄姆应该为这一理论负责的问题上，对外界造成了相当大的困扰。

我记得在弗兰克·格雷厄姆的邀请下，我曾前往普林斯顿大学，参加一群教师对商品储备货币方案的研讨会。那天晚上我穿着借来的学术礼服，坐在教师那一桌，并且在开饭前听了一段拉丁语祷告。我不禁将普林斯顿大学维多利亚式的氛围与该大学里现代经济学家试图超越亚当·斯密的经济学原理的氛围进行对比。那天晚上，我住在弗兰克·格雷厄姆家里，结识了他优雅的妻子。

弗兰克·格雷厄姆以他妻子的名义在格雷厄姆-纽曼公司投资了一笔金额适中的钱。在他去世后，他的遗孀没有撤回投资。若干年后，她从欧洲写来一封热情洋溢的信，告诉我她有多么感激我们让她实现了财富自由，让她可以按照自己喜欢的方式度过余生。

在《储备与稳定》出版后的几年，有很多名气大小不一的经济学家对我的方案表现出了兴趣和支持。我的一些好友坚持认为，应该发起一项普及商品储备货币理念的运动，从而让它被官方采纳。从一开始，我就相信只有两种途径可以实现我的方案。第一种是再发生一次全球经济萧条，就像 1931 年到 1932 年或者 1921 年到 1922 年那样的萧条，这会迫使全球经济专家以开放的心智寻求新的极端解决方案，即如何在产能过剩的情况下提升需求。第二种途径可能与发生纯粹的货币危机有关，比如，出现了国际储备货币的短缺。我可以想象，当市场急需创造一种“好的货币”时，某些经济顾问就会逐渐相信，总体而言，商品储备货币是一种合理方案。如果经济学界做好了接受一种新的、得到改进的合理货币方案的准备的话，我的方案就有可能被认为是最好的方案。然而，对于发动宣传攻势，推广我的技术性方案，让它成为被公众接受的主流理论，我对我的这一能力没有多大信心；我也不认为只有受到大众欢迎的理论，比如“汤森德方案”，才有可能对经济和金融政策的制定者产生巨大影响。

价值投资的启蒙

在经济萧条时期，原材料生产出现了过剩，而有效需求或融资需求又不足。商品价格的急剧下滑给金融领域带来了很大麻烦，反过来这又导致了失业率的上升和经济萧条的恶性循环。从我一开始研究这场萧条及其伴随而来的广泛损失时，我就觉得它的发生并非不可避免。

更好的方案是赋予一组指定的或者由“货币篮子”构成的基本原材料以货币地位，而这种地位与一直以来的金本位相同。这意味着，一方面，全部商品所有者或者生产商，总是能够按照一篮子基本原材料组成成分的相应比例，将自己的商品卖给财政部，换取固定数量的美元纸币；另一方面，美元纸币持有者总是可以用美元换回相应数量的一篮子商品。

附录1

格雷厄姆63岁时的自我剖析

1957年5月

格雷厄姆有很多忠诚的朋友，如果说有敌人的话，数量也是极少的，但他没有一个密友或知己，这一事实是了解他性格的一条线索。让我们从他的内心世界审视一下其中的原因。当还是个男孩的时候，他聪明、可爱、害羞、喜欢幻想，并且有一种病态般的敏感。他小心翼翼，从不想伤害任何人，而他也无法理解为何其他人会经常以冷淡甚至恶意的方式伤害他，其中包括那些深爱着他的人。在人生很早的阶段，他的内心就像一只海狸，在自己周围筑起了一道防护墙。他将斯多葛主义视作老天对他的馈赠。

在青少年末期，格雷厄姆完成了自己的性格塑造。表面上看，他的性格很好，他带着年轻人的热诚培养起了自我进步的美德，比如，勤奋、温和、可靠，以及其他良好品格。他天生的友善性情又被他认同的“位高任重”的观念强化了，因为他始终觉得自己在智力上的天赋是一种运气。然而，这种天赋也使得他十分渴望得到众人的认可。由于对自己的智商非常自信，他理所当然地认为，他必定能在每件受人尊重的事情上获得成功。

格雷厄姆十分在意外人对他性格的批评，这一事实产生了两个非常显著的个性特征。一是通过展现良好品行和做出令人愉悦的行为，他极力避免了受到外人批评。二是他基本上不愿意批评任何人，而这一个性很快就转变成了他不愿意对外人做出任何评价。他只是以身作则，在周围人面前树立良好的行为榜样。他有着一以贯之的和蔼、礼貌、友善和耐心；他会避免任何类型的冲突，甚至会避免为辩论抽象观点而争得面红耳赤。

随着年龄的增长，格雷厄姆达到了这样一种独立思考的程度：在任何领域，他的辨别力能够告诉他，他的行为不应只受习俗或偏见的主宰。当传统教条只会妨碍他顺应自己的天性时，他就会对外界的礼俗规范变得不那么顺从。不过，这种变化只是表面上的，它不会影响或者反映他与外在世界的基本关系。

在人生早期阶段，他的人际关系并不像他希望和期待的那样非常良好。与女性相处是他人生相对失败的一大领域。贯穿一生，他不难找到令他着迷的女性，也不乏认为他很有魅力的女性。在刚成年不久就突破了清教徒般陈腐的清规戒律后，他既不缺少性生活，也不缺少性伴侣。在他看来，他与女性相处的问题仅仅在于，她们居然怀疑他的良好人品，尤其怀疑他温和的性情和他的才智。结果他产生了被她们迫害和剥夺的感受。部分出于真实的经历，也许部分出于想象，他认为几乎所有女性都是非理性的，而且控制欲强，她们无法欣赏他的善良和耐心，过于想要探寻他隐秘的自我禁区。

在人生临近终点时，格雷厄姆遇到了一个女人，她的灵魂、心智、品格和性情是他在很多其他女性身上没能找到的。他认为，他可以为了她放低护栏，而这些护栏正是他将自己疏离于其他人的障碍。在这种新的人际关系的影响下，他开始第一次探究这些障碍的本质。从他大学毕业后，为什么他承认没有任何人，无论是男人还是女人，能与他在智识和情感上建立真正的亲密关系？为什么他没有密友，没有知己？

他重新审视了自己的性格，发现它并不那么让人满意。在他宽宏大量的姿态中隐藏着骄傲、自私、势利，以及某种矫揉造作；在他平静的外表下隐藏着些微精致的利己主义。他的第三任妻子评价他"很高尚，但没有人情味"，这简直是一语中的。他缺乏真正的同理心，不能真心分享他人的喜悦和哀愁。他热爱的东西要么是完全没有人情味的，比如，思想、艺术创作；要么就是那些有助于他自身成长和自我实现的东西。他会带着不虚伪的谦逊"消解别人的表扬"，然而那种谦逊本身就是一种骄傲的表现，因为它完美到无法与虚荣区分开来。他的谦逊就是贺拉斯所说的"一颗能意识到自己正直的心灵"包裹着外人无法感受到的充满自信的优越感。就像兰德一样，他和谁都不争，因为至少在他看来，没人值得他争。他意识到他只有一个亲密的伙伴，只有一个相似的灵魂，那就是他自己。

格雷厄姆待人和善是发自内心的，他向来如此，这绝对是他的第二天性。但他的第一天性是疏离他人，而他人也难以接近格雷厄姆。格雷厄姆最终看清了这一点。他觉得自己有必要少一些优越感，多一些人情味。来自法国的新名媛走进了他的生活，深深地影响了他。60 岁以后，格雷厄姆开始重新培养自己的情感智慧，他必须接受爱不是体验生活，而是生活体验这一事实。他记得自己在大学二年级时写过一首诗——《灵感》(*Inspiration*)，散发着情窦初开之情。(如今，他早已习以为常的这种情感体验却赋予了他新的意义维度。)这首诗是这样的：

就像一条沉睡的小溪，收起了自己的涓流声，
那是三月冰冷的斗篷禁锢了它，
我的灵魂也有韵律，尽管不能撒播开来，
我那愚笨的言词让它沉默如结了冰。
但看哪，春天的气息融化了一切，

溪水醒来，哼起了旋律；
所以春之暖意让我萌发了新的爱意，
挣脱言说的镣铐，我要开始歌唱！

附录 2

格雷厄姆 80 岁时的生日演讲

1974 年 4 月 11 日

我最亲爱的马洛、哥哥维克托、孩子们、孙子们，以及现场的其他亲朋好友，欢迎来到拉霍亚参加我 80 岁的生日庆典。首先，我想感谢我的女儿玛乔丽安排了这次聚会；我还要感谢哥哥维克托挑选了我的一些诗作，把它们精心编辑成纪念册；感谢你们每个人对我这本新纪念册做出的宝贵贡献。

当我还是少年时，我见过伟大的马克·吐温穿着他的白色西装，满头卷曲的白发。有一次，有人邀请他参加一场宴席，并答应他不请他发表演讲。但现场观众坚持让他说几句，最终他从座位上站了起来，带着非常悲伤的语气，以非常缓慢的语速说了如下一番话："伟大的亚历山大死了，尤利乌斯·恺撒死了，拿破仑死了。我觉得自己也来日不多了。"然后，他就坐下了。

我也可以说“我觉得自己来日不多了”，然后坐下，但我还是想先说几句。

在对他岳父发表的洋洋洒洒而又有些夸张的颂词中，玛乔丽的丈夫，我们杰出的贾尼斯·欧文（Janis Irving）提到了我几个月前写的《尤利西斯》的一些摘要。当我还是个小男孩，或者用我那个时候的发音“咬男孩”[①]时，这个故事以及尤利西斯这个角色给我留下了不可磨灭的印象。奇怪的是，尤利西斯的性格与我差异极大，但他对我来说意义非凡。他是一个伟大的战士和掠夺者，而我一生从不与人争斗，也不抢夺任何东西。他狡诈而阴险，而我为自己的正直和友善而感到自豪。然而，他是一个吸引了我一生的人物，就像他在过去 2 500 年来吸引了无数读者一样。

基于对《奥德赛》的阅读，在我这位业余文学评论者看来，我发现这个故事非常精彩，但其中的诗歌大多属于二流作品。我认为，但凡荷马所写的诗歌有一句值得引用，维吉尔所写的诗歌就有 20 句甚至更多值得引用。所以，哪怕我是地球上唯一这么说的人，就像埃及亚历山大港的主教亚他那修，我也会坚称，维吉尔是两人中更好的那个诗人。也许丁尼生会同意我的看法，因为他把罗马诗人称为“由人类心智塑造的最有力量的斗士”。

不过，尽管尤利西斯一直是我最希望成为的偶像，但还有另一个有血有肉的人物成了我后来人生中有意识效仿的榜样。出于巧合，我们有着同样的名字。那个人就是本杰明·富兰克林。他拥有我想拥有的所有美德：高智商、专注、富有创造力、幽默、友善、宽以待人。不过，并非出于刻意效仿，也许我跟他也有一样的缺点。如果我的人生能有幸在某种程度上与他的人生做一番比较，无论是比较自我评价意义上的成功，还是比较外界评价意义上的成功，我一定会感到格外高兴。

---

① 小孩子口齿不清时，会把“little”发成“yittle”，这里译者用“咬男孩”，表示把“小”发成了“咬”音，因为后者也有“y”这个发音。除此之外，“咬男孩”没有其他特别的意思。——译者注

回顾我走过的 80 年，我惊讶于年轻时和年老时看待人生态度的巨大差异。在我年轻时，我经常对自己的人生方向感到悲观，我的人生似乎充满了错误、灾难和失望。但我对世界的未来抱有非常乐观的态度，我相信在科学的帮助下，世界将朝着和平和更加造福于每个人的方向快速发展。如今，以我经历了 80 个年岁的经验和教训来看，图景似乎彻底颠倒了过来。我自己的人生是极为成功和幸福的，但在我看来，当今世界正坐着汉森马车走向地狱，就像夏洛克 · 福尔摩斯坐着汉森马车出没于伦敦时人们经常说的那样。就今日人们的群体思维和舆论而言，坐在这一桌的我的 10 个孙子们，我希望你们及时承担起治理这个世界的责任。对你们这些孩子而言，这可是一项需要在跨入公元 2000 年的新纪元时完成的重大任务。我祝愿你们在努力的过程中好运，尽管我对有些事情并不那么乐观。

在结束发言之前，现在我想谈谈最后一个话题，也是让人更加开心的话题。我想说的是，我这一生享受到的所有快乐，至少有一半来自精神世界，来自美好的事物和文化，尤其是文学和艺术。这些事物是每个人都能得到的，而且几乎是免费的：人们只需要对它们生发兴趣，无须做出太大努力就能欣赏展现在我们面前的丰富的精神世界。如果有可能的话，孙子们，去对它们生发兴趣吧；然后做出持续努力。一旦你们享受到了精神生活的乐趣，千万不要让它溜走。

在为诗人阿基亚斯（Archias）辩护时，西塞罗对人类从事研究所带来的益处给予了极大的颂赞。请允许我在此吟诵它，其中有一些有所省略的拉丁语，随后我会把它翻译给大家，并补全省略部分：

> Haec studia adulescentiam alunt,senectutem oblectant...
>
> （这些研究滋养着我们的青春，抚慰着我们的岁月；它们在繁荣中为我们添色，在逆境中为我们提供庇护和慰藉；它们本身就能让我们愉悦，哪怕外在环境也无法阻挡。）
>
> Pernoctant nobiscum, peregrinantur, rusticantur.

（它们伴我们度过黑夜，它们伴我们旅行，它们伴我们过乡村生活。）

很长时间以来，我都认为这一雄辩的颂词，每个字都可以被用于颂赞心善而可爱的女士们，尤其是那些出现在我生命中的女人：抚养我长大的我亲爱的母亲，抚慰我晚年岁月的亲爱的马洛。至于“伴随黑夜”（“Pernoctant nobiscum”），比人类研究更经常伴随我们度过黑夜的，是那些女士们；她们伴我们旅行，她们伴我们过乡村生活。

在我的演讲即将结束之际，没有什么能比选择丁尼生在《尤利西斯》的结束语作为我的结束语更合适的了，它们也是格雷厄姆家族非常喜欢和经常提到的诗句：

来呀！我的朋友们，探寻更新的世界，现在尚为时不晚。
开船吧！坐成排，
划破这喧哗的海浪，我决心驶向
太阳沉没的彼方，超越
西方星斗的浴场，至死方止。
也许深渊会把我们吞噬，
也许我们将到达琼岛乐土，
与老朋友阿喀琉斯会晤。
尽管已达到的多，未知的也多啊，
虽然我们的力量已不如当初，
已远非昔日移天动地的雄姿，
但我们仍是我们，英雄的心
尽管被时间消磨，被命运削弱，
但仍要奋斗，要探索，要寻求，而不屈服。①

① 最后四个字“and not to yield”（不屈服）被刻在了格雷厄姆的墓碑上。

格雷厄姆的思想和
他人思想中的格雷厄姆

格雷厄姆的作品

本杰明·格雷厄姆．聪明的投资者（原本第4版）[M]．王中华，黄一义，译．北京：人民邮电出版社，2016。

本杰明·格雷厄姆，克宾塞·麦勒迪斯．像格雷厄姆一样读财报 [M]．刘雨，江蓉蓉，译．北京：中国青年出版社，2012。

本杰明·格雷厄姆，戴维·多德．证券分析：原书第6版（经典畅销版）[M]．巴曙松，陈剑，译．北京：四川人民出版社，2019。

本杰明·格雷厄姆．储备与稳定 [M]．译科，张卓飞，译．北京：法律出版社，2011。

本杰明·格雷厄姆．世界商品与世界货币 [M]．译科，杨崇献，译.北京：法律出版社，2011。

"Are We Too Confident About the Invulnerability of Stocks?" *The Commercial and Financial Chronicle*, February 1, 1962.

"The Art of Hedging," *The Magazine of Wall Street*, vol. 25, February 7,1920, pp. 252-253.

"Bargains in Bonds," *The Magazine of Wall Street*, 1919.

"The Coal Situation and Coal Stocks," *The Magazine of Wall Street*, vol. 24, July 5,1919, pp. 509-511.

"The 'Collapse' of American International," *The Magazine of Wall Street*, vol. 26, December 11,1920, pp. 175-176, 217.

"A Conversation with Benjamin Graham," *The Financial Analysts Journal*, September, 1976.

Current Problems in Security Analysis [Transcripts of Lectures, July, 1946] (New York: New York Institute of Finance,1947).

The Flexible Work-Year: An Answer to Unemployment (Santa Barbara: Center for the Study of Democratic Institutions,1964.

"The Future of Financial Analysis," *The Financial Analyst Journal*, May, 1963.

"The Goodyear Reorganization," *The Magazine of Wall Street*, vol. 27, March 19, 1921, pp. 683-685.

"The Growth of Corporate Working Capital, 1939-1945," *The Financial Analysts Journal*, First Quarter, 1947.

"The Hippocratic Method in Security Analysis," *The FinanciaL Analysts Journal*, Second Quarter, 1946.

"Inflated Treasuries and Deflated Stockholders," *Forbes*, vol.29, no.11, June 1, 1932, pp.10-12.

"Is American Business Worth More Dead Than Alive?" *Forbes*, June 1,1932; June 13,1932; July 1,1932.

"The New Speculation in Common Stocks," *The Financial Analysts Journal*, June, 1958.

"Northern Pacific Outstrips Great Northern," *The Magazine of Wall Street*, vol. 24, June 7, 1919, pp. 314-317.

"A Note on Corporate Working Capital 1939-1945," *The Financial Analysts Journal*, Fourth Quarter, 1946.

"Our Balance of Payments—The Conspiracy of Silence," *The Financial Analysts Journal*, November, 1962.

"On Being Right in Security Analysis," *The Financial Analysts Journal*, First Quarter, 1946.

"A Profitable Switch—From Saint Paul at 41 Into Big Four at 43," *The Magazine of Wall* Street, vol. 24, May 24,1919, pp.222-225.

"A Questionnaire on Stockholder-Management Relationship," *The Financial Analysts Journal*, Fourth Quarter, 1947.

The Renaissance of Value: The Proceedings of a Seminar on the Economy, Interest Rates, Portfolio Management, and Bonds (Charlottesville, Virginia: Financial Analysts Research

Foundations,1974).

"The Riddle of U.S. Steel's Book Value," *The Magazine of Wall Street*, vol. 38, July 17, 1926, pp. 524-525, 614-617.

"The S.E.C. Method of Security Analysis," *The Financial Analysts Journal*, Third Quarter, 1946.

"Severe Unsettlement in Stock Prices," *The Magazine of Wall Street*, 1927.

"Mr. Shareholder —Do You Know When Periodic Dividends Help and When They Hurt You?" *The Magazine of Wall Street*, vol. 38, no. 11, September 25, 1926, pp. 1032-1034, 1076.

"Should Rich but Losing Corporations Be Liquidated?" *Forbes*, vol. 30, no. 1, July 1, 1932, pp. 13-14.

"Should Rich Corporations Return Stockholders' Cash?" *Forbes*, vol. 29, no. 12, June 15, 1932, pp. 20-22.

"Should Security Analysts Have a Professional Rating? The Affirmative Case," *The Financial Analysts Journal*, January, 1945.

"Some Observations," *The Financial Analysts Journal*, November, 1967.

"Some Structural Relationships Bearing Upon Full Employment," *The Financial Analysts Journal*, May, 1955.

"Special Situations," *The Financial Analysts Journal*, Fourth Quarter, 1946.

"Stock Dividends," *Barron's*, August 3 and 10, 1953.

"Strategic Switch in Railroad Issues," *The Magazine of Wall Street*, vol. 24, August

16, 1919, pp. 759-762.

Translated from Spanish, *The Truce*, a novel by Mario Benedetti (New York: Harper and Row,1967).

"Three Switches in New York Tractions," *The Magazine of Wall Street*, vol. 24, July 5,1919, pp. 509-511.

"Toward a Science of Security Analysis," *The Financial Analysts Journal*, August, 1952.

"The Two 'American Ships'," *The Magazine of Wall Street*, vol. 25, January 10, 1920, pp. 291-292, 322.

"Two Illustrative Approaches to Formula Valuations of Common Stocks," *The Financial Analysts Journal*, November, 1957.

"Two Ways to Making (and Losing) Money in Securities," *The Financial Analysts Journal*, Second Quarter, 1948, supplement.

"The War Economy and Stock Values," *The Financial Analysts Journal*, First Quarter, 1951.

"Which Way to Relief from the Double Tax on Corporate Profits?" *The Financial Analysts Journal*, February, 1954.

"Will the Market Grow to the Sky?—Some Problems Ahead," *The Commercial and Financial Chronicle*, April 6, 1961.

"Which Is the Best Sugar Stock?" *The Magazine of Wall Street*, vol. 25, April 30,1920, pp. 799-801.World Commodities and World Currency (New York: McGraw-Hill, 1944).

关于格雷厄姆的著作

罗伯特·G. 哈格斯特朗 . 巴菲特之道（原书第 3 版）[M]. 杨天南，译 . 北京：机械工业出版社，2015。

珍妮特·洛 . 本杰明·格雷厄姆经典投资策略 [M]. 李曼，译 . 北京：机械工业出版社，2019。

Anon., "Portrait of an Analyst: Benjamin Graham," *The Financial Analysts Journal*, January-February, 1968.

Arbel, Avner, "A Message from Ben Graham," *Forbes*, November 30, 1987.

Auxier, Albert L., "Happy Birthday, Ben," *Barron's*, vol. 74, no. 19, May 19, 1994, pp. 50-52.

"Ben We Hardly Knew Ye," *Worth*, June-July,1992.

"Benjamin Graham, Securities Expert [obituary]," *The New York Times*, September 23, 1976.

Blustein, Paul, "Benjamin Graham's Last Will and Testament," *Forbes*, August 1, 1977.

Buffett, Warren, "Benjamin Graham," *The Financial Analysts Journal*, November-December, 1976.

Buffett, Warren, "The Superinvestors of Graham and Doddsville," *Hermes*,1984.

Butler, Hartman, "A Conversation with Benjamin Graham," *The Financial Analysts Journal*, November-December, 1986.

Cook, Anthony, "The Stock Market Is Like a Pendulum," [Interview with Graham],

Forbes, vol. 115, June 15, 1975, pp. 35, 37.

Davidson, Catherine, "Graham and Dodd's *Security Analysis*: The Fifth Edition," *Hermes*, Fall, 1987.

Dorfman, John, "Updating a Classic Guide to Market Investment," *The Wall Street Journal*, March 10, 1988.

Guzzardi, Walter, Jr., "The U.S. Business Hall of Fame," *Fortune*, vol. 117, 1988, pp. 142,147.

Harmon, Elmer Meredith, *Commodity Reserve Currency: The Graham-Goudriaan Proposal for Stabilizing Income of Primary Producing Countries* (New York: Columbia University Press, 1959).

Kahn, Irving, and Robert D. Milne, *Benjamin Graham, the Father of Financial Analysis* (Charlottesville, Va.: Financial Analysts Research Foundations,1977).

Kilpatrick, Andrew, *Warren Buffett: The Good Guy of Wall Street* (New York: Donald Fine,1992).

Lowenstein, Roger, *Buffett: The Making of an American Capitalist* (New York: Random House,1995).

Loomis, Carol J., "The Inside Story of Warren Buffett," *Fortune*, April 11,1988.

Moskowitz, Milton, "The Intelligent Investor at 80," *The New York Times*, May 5, 1974.

Oppenheimer, Henry, "Ben Graham's Net Current Asset Values: A Performance Update," *The Financial Analysts Journal*, November-December, 1986.

Oppenheimer, Henry, "Remembering Uncle Ben," *Forbes*, October 15, 1975.

Oppenheimer, Henry, *Common Stock Selection: An Analysis of Benjamin Graham's "Intelligent Investor" Approach* (Ann Arbor, Mich.: UMI Research Press,1981).

Oppenheimer, Henry, "A Test of Ben Graham's Stock Selection Criteria," *The Financial Analysts Journal*, September-October, 1984.

Regan, Nancy, *The Institute of Chartered Financial Analysts: A Twenty-five Year History* (Charlottesville, Va.: The Institute of Chartered Financial Analysts,1987).

Smith, Adam, *Supermoney* (New York: Random House,1972).

Train, John, *The Money Masters* (New York: Harper and Row,1985).

U.S. Senate, 84th Congress, *Hearings Before the Committee on Banking and Currency* (Washington, D.C.: U.S. Government Printing Office, March 11,1955).

Vu, Joseph, "An Empirical Analysis of Ben Graham's Net Current Asset Value Rule," *Financial Review*, May, 1988.

格雷厄姆的传奇一生

1890—1900 BENJAMIN GRAHAM

- **1894 年，**5 月 9 日出生于伦敦。
- **1895 年，**举家移居纽约。
- **1900 年，**6 岁半就读一年级。

1901—1910 BENJAMIN GRAHAM

- **1901 年，**游历英国。
- **1903 年，**住在纽约市第 116 号街 244 号。开始在公立学校就读。售卖《星期六晚邮报》。前往各种避暑胜地，父亲在那些地方售卖通过拍卖获得的进口陶瓷器。父亲去世，年仅 35 岁。
- **1906 年，**入读纽约城市学院旗下的汤森・哈里斯高中。跟随康斯坦丝・弗莱什曼学习法语。
- **1907 年，**市场恐慌；美国钢铁公司破产；母亲亏掉所有本金。入读男子高中。
- **1910 年，**从男子高中毕业。“错失”哥伦比亚大学的普利策奖学金。

1911—1920 BENJAMIN GRAHAM

- **1911 年，**入读纽约城市学院，但灰心离开。从事很多不同的兼职工作，比如，广告销售员、电影院引导员、电话组装工人。教务长凯佩尔为行政管理失误道歉，格雷厄姆获得校友奖学金，入读哥伦比亚大学。
- **1912 年，**在哥伦比亚大学学习数学、哲学、英语、希腊语和音乐。从事各种兼职工作。结交第一个女友，阿尔达。
- **1913 年，**在哥伦比亚大学期间，为美国快递公司工作，修改从计算-制表-记录公司（IBM 的前身）租借来的霍尔瑞斯打卡机。被提拔为管理者。从哥伦比亚大学休学。在 *Vogue* 杂志上发表文章。在总督岛给军官们的孩子当家教。
- **1914 年，**从哥伦比亚大学毕业，入选美国大学优等生荣誉学会，成绩在班上排名第二。在教务长凯佩尔的建议下决定从事金融业。拒绝了 3 个在哥伦比亚大学教书的机会。为伦纳德将军的儿子当家教。在布朗克斯夜校教外国学生英语。搬到奢华的亨特高级公寓。卡尔·范多伦邀请他成为布里尔利学院的英语教师，但他拒绝了。听伊薇特·吉尔伯特朗诵战争诗篇。由于反德情绪升温，家族把姓氏由格罗斯鲍姆改成了格雷厄姆。加入经纪商纽伯格-亨德森-洛布公司。写了一篇关于密苏里太平洋铁路公司的估值报告，J.S. 巴赫公司为他提供了一份证券分析师的工作，但纽伯格拒绝放他走。
- **1915 年，**结识黑兹尔。放弃夜校工作，但继续给总督岛军官们的儿子当家教。在纽伯格公司的客户大厅更新行情报价板。投机密苏里太平洋铁路公司的股票，遭到纽伯格的批评。成功完成对古根海姆勘探公司的套利分析。与堂哥路易斯一起出钱买了第一辆汽车。将自己拥有的黑贝尔和莱辛的书捐给哥伦比亚大学图书馆。
- **1916 年，**宣布与黑兹尔订婚。薪水上涨到每周 50 美元。美国快递公司破产。

为纽伯格的公司洽谈购买美国快递公司持有的永续债券，还成了公司的赌注管理人，为客户押注总统选举提供服务。

- **1917 年，** 迎娶黑兹尔。莱昂哥哥也结婚了。格雷厄姆与两个哥哥开了一家不成功的留声机店，并于 1919 年亏本卖出。征兵委员会同意他不服兵役。加入预备役兵团。为阿尔杰农教授打理资金，在市场的一次幅度较小的下跌中出现了严重亏损，然后承诺阿尔杰农每个月偿还他 60 美元。在《美国数学月刊》上发表文章。

- **1918 年，** 母亲搬来一起住，与黑兹尔产生矛盾。为莫里斯舅舅做过短期的商业顾问。长子大牛顿出生。为《华尔街杂志》撰写文章，解释如何决定商誉的价值；此后几年还为该杂志撰写过十几篇文章。

- **1919 年，** 结束了预备役兵团训练。对铁路公司债券做了比较分析。在华尔街声誉日隆。1919 年牛市到来。在萨吾奥尔德轮胎公司股票上赚了大钱，然后又因为被辛迪加组织者欺诈而亏了钱。在对芝加哥–密尔沃基–圣保罗铁路公司做了负面分析后，约见了公司副主席罗伯特·J. 马罗尼，后来马罗尼成为他一生的朋友和助手。成功操作了皮尔斯石油公司债券的期权。

- **1920 年，** 成为纽伯格–亨德森–洛布公司的初级合伙人。与他的朋友润吉三木在交易日本债券上大获成功。在利奥·斯特恩的帮助下开始撰写并发表证券分析文章。分析轮胎行业。接受莫里斯舅舅 2 万美元的投资，莫里斯舅舅退休，希望赚得的钱能让自己安度晚年。成为美国公民。搬到弗农山庄。第一个女儿玛乔丽出生。

1921—1930 BENJAMIN GRAHAM

- **1921 年，** 推荐用美国胜利公司的短期债券交换美国长期国债，事实证明，这一操作是正确的。酝酿商品储备货币方案。

- **1922 年，** 莫里斯舅舅一家搬回纽约，挨着格雷厄姆一家和华尔街。

- **1923 年，**离开纽伯格的公司，与哈里斯家族设立私人投资账户和格雷厄姆公司。成功完成杜邦－通用汽车的套利操作。买入已经清算的美国快递公司股票。

- **1924 年，**与黑兹尔和两个孩子（牛顿和玛乔丽）一起在梅欧帕克滑雪度假。

- **1925 年，**随着哈里斯兄弟的退出，格雷厄姆公司解散，随之解散的还有格雷厄姆·科恩账户（这个科恩就是本杰明·V. 科恩）。第二个女儿伊莱恩出生。在新泽西迪尔镇过暑假。

- **1926 年，**设立新的分配机制，他只能从本杰明·格雷厄姆共同账户中获得一定比例的利润提成。投资者投入了 4 万美元。杰里·纽曼加入公司，随后成为合伙人。发现北方管道公司被低估。再次前往迪尔镇过暑假。

- **1927 年，**在股东大会上要求北方管道公司将资本盈余分派给股东，但失败了，因为没有得到其他人的支持。见到小约翰·D. 洛克菲勒。长子大牛顿死于脑膜炎。开始在哥伦比亚大学教书。结识伯纳德·巴鲁克。见到温斯顿·丘吉尔。戴维·多德成为他的学生，后来成为他的同事。黑兹尔前往欧洲。

- **1928 年，**赢得北方管道公司代理权之争，成为公司董事，随后公司同意将资本盈余分派给股东。成为时运不济的卓越烟花公司的副主席。儿子小牛顿出生。到访欧洲。搬进昂贵的贝雷斯福德公寓。开始在哥伦比亚大学教授广受欢迎的“高级证券分析”课程，一直持续到 1954 年。

- **1929 年，**本杰明·格雷厄姆共同账户资产有 250 万美元；伯纳德·巴鲁克提议让他成为合伙人，他拒绝了。在巴鲁克兄弟的游艇上度假。同意伯纳德·巴鲁克的看法，大崩盘即将到来，但与伯纳德·巴鲁克不同，他仍然在股市中持有一定比例的组合。这一年，账户资产缩水 20%。

- **1930 年，**本杰明·格雷厄姆共同账户表现最差的一年，亏损了 50%。有 5

年没有从中获得收入。靠教书、写作和咨询谋生。与黑兹尔的婚姻开始出现裂隙。

1931—1940 BENJAMIN GRAHAM

- **1931 年，**本杰明·格雷厄姆共同账户亏损 16%。
- **1932 年，**本杰明·格雷厄姆共同账户亏损 3%（250 万美元的初始资金亏掉了 70%）。担任保护委员会主席以确保他持有的艾奥利安唱片公司优先股的收益。将办公地址搬到了不那么奢华的“黄金国”。道琼斯工业平均指数跌到 42 点。在社会研究新学院经济论坛上介绍商品储备货币方案。在《福布斯》上发表了 3 篇文章，其中有一篇题为“美国公司的清算价值比经营价值更值钱吗？”。
- **1933 年，**账户资产只剩 37.5 万美元。当年赚了 50%。在《经济论坛》上发表文章。撰写剧本《瓷婚》和《清算日》，但它们没能被搬上舞台。作为估值专家见证人，第一次上法庭；随后 40 年经常以该身份出现在法庭上。
- **1934 年，**《证券分析》第 1 版由麦格劳希尔出版公司出版，后来分别在 1940 年、1951 年、1962 年和 1988 年出了新版本。第三个女儿威妮弗雷德出生。基金投资人建议格雷厄姆和纽曼的业绩提成比例为单一的 20%。他的剧本《蓬巴杜宝贝》（之前叫《对海军陆战队队员的真爱》）于 12 月 27 日在百老汇的范德比尔特剧院上演，只演了 4 场就不演了。基金投资人采纳了新的投资账户安排。为政府提出的《证券交易法》提供咨询建议。
- **1935 年，**在大萧条期间的所有损失现在都已弥补回来。帮助创建“纽约证券分析师协会”。
- **1936 年，**在美国财政部的施压下，将本杰明·格雷厄姆共同账户变更为格雷厄姆-纽曼公司。在一艘游船上结识了卡萝尔·韦德。

- **1937 年，** 麦格劳希尔出版公司出版《储备与稳定》。与查尔斯·麦戈德里克合写的《解读财务报告》（*The Interpretation of Financial Statements*）第 2 版于 1955 年由哈珀与罗出版公司出版。卡萝尔成为他的情人。他提出与黑兹尔离婚。当黑兹尔拒绝离婚时，他前往美国著名的“离婚城市”里诺寻求律师的帮助。黑兹尔最终同意离婚，在里诺办理了离婚手续。
- **1938 年，** 在纽约市谢里·尼德兰酒店迎娶卡萝尔。
- **1940 年，** 与卡萝尔离婚。《证券分析》出版修订本。成为单身汉后，他开始滑旱冰，观看道奇队的棒球比赛。与他的秘书埃斯特尔·梅辛交往。

1941—1950 BENJAMIN GRAHAM

- **1941 年，** 在美国统计协会于哈特福德举办的会议上发表《稳定美元购买力的方案》演讲。
- **1942 年，** 为“纽约证券分析师协会”提名合格候选人。
- **1943 年，** 最后一次与卡萝尔打交道。玛乔丽生下女儿凯茜，这是格雷厄姆的第一个孙辈。后来他又有了 10 个孙子孙女。
- **1944 年，** 母亲在打完桥牌走回家的路上被强盗杀害。娶了埃斯特尔·梅辛。麦格劳希尔出版公司出版了他的《世界商品与世界货币》。
- **1945 年，** 在纽约州商业委员会的宴会上第三次见到约翰·D. 洛克菲勒。当众为《1946 年完全就业法案》做辩护，但听众并不认同。儿子小本杰明出生。开始为《分析师杂志》撰写文章，后来这本杂志改名为《金融分析师杂志》。刚开始他用笔名“深思熟虑的人”发表文章，后来用了自己的真名。
- **1946 年，** 在“社会进步组织”于马萨诸塞州韦尔斯利举办的夏季论坛上发表《我们的经济前景及其方向和控制》演讲。与弗洛伊德·奥德伦（Floyd Odlum）就购买陷入困境的公司的方法进行公开辩论，奥德伦是阿特拉斯公司（Atlas Corporation）的主席、霍华德·休斯的朋友、杰奎琳·科克伦的丈夫。

- **1947 年，** 结识艾森豪威尔。第一次在“金融分析师联合会”年会上发表演讲，呼吁对金融分析师进行正式的资格认证考试，明确从业标准。后来联合会改名为“特许金融分析师学院”。
- **1948 年，** 控股了政府雇员保险公司，然后促成该公司上市。
- **1949 年，** 撰写和出版《聪明的投资者》（1954 年，第 2 版；1959 年，第 3 版；1973 年，第 4 版，该版本得到了沃伦·巴菲特的帮助）。形成格雷厄姆-纽曼合伙关系。
- **1950 年，** 成为煤炭和铁路资产拥有者 P & R 公司的董事。

1951—1960 BENJAMIN GRAHAM

- **1951 年，** 担任犹太人盲人协会主席，直到 1953 年。改在哥伦比亚大学商学院开课。
- **1952 年**，在“特许金融分析师学院”发表《将证券分析打造成一门科学》演讲。
- **1953 年**，为《巴伦周刊》撰写《股息》。
- **1954 年**，聘用巴菲特。格雷厄姆-纽曼公司如今有 600 万美元的资本金。前往法国，取回大牛顿的遗物。开始与马洛通信，后来爱上了她，两人在一起的时间越来越多。
- **1955 年**，在由詹姆斯·富布莱特（James Fulbright）担任主席的参议院委员会上阐述了自己投资事业的成功。女儿伊莱恩在耶鲁大学获得心理学博士学位。

- **1956 年**，解散格雷厄姆－纽曼公司和格雷厄姆－纽曼合伙关系，正式退休。与埃斯特尔和小本杰明住在比佛利山庄北枫街 611 号，他的表姐家与他家只有一街之隔。成为加州大学洛杉矶分校商学院的讲座教授，他在那里免费讲授了 15 年的课。
- **1957 年**，撰写自传片段。
- **1958 年**，就分红政策、保证金规则和资本利得税等问题在众议院筹款委员会进行论证，倾向于保留资本利得税政策。
- **1959 年**，不再打网球。
- **1960 年**，参观伦敦故居。

1961—1970 BENJAMIN GRAHAM

- **1962 年**，他在将证券分析行业专业化方面做出的努力，促成了“金融分析师联合会”的成立，后来改名为“投资管理和研究协会”，该协会对通过金融分析师考试的人授予证书。在悉尼·科特尔（Sidney Cottle）和查尔斯·泰瑟姆（Charles Tatham）的帮助下出版了《证券分析》第 4 版，第 5 版在弗兰克· 布洛克的赞助下于 1988 年出版。
- **1963 年**，荷兰画家简·霍威格（Jan Hoowig）为他画像，费用由巴菲特和他以前的其他学生们支付，这幅画像随后被捐给了金融分析师联合会。
- **1964 年**，玛乔丽出版了著作《两岁小孩上幼儿园：分离反应的案例研究》。他朋友的儿子安德鲁·古德曼与小本杰明一样作为志愿者参加了“南方投票权运动”，但在密西西比被杀害。
- **1965 年**，辞去政府雇员保险公司董事会主席职务。
- **1966 年**，与马洛搬到拉霍亚伊兹大道 7811 号。这一年，他们在那里住了一段时间。后来又分别在位于普罗旺斯的马洛家和马德拉群岛首府丰沙尔住了一段时间。

- **1967 年**，出版翻译作品乌拉圭小说《休战》，原书作者是马里奥·贝内德蒂，出版商为哈珀与罗公司。
- **1968 年**，格雷厄姆的学生巴菲特和其他学生寻求他对市场的建议。他们在科罗纳多大酒店聚会，讨论了乔治·古德曼以“亚当·斯密”作为笔名新出版的《金钱游戏》（*The Money Game*）一书。
- **1970 年**，前往澳大利亚旅游。

1971—1980 BENJAMIN GRAHAM

- **1971 年**，合伙人杰里·纽曼辞去政府雇员保险公司董事会主席职务。
- **1974 年**，80 岁生日庆典上发表演讲，哥哥维克托送了他一本印刷成册的他的诗集。在特许金融分析师学院发表演讲《价值的复兴》，呼吁金融分析师在“恐慌抛售”时以低价买入股票，当时道琼斯工业平均指数在 600 点。演讲摘要发表于 1974 年 9 月 23 日的《巴伦周刊》上。
- **1975 年**，获得莫洛多夫斯基奖，这是金融分析师联合会授予的最高奖项。
- **1976 年**，与詹姆斯·布坎南·里亚联合成立“里亚-格雷厄姆基金”。9 月 21 日在法国普罗旺斯去世。马洛、玛乔丽和伊莱恩为他安排了火葬，玛乔丽将他的骨灰带回了美国。全家人在纽约黑斯廷斯的斯蒂芬·怀斯自由犹太教堂举办了悼念仪式，并安葬了他的骨灰。哥伦比亚大学也在教职工会所举办了悼念会。小本杰明从加州大学医学院获得医学博士学位。政府雇员保险公司濒临破产，这时巴菲特重金买入，到 1990 年巴菲特已持有该公司 48% 的股份。1995 年，巴菲特将其私有化，成为伯克希尔·哈撒韦公司的全资子公司。

参考文献

序言

1. Gore Vidal, "How I Survived the Fifties," The New Yorker,October 2, 1995, p.62.
2. John Train, *The Money Masters* (New York: Penguin,1980), p.95.
3. "Portrait of an Analyst: Benjamin Graham," *Financial Analysts Journal*, January-February, 1968.
4. *The Wall Street Journal*, August, 1995.
5. *World Commodities and World Currency* (New York: McGraw-Hill, 1944),pp.1-2.
6. *The Intelligent Investor* (New York: Harper and Brothers, 1949), p.157。
7. Mario Benedetti, *The Truce*, translated by Benjamin Graham (New York: Harper and Row, 1967), pp.2-3.

第 16 章

1. 最近联合国在日内瓦召开了一个关于贸易和发展的大会，提交给大会的论文中有一篇是通过三位著名经济学教授的努力促成的，他们是哥伦比亚大学的 Hart、英国剑桥大学的 Kaldor 和荷兰鹿特丹大学的 Tinbergen。在分析了当前全球经济面临的各种问题后，他们排除了某些解决方案，以如下文字作为开篇，提出了他们的核心论证："这让我们想起了本杰明 · 格雷厄姆的老方案：商品储备货币……" 在读到"本杰明 · 格雷厄姆的老方案"时，我产生了一种奇怪的感受。难道一个仅仅在昨天（至少在记忆中就像是昨天）才被视为完全是创新的、革命性的想法，今天就被这些经济学家视为"老方案"了？然而，这一方案并非昨天才提出，它的发表已经超过 30 年了。（这段话来自格雷厄姆的笔记。）
2. London:G. Allen & Unwin, 1922.

3. 荷兰一位真正的经济学家也提出了与我几乎一样的方案：直接通过一组基本商品来稳定物价。这位经济学家名叫詹·古德里安（Jan Goudriaan），是鹿特丹大学的经济学教授，后来担任了荷兰铁路公司的董事，再后来成为位于南非的比勒陀利亚大学的教授。他的方案于 1932 年以小册子的形式在伦敦出版，名为《如何阻止通缩》（*How to Stop Deflation*）。据我所知，这本册子从未在美国流传过，也没有人评论。直到多年后，古德里安成了我的朋友，我才知道这本册子的存在并了解了他这个人。事实上，古德里安才是第一个发表这一想法的人，而我在自己书中做出的阐述最早吸引了经济学家的普遍关注。尽管我和他的方案在细节上有一些差异，但我的版本还是更受欢迎。如今该方案经常以我一个人的名字被提及，但我希望人们把它称为"古德里安-格雷厄姆方案"或者"格雷厄姆-古德里安方案"。（这段话来自格雷厄姆的笔记。）

4. Frank D. Graham, *Social Goals and Economic Institutions* (Princeton: Princeton University Press, 1949, originally published 1942).

译者后记

这是一位投资大师
对人生的诚恳总结

可以想见，从开篇读到此处，有些读者不免会有些失望。这虽是新译本，但在翻译此书之前，我从未读过旧译本和英文版。因此，在翻译过程中，我心里也犯过嘀咕：格雷厄姆的这本回忆录似乎没什么含金量——是的，不加引号的含金量，从字面意义上理解的含金量。

众所周知，格雷厄姆以投资为业，被誉为“华尔街教父”，是巴菲特曾经的老师和老板。因此，但凡对这本回忆录感兴趣的读者，想必都希望从格雷厄姆的亲述中得到诸多实用的投资法宝，并用它们来赚取真金白银。

然而，格雷厄姆显然不想在自己晚年撰写的人生回忆录中再给读者们上一堂投资课。一方面，是因为他那两本永恒的经典之作《证券分析》和《聪明的投资者》已经把他的投资理念尽显无遗；另一方面，就像他在自己 80 岁生日庆典的演讲中所说："我这一生享受到的所有快乐，至少有一半来自精神世界……"这并非在取得事业和财富成功之后继续拔高自己的冠冕之辞，他的人生总结是这么说的，他在自己的人生轨迹中也是这么做的。

事实上，纵观全书，我认为他在享受精神世界的快乐方面，做的要比说的多得多。正因为如此，也让我在翻译这本回忆录的过程中遇到了前所未有的困难。正如格雷厄姆的女儿玛乔丽在评价父亲时所说："他就是我'行走的百科全书'。"格雷厄姆熟稔西方古典文学和近代文学，他在书里的旁征博引让我这个真正读文学专业的人尝尽了苦头。不过，正是这位杰出的投资家和投资理论家，在金钱和物质世界之外，展现出的丰富的精神面向，拉近了我与他之间的精神距离，使我有兴趣去了解一个以投资赚钱为生的大师是如何看待世界、看待人生、看待自己的。因此，那些旁征博引对我造成的困难，反倒成了驱使我尽己所能译好本书的动力。

不过，真正让我在翻译过程中"痛并快乐着"的东西不是翻译本身，而是我与格雷厄姆在很多方面有着惊人的相似之处。这倒不是说我竟敢与格雷厄姆比肩，而是因着这些相似之处，我把他视为素未谋面的知己，就跟他经常把经典文学作品中的人物当作自己真正的知己一样。

比如，格雷厄姆喜欢文学和哲学，并且从未接受过经济学和金融学的专业训练，我也一样；格雷厄姆进入金融领域的第一份工作是在证券公司当经纪人和分析师，我也一样；格雷厄姆自学成才，靠投资能力赚得了自己的大多数财富，我也一样，尽管以购买力而论，我的量级在他面前不值一提；格雷厄姆信奉过宗教，但他养成的批判性思维让他最终放弃了宗教信仰，尽管如此，他对宗教有着自己的理解，并从未放弃过对信仰本身的思考，我也一样。

此外，格雷厄姆对精神世界的向往是真正落在了行动上的。在职业投资之外，他写过投资理论专著，写过经济学学术著作，写过剧本，甚至翻译过小说，我虽不像他那样在多个领域都有著述，但跟他一样，我也在业余时间翻译各种书籍，并乐此不疲。我完全能理解他所说的“最明智的投资策略就是在自己的能力范围内过上良好的生活”的真实含义。就我和格雷厄姆的情况而言，一旦事实证明自己掌握了投资赚钱的技能，对赚钱本身就失去了兴趣，迫不及待地想要投身于自己所钟爱的精神乐园，哪怕我赚取的财富远不及格雷厄姆，而格雷厄姆赚取的财富远不及他的学生巴菲特。也许有人会说，如果格雷厄姆再专注一些，定能获得更多的财富。也许吧，但那可能也不是真正的格雷厄姆了。

这本回忆录的独特之处在于，它是一位投资大师对自己人生的诚恳总结，而不只是对自己投资生涯成败得失的分析。在我看来，它首先呈现的，是一个鲜活的人物在跌宕起伏的时代背景下的情感生活、精神世界、职业生涯、价值观和喜怒哀乐；其次，这个鲜活的人物恰好是被誉为“华尔街教父”的格雷厄姆。他在书中对自己人生的反思和剖析是极为坦诚而深刻的，而这种反思能力或多或少与他阅读广泛有关，可能也是他在投资事业上取得成功的关键所在。换句话说，精神世界的丰富不但没有妨碍他赚取财富，成为著书立说的投资理论家，反而成就了他的成就。同样的情况也发生在当今的投资大师巴菲特、芒格、乔治·索罗斯、瑞·达利欧等人身上。

但我们能因为格雷厄姆赚取的财富不如他的学生巴菲特多，就为他感到惋惜，甚至认为他为自己的不专注付出了代价吗？我不这么看。作为以投资为业的大师，格雷厄姆能意识到“我过于将物质利益上的成功当成了人生的目标和使命，因此忘记了精神层面上的人生意义”，仅凭这一点就足以将他与众多追随他的普通投资者区别开来。当一个人获得了事业和精神的双丰收，就没必要再用福布斯排行榜来评价其人生成功与否了。

因此之故，我建议读者首先将这本回忆录当成一位投资大师的人生经历，其次才当成投资经历来读，或许这可以让读者认识一个不一样的格雷厄姆，了解一个整天与金钱打交道的投资家如何看待财富与人生，从而在他身上学到不一样的东西。

最后，虽然尽了自己最大努力，但由于书中所涉人事年代久远，涉猎面广，细节丰富，译误在所难免，欢迎读者不吝批评指正。

2020 年 4 月

写于巴山夜雨时

未来，属于终身学习者

我这辈子遇到的聪明人（来自各行各业的聪明人）没有不每天阅读的——没有，一个都没有。巴菲特读书之多，我读书之多，可能会让你感到吃惊。孩子们都笑话我。他们觉得我是一本长了两条腿的书。

——查理·芒格

互联网改变了信息连接的方式；指数型技术在迅速颠覆着现有的商业世界；人工智能已经开始抢占人类的工作岗位……

未来，到底需要什么样的人才？

改变命运唯一的策略是你要变成终身学习者。未来世界将不再需要单一的技能型人才，而是需要具备完善的知识结构、极强逻辑思考力和高感知力的复合型人才。优秀的人往往通过阅读建立足够强大的抽象思维能力，获得异于众人的思考和整合能力。未来，将属于终身学习者！而阅读必定和终身学习形影不离。

很多人读书，追求的是干货，寻求的是立刻行之有效的解决方案。其实这是一种留在舒适区的阅读方法。在这个充满不确定性的年代，答案不会简单地出现在书里，因为生活根本就没有标准确切的答案，你也不能期望过去的经验能解决未来的问题。

而真正的阅读，应该在书中与智者同行思考，借他们的视角看到世界的多元性，提出比答案更重要的好问题，在不确定的时代中领先起跑。

湛庐阅读App：与最聪明的人共同进化

有人常常把成本支出的焦点放在书价上，把读完一本书当作阅读的终结。其实不然。

时间是读者付出的最大阅读成本

怎么读是读者面临的最大阅读障碍

“读书破万卷”不仅仅在“万”，更重要的是在“破”！

现在，我们构建了全新的“湛庐阅读”App。它将成为你“破万卷”的新居所。在这里：

- 不用考虑读什么，你可以便捷找到纸书、电子书、有声书和各种声音产品；
- 你可以学会怎么读，你将发现集泛读、通读、精读于一体的阅读解决方案；
- 你会与作者、译者、专家、推荐人和阅读教练相遇，他们是优质思想的发源地；
- 你会与优秀的读者和终身学习者为伍，他们对阅读和学习有着持久的热情和源源不绝的内驱力。

从单一到复合，从知道到精通，从理解到创造，湛庐希望建立一个“与最聪明的人共同进化”的社区，成为人类先进思想交汇的聚集地，与你共同迎接未来。

与此同时，我们希望能够重新定义你的学习场景，让你随时随地收获有内容、有价值的思想，通过阅读实现终身学习。这是我们的使命和价值。

CHEERS

本书阅读资料包

给你便捷、高效、全面的阅读体验

本书参考资料

湛庐独家策划

- ☑ 参考文献
  为了环保、节约纸张，部分图书的注释与参考文献以电子版方式提供
- ☑ 主题书单
  编辑精心推荐的延伸阅读书单，助你开启主题式阅读
- ☑ 图片资料
  提供部分图片的高清彩色原版大图，方便保存和分享

相关阅读服务

终身学习者必备

- ☑ 电子书
  便捷、高效，方便检索，易于携带，随时更新
- ☑ 有声书
  保护视力，随时随地，有温度、有情感地听本书
- ☑ 精读班
  2~4周，最懂这本书的人带你读完、读懂、读透这本好书
- ☑ 课　程
  课程权威专家给你开书单，带你快速浏览一个领域的知识概貌
- ☑ 讲　书
  30分钟，大咖给你讲本书，让你挑书不费劲

湛庐编辑为你独家呈现
助你更好获得书里和书外的思想和智慧，请扫码查收！

（阅读资料包的内容因书而异，最终以湛庐阅读App页面为准）

Benjamin Graham
Benjamin Graham：The Memoirs of the Dean of Wall Street
ISBN 0-07-024269-0

图书在版编目（CIP）数据

华尔街教父格雷厄姆传 / (美) 本杰明·格雷厄姆著;
王培译. -- 成都 : 四川人民出版社, 2021.9
ISBN 978-7-220-11968-2

Ⅰ. ①华… Ⅱ. ①本… ②王… Ⅲ. ①格兰姆 (
Graham, Benjamin 1894-1976)—回忆录 Ⅳ.
①K837.125.34

中国版本图书馆CIP数据核字(2021)第024551号
著作权合同登记号
图字：21-2021-300

上架指导：金融投资 / 投资经典

HUAERJIE JIAOFU GELEIEMU ZHUAN
华尔街教父格雷厄姆传
［美］本杰明·格雷厄姆　著
王培　译

责任编辑：何佳佳
版式设计：湛庐CHEERS　杨雅文
封面设计：ablackcover.com

四川人民出版社
（成都市槐树街 2 号　610031）
唐山富达印务有限公司印刷　新华书店经销
字数 371 千字　710 毫米×965 毫米　1/16　印张 23
2021 年 9 月第 1 版　2021 年 9 月第 1 次印刷
ISBN　978-7-220-11968-2
定价：119.90 元
